*beziehungs***weise**

Beziehung kann man lernen

Vivian Dittmar

Bibliografische Information der Deutsche Bibliothek
Die Deutsche Bibliothek verzeichnet diese Publikation in der Deutschen Nationalbibliografie; detaillierte bibliografische Daten sind im Internet über *http://www.dnb.de* abrufbar.

WICHTIGER HINWEIS Dieses Buch kann ärztlichen/psychotherapeutischen Rat nicht ersetzen. Der Leser ist aufgefordert, selbst Verantwortung zu übernehmen und zu entscheiden, ob und wann er medizinische Hilfe in Anspruch nehmen will. Autorin und Verlag übernehmen keine Haftung für vermeintliche oder tatsächliche Schäden, die sich aus dem Gebrauch der in diesem Buch angeführten Inhalte ergeben.
Sollte diese Publikation Links auf Webseiten Dritter enthalten, so übernehmen wir für deren Inhalte keine Haftung, da wir uns diese nicht zu eigen machen, sondern lediglich auf deren Stand zum Zeitpunkt der Erstveröffentlichung verweisen.

4. Auflage, Mai 2023
Originalausgabe

Verlag edition est, München
Lektorat: Chiara Jana Greber
Cover Design: Vivian Dittmar
Cover Foto: © Friedberg – Fotolia.com; Foto der Autorin: Axel Hebenstreit
Druck: Lokay Umweltdruckerei
Satz: BUCHFLINK Rüdiger Wagner, Nördlingen
Printed in Germany

Gedruckt auf 100% Recyclingpapier.

ISBN: 978-3-940-77377-7

ANMERKUNG Ich weiß, dass es inzwischen in vielen Kreisen üblich ist, konsequent gegendert zu sprechen und zu schreiben. Ich habe mich bewusst dagegen entschieden, da eine hohe Lesbarkeit des Textes mir wichtiger ist als politische Korrektheit und ich gegenderte Ausdrucksformen leider oft als Sprachverstümmelung empfinde. Trotzdem ist es mir ein großes Anliegen, an dieser Stelle deutlich zu sagen, dass meine Aussagen geschlechtsunabhängig sind, wenn ich mich nicht ausdrücklich auf ein Geschlecht beziehe. Genauso spreche ich in meinen Schilderungen beispielhaft von Mann und Frau, wodurch ich jedoch gleichgeschlechtliche Paare in keiner Weise diskriminieren möchte.

Für Christian.

Inhalt

Einleitung

Ich bin keine geborene Beziehungsexpertin. Zumindest gehöre ich nicht zu jenen Menschen, die bereits ihr ganzes Leben Bilderbuchbeziehungen gelebt haben. Meine Beziehungen waren oft schwierig, sehr schwierig sogar. Angefangen bei den Beziehungen zu meinen Eltern bis hin zu meinen Liebesbeziehungen. Zu letzterem kann ich ohne Übertreibung sagen, dass sie zeitweise nicht nur schwierig waren, sondern katastrophal, schrecklich, unerträglich und existenziell bedrohlich, so schlimm, dass ich keine Worte dafür habe. So schlimm, dass gute Freundinnen, wenn ich davon erzählte, mich einfach nur fassungslos anstarrten und hilflos den Kopf schüttelten.

Ich erzähle dir das nicht, damit du Mitleid mit mir hast oder um dich zu erschrecken. Ich erzähle dir das, damit du weißt, wer hier von Beziehung spricht. Ich komme nicht aus einem rosaroten Heileweltkokon, wo wir uns alle lieb haben. Ich komme aus der Hölle der Beziehungsunfähigkeit.

Ehe du das Buch nun resigniert zur Seite legst und dir lieber was von jemandem erzählen lässt, bei dem schon immer alles gut war, möchte ich dir aber auch erzählen, dass sich all das für mich geändert hat. Meine Beziehungen sind nicht mehr schwierig, schmerzhaft, destruktiv und zerstörerisch. Heute sind sie das

Schönste, Wichtigste, Erfüllendste und Wertvollste in meinem Leben. Aber immer noch ohne Zuckerguss, glaub mir.

In diesem Buch möchte ich dir erzählen, was ich über Beziehungen gelernt habe, was ich herausgefunden habe auf meinem Weg, *beziehungsweise* zu werden. Ich möchte es mit dir teilen, weil ich weiß, dass sehr viele Menschen heute Schwierigkeiten mit ihren Beziehungen haben, und weil mir klar geworden ist, dass das kein Zufall ist. Es ist vielmehr Zeichen einer kollektiven Krise, die zwar schmerzhaft ist, jedoch – wie jede Krise – auch eine große Chance birgt.

Beziehung in der Krise

Seit einigen Jahrzehnten scheinen wir uns in einer kollektiven Beziehungskrise zu befinden. Die Anzahl und Qualität der Beziehungen, die wir mit unseren Mitmenschen eingehen, nimmt rapide ab. Waren noch vor zwei oder drei Generationen Großfamilien die Norm, entwickelte sich nach dem Zweiten Weltkrieg ein neues kulturelles Ideal: die Kleinfamilie. Doch der Trend zur Verkleinerung der Grundeinheit menschlicher Gemeinschaften hatte damit erst begonnen. Eine wachsende Anzahl von Paaren entschloss sich, nur ein oder zwei Kinder zu bekommen oder sogar kinderlos zu bleiben. Dieser Trend, zusammen mit den steigenden Scheidungsraten, führte zu einer wachsenden Anzahl von Menschen, die allein leben oder lediglich zu zweit. Der Single-Haushalt entwickelte sich zu einer neuen, gesellschaftlich anerkannten Lebensform, das kinderlose Ehepaar zur Normalität.

Die Konsequenzen dieser und verwandter Entwicklungen spiegeln sich unter anderem in einer Studie zum Thema soziale Isolation aus dem Jahr 2006 wider. In einer Befragung erklärten 25 % aller Amerikaner, sie hätten niemanden, dem sie sich anvertrauen könnten. Weitere 25 % gaben an, sie hätten nur eine Person, der sie sich anvertrauen könnten. Beide Zahlen haben sich im Laufe der letzten 20 Jahre mehr als verdoppelt, was auf einen rapiden Verlust naher Beziehungen hinweist.[1]

Zugleich weisen jüngste Studien darauf hin, dass diese Entwicklung sich dem Ende zuneigen könnte. So verblüfften Mitglieder der Generation Y – also junge Menschen, die um die Jahrtausendwende Teenager waren – in Umfragen mit der Aussage, dass genügend Zeit für Familie und Freunde für sie wichtiger sei als beruflicher oder materieller Erfolg.[2] Ob dies tatsächlich erste Anzeichen eines umfassenden gesellschaftlichen Wertewandels sind, wird sich natürlich erst zeigen müssen. Ich persönlich finde die Idee nicht nur aufregend, sondern auch naheliegend. Doch unabhängig davon, welcher Generation wir angehören, Beziehungen sind für uns wichtig, sehr wichtig sogar.

Im Jahr 2005 – also nur ein Jahr vor der oben zitierten Untersuchung, die zeigte, dass die Anzahl und Qualität naher Beziehungen beständig abzunehmen scheint – widmete sich eine groß angelegte Studie der BBC diesem Thema. Sie wollte herausfinden, was uns glücklich und zufrieden macht und welche Faktoren hierbei die größte Rolle spielen. Neben dem Thema *„Nahe Beziehungen“* wurden auch noch die anderen üblichen Verdächtigen abgefragt: Gesundheit, materieller Wohlstand, beruflicher Erfolg, Spiritualität, Erfüllung im Beruf, ein schönes Zuhause etc. Das Ergebnis hätte eindeutiger nicht ausfallen können: Unsere nahen Beziehungen sind ausschlaggebend für unser Glück und unsere Zufriedenheit. Sie sind fünf Mal so wichtig wie materieller Wohlstand, ein schönes Zuhause oder spirituelle Erfüllung und sogar fünfundzwanzig Mal wichtiger als ein erfüllender Beruf. Sogar etwas so grundlegend Wichtiges wie körperliche Gesundheit fällt in der Bedeutung für unser Glück deutlich hinter dem Faktor Beziehungen zurück: Unsere Beziehungen sind immer noch doppelt so wichtig für unser Wohlergehen wie unsere Gesundheit![3]

Dies mag auf den ersten Blick verwunderlich erscheinen. Beziehungen, etwas so schwieriges, problembehaftetes und unpraktisches, sollen tatsächlich wichtiger für unser Glück sein als Gesundheit, ein erfüllender Beruf oder gar ein schönes Zuhause? Bei genauerem Hinsehen erweist sich das Ergebnis jedoch als ganz logisch. Stabile und gesunde Beziehungen können uns helfen, mit allen Widrigkeiten des Lebens umzugehen, auch mit so gravierenden Faktoren wie einer schweren Krankheit, finanzieller Not, beruflicher Unzufriedenheit und anderen Herausforderungen oder Schicksalsschlägen. Diese Tatsache konnte übrigens durch zahlreiche weitere Studien belegt werden.[4] Stefan Klein, Autor des Bestsellers *Die Glücksformel*, brachte es in folgenden Worten auf den Punkt: *„Bindungen an andere sind einer der wenigen äußeren Faktoren, die unter praktisch allen Umständen die Lebenszufriedenheit steigern.“*[5]

Und auch zwischen unseren Beziehungen und unserer Gesundheit konnte ein direkter Zusammenhang hergestellt werden. Eine Meta-Analyse aus dem Jahr 2010 von der Brigham Young University im US-Bundesstaat Utah analysierte 148 Studien mit insgesamt über 300 000 Teilnehmern aus reichen Industrienationen, um herauszufinden, welcher Zusammenhang zwischen sozialer Isolation und Sterblichkeit besteht. Die Ergebnisse waren eindeutig: Menschen mit einem schwachen sozialen Netzwerk haben ein wesentlich höheres Sterberisiko als Menschen mit einer starken sozialen Einbindung. Die Forscher verglichen die Ergebnisse mit anderen Risikofaktoren und übersetzten, dass soziale Isolation genauso schädlich ist wie Rauchen oder Alkoholmissbrauch, schädlicher, als keinen Sport zu treiben, und doppelt so schädlich wie Fettsucht. „*Beziehungen sind in jedem Alter wichtig und verbessern die Gesundheit*", fasst Timothy Smith die Ergebnisse zusammen. Und weiter: „*Für den Menschen sind Beziehungen eine Selbstverständlichkeit.*"[6]

Aha. So ist das also. Unverrückbar, empirisch erwiesen. Nur, was machen wir mit dieser Erkenntnis, wenn wir unsere Beziehungen trotz allem als schwierig, ja vielleicht sogar unerträglich erleben? Was bedeutet das für die wachsende Anzahl von Menschen, die sich selbst als beziehungsunfähig wahrnehmen oder von anderen so eingestuft werden? Genau hier möchte ich ansetzen. Unsere Beziehungskrise ist nämlich weder eine Frage des persönlichen Versagens noch Zeichen eines sozialen Verfalls. Sie ist schlicht und ergreifend ein Zeichen dafür, dass unsere gesamte Art, in Beziehung zu treten, derzeit einen tiefgreifenden Wandel durchläuft.

Beziehungen im Wandel

Ich betrachte mich heute als Kind der ersten Generation, die sich die unsagbar schwierige Aufgabe gestellt hat, die Grammatik unserer wichtigsten Beziehungen umzuschreiben. Meine Eltern haben, anders als noch meine Großeltern, ein ganz neues Beziehungsideal verfolgt. Vielleicht waren es bei dir schon die Großeltern, oder du bist die erste Generation in deiner Familie, die alten, lang bewährten Mustern den Rücken zukehrt. Das spielt keine Rolle. Wichtig ist, dass diese Bewegung passiert und dass die Auswirkungen dieser Bewegung bislang weit unterschätzt werden. Sie hat nämlich zur Folge, dass alle Schemata, die bei vorhergehenden Generationen noch anstandslos funktionierten, heute ins Leere gehen. Es bedeutet, dass die Regeln, nach denen Beziehungen früher funktionierten, überholt sind, neue Regeln aber erst in der Entwicklung sind.

Ich werde dieses Thema in Teil I aufgreifen und vertiefen und vor allem natürlich genauer beleuchten, von welchem Wandel ich hier spreche. An dieser Stelle möchte ich lediglich eines klarstellen: Deine persönlichen Beziehungsprobleme sind meines Erachtens nicht nur persönlich. Sie sind ein Symptom von einem kollektiven Lernprozess, einem gigantischen Entwicklungsschritt, den wir gerade gemeinsam zu vollziehen versuchen. Ja, ich sage versuchen, denn noch ist er uns nicht gelungen! Und das ist auch in Ordnung. Denn zu einem solchen Entwicklungsschritt gehört unweigerlich auch das Scheitern, das Stolpern, das Stürzen, immer wieder aufs Neue. Niemand von uns hätte jemals Laufen gelernt, wenn wir dazu nicht bereit gewesen wären. Und auch heute zeigen viele Menschen in Beziehungsdingen eine erstaunliche Ausdauer, eine verblüffende Bereitschaft, immer wieder ihr Herz zu öffnen, auch wenn es noch so oft gebrochen wurde. Ich bin so froh, dass es so ist, denn nur so können wir lernen, neu miteinander umzugehen.

Mir ist es wichtig, dass du weißt, dass nichts von dem, was ich hier erzähle, hohle Theorie ist. Es ist vielmehr das, was ich Erfahrungswissen nenne. Oberflächlich betrachtet scheinen Theorie und Erfahrungswissen das Gleiche zu sein: Jemand erzählt mir mit vielen Worten ein Haufen kluges Zeug, das ich aber nicht umsetzen kann. Der Unterschied zwischen Theorie und Erfahrungswissen ist unter der Oberfläche zu finden, zwischen den Zeilen. Es ist ein leises „*Klick*", das in dir passieren kann, wenn du bestimmte Inhalte liest. Es geschieht jenseits des rationalen Verstehens und reicht bis in die Tiefen deines Unterbewusstseins hinab. Lausche auf dieses Klick in dir. Wenn es passiert, halte kurz – oder lang – inne. Bleib nicht an den Worten kleben, lass dich von dem berühren, was mit ihnen mitschwingt.

Dieses Buch ist kein Roman. Ich weiß, dass das offensichtlich ist. Ich sage es trotzdem, weil ich immer wieder beobachte, dass Sachbücher wie Romane gelesen werden: in einem durch, von vorne bis hinten. Das ist natürlich in Ordnung, doch hat es oft zur Folge, dass wichtige Inhalte nicht integriert werden. Dieses Buch enthält Puzzlestücke inneren Wissens, die über Jahre zusammengetragen wurden. Sie können unmöglich in einem Rutsch erschlossen werden, weshalb ich dich ermutigen möchte, dieses Buch mehrmals zu lesen oder auch mal kreuz und quer. Betrachte es eher als einen Reiseführer, den du auf dem Weg wieder und wieder zu Rate ziehen kannst, um dich vor Ort besser orientieren zu können.

Beziehung kann man lernen. Das weiß ich, weil ich es gelernt habe. Und dafür bin ich so dankbar, dass ich gerne anderen die Hand reichen möchte, denen es vielleicht ähnlich geht, wie es mir lange ging. Ich tue dies vor allem, weil ich der tiefen Überzeugung bin, dass unsere Beziehungen keine Privatangelegenheiten sind. Unser Versagen auf Beziehungsebene zieht sich aus dem ganz Privaten in das ganz Öffentliche bis hin zur großen weltpolitischen Bühne, wo die Beziehungen zwischen Völkern gelingen oder scheitern. Doch nicht nur unser Versagen lässt sich hier verzeichnen. Auch unsere Erfolge, unsere Fortschritte, die Meilensteine unseres gemeinsamen Entwicklungsprozesses ziehen hier ihre Spur. Wenn es uns gelingt, die grammatikalische Grundstruktur unserer Beziehungen umzuschreiben, dann verändert das alles: persönlich, wirtschaftlich und politisch. Es geht ums Ganze. Dazu möchte ich beitragen.

Doch bevor wir uns auf den Weg machen können, gilt es zu begreifen, aus welcher Erfahrungswelt wir kommen und wo wir hinwollen. Was ist dieser Wandel, der sich vollzieht? Warum vollzieht er sich? Woran bemerken wir das? Das ist Thema von Teil I: *Beziehungen gestern & heute*. Teil II – *Schritte in ein neues Miteinander* – wendet sich dann der naheliegenden Frage zu, was wir tun können, um diesen Wandel zu unterstützen und bewusst zu gestalten. In Teil III, *Gelebte Beziehung*, geht es schließlich darum, wie wir das Neue in unserem Beziehungsalltag leben, pflegen und immer stärker verankern können.

TEIL 1

Beziehungen gestern & heute

1 *Was ist eigentlich mit uns los?*

Es ist doch naheliegend, sich zu fragen, was denn bitteschön unser Problem ist. Eigentlich ging es uns noch nie so gut wie heute. Mit uns meine ich in dem Fall die Menschen in den reichen Industrienationen. Man mag zwar einiges auszusetzen haben an unserer Gesellschaftsform, und vieles ist sicher verbesserungswürdig. Doch konnten wohl noch nie zuvor so viele Menschen in einer Gesellschaft ihren Lebenswandel so frei gestalten, mussten so wenige Angst haben vor Hunger, Kälte, Obdachlosigkeit, gewaltvollen Übergriffen und anderen schrecklichen Dingen. Und ausgerechnet jetzt geraten wir in eine Beziehungskrise? Ausgerechnet jetzt kriegen wir uns in die Haare und schaffen es noch nicht einmal mehr, uns um unsere nächsten Angehörigen zu kümmern, wie es für unsere Vorfahren scheinbar seit Menschengedenken selbstverständlich war?

„Das sind doch alles Luxusprobleme!", heißt es dann oft. Und ja, das sind sie auch. Und trotzdem sind sie echt. Es ist unser Wohlstand, die Zuverlässigkeit unseres Rechtssystems und die Möglichkeiten der freien Entfaltung, die damit einhergehen, die es uns erst ermöglichen, uns in die Haare zu kriegen. Positiver ausgedrückt: Es ist diese wachsende Unabhängigkeit voneinander, die uns den Raum gibt, unsere Beziehungsformen immer selbstbestimmter zu wählen und somit unseren Lebenswandel immer freier zu gestalten.

In diesem neuen Raum der Wahlmöglichkeit, hat sich etwas erstaunliches getan: Immer mehr Menschen wollen Beziehungen nicht mehr so leben, wie sie Jahrtausendelang gelebt wurden. Immer mehr Menschen sehnen sich nach einer Form des Miteinanders, wie sie weder unsere Eltern noch unsere Großeltern gelebt haben. Nüchtern betrachtet ist das irrwitzig: Wir sehnen uns nach etwas, wofür wir keine Vorbilder haben. Wir wollen etwas leben, von dem wir noch nicht einmal wissen, ob es funktionieren kann, da wir keine Beispiele kennen, wo es Realität war.

Jetzt fragst du dich bestimmt, wovon ich hier spreche, welche Utopie ich hier beschwöre und wie ich zu dieser gewagten Aussage komme. Gib mir noch ein bisschen Zeit. Lass uns zuerst einmal ansehen, wie Beziehungen eigentlich bislang gelebt wurden. Vor diesem Hintergrund wird es dann leichter sein, unsere eigene kollektive Sehnsucht zu erkennen und zu verstehen.

Wie Beziehungen bislang gelebt wurden

Noch vor gar nicht langer Zeit, so scheint es, waren Beziehungen überhaupt kein Thema. Sie waren so wenig Thema, dass ich mich zuweilen frage, ob das Wort überhaupt existierte. Natürlich existierte es, doch es wurde wohl kaum so häufig verwendet wie heute.

Heute hingegen sind Beziehungen ein zentrales Thema – und nicht nur, wie gerne unterstellt wird, für das weibliche Geschlecht. Vielleicht haben wir von Haus aus hier ein etwas ausgeprägteres Interesse. Doch es lässt sich nicht mehr leugnen, dass auch Männer heute immer mehr Fokus auf Beziehung legen. Da gibt es Väter, die bewusst in die Beziehung zu ihren Kindern investieren, und Manager, die in Trainings ihre soziale Kompetenz aufpolieren.

Und natürlich gibt es Männer, die Beziehungsbücher lesen und sich in Onlineforen Tipps einholen, wie sie ihre Chancen auf eine langfristige, erfüllende Verbindung erhöhen. Kurzum: Es tut sich was!

Doch was war davor eigentlich los? Warum war solange scheinbar keine Rede von Beziehung und warum schienen Beziehungen bis vor relativ kurzer Zeit nicht wirklich ein Problem darzustellen?

Die Antwort ist meines Erachtens eine recht einfache, wenn auch erschreckende: Bis vor gar nicht langer Zeit wurden fast alle Beziehungen nach einem Schema gelebt, das jede wirkliche Begegnung und Auseinandersetzung überflüssig machte. In diesem Schema erübrigte sich, was für mich echte Beziehung ausmacht, weil es Begegnung ermöglicht: das Miteinander auf Augenhöhe.

Wie viele Systeme, die lange überlebt haben, beruht auch dieses auf einem ganz einfachen Prinzip. In diesem Fall ist es das Prinzip, dass einer über dem anderen steht, wodurch eine Über- und Unterordnung geschieht. Durch diese einfache Festlegung entsteht zwischen beiden ein Machtgefälle und dieses Machtgefälle hat weitreichende Konsequenzen für jede Interaktion in der Beziehung.

Um dir zu zeigen, was ich meine, möchte ich dich auf ein kurzes Gedankenexperiment einladen. Nimm ein Blatt Papier und male darauf eine Diagonale. Diese Linie steht für das Machtgefälle zwischen zwei Menschen – einer hat seine Position am oberen Ende der Linie, der andere am unteren. Schreibe nun spontan fünf Begriffspaare auf, die du hier zuordnen kannst, wobei du an das obere Ende der Linie immer die Bezeichnung für die Person schreibst, die in diesem Beziehungsgefüge oben ist, und an das untere Ende die Bezeichnung der anderen, untergeordneten Person. Wenn du also zum Beispiel das Begriffspaar Lehrer-Schüler wählst, schreibe *„Lehrer“*

oben hin und *„Schüler“* unten, da dies das bislang gültige Machtverhältnis wiedergibt. Wenn du gerade kein Schreibzeug zur Hand hast, mache es einfach in Gedanken und schaue, was passiert.

Ich habe diese Übung bislang mit mehreren Hundert Menschen gemacht. Es handelte sich hierbei um Teilnehmer meiner Führungskräfteschulungen und Mitarbeitertrainings in Unternehmen, genauso aber auch um Teilnehmer von Persönlichkeitsentwicklungskursen, die sie in ihrer Freizeit besuchten. Es handelte sich daher um Menschen in ganz unterschiedlichen Positionen und Lebenssituationen: Top-Manager, Fachkräfte, Lagerarbeiter, Reinigungskräfte, Akademiker, Hausfrauen, Pädagogen, Hobbypsychologen, junge Menschen, alte Menschen und noch viel mehr.

Folgendes habe ich beobachtet: jeder konnte mir aus dem Stegreif eine ganze Liste von Begriffspaaren nennen, die in dieses Schema passen: Mann-Frau, Chef-Mitarbeiter, Vater-Sohn, Lehrer-Schüler, Arzt-Patient, Auftraggeber-Auftragnehmer und so weiter. Das wird auch dir ohne Mühe gelungen sein, wenn du die Übung gemacht hast. Das hat mir gezeigt, dass wir alle dieses Schema in- und auswendig kennen. Es ist uns vertraut wie das Alphabet und der Zahlenraum bis hundert. Es ist Teil unserer kulturellen DNA. Es ist fester Bestandteil unserer Beziehungsgrammatik.

Doch das war nicht die für mich persönlich interessanteste Erkenntnis. Viel erhellender fand ich zu beobachten, wie unwohl wir uns inzwischen mit diesem Schema fühlen. Es ist uns nicht nur vertraut, es ist uns auch zunehmend unangenehm. Es ist wie ein Schuh, der nicht mehr richtig passt. In manchen Bereichen – wie etwa dem klassischen Chef-Mitarbeiterverhältnis – können wir uns zwar noch ganz gut hineinfügen, weil viele es immer noch für alternativlos halten, in anderen Bereichen – allen voran natürlich die intime Paarbeziehung – ist es für uns offenbar komplett überholt.

Es ist doch erstaunlich: Bis vor zwei oder drei Generationen war es noch selbstverständlich und kaum hinterfragt, dass manche Menschen über anderen stehen. Und nun ist das plötzlich nicht mehr so. Es scheint sich vielmehr ein Konsens gebildet zu haben, dass wir diese Art von Beziehung nicht mehr möchten – oder zumindest immer weniger.

Doch so einfach ist es offenbar nicht. Wir können dieses bewährte Muster nicht wie ein altes Paar Schuhe abstreifen. Wenn wir dies tun, entledigen wir uns auch der Vorteile, die diese künstlichen Machtgefälle hatten. Das bedeutet, dass wir plötzlich lernen müssen, mit allen Herausforderungen umzugehen, vor denen dieses Schema unsere Vorfahren über Jahrtausende erfolgreich bewahrt hat.

Doch was sollen das für Vorteile sein? Wir alle wissen, wie viel Leid, Gewalt, Trennung und Missbrauch dieses Schema ermöglicht hat und – ehrlich gesagt – immer noch ermöglicht. Trotzdem hatte es Vorteile, sonst hätte es nie solange überlebt. Im Folgenden möchte ich einen ungeschminkten Blick auf diese Vorteile werfen, damit wir wissen, welche Lücken wir zu füllen haben, wenn wir uns von künstlichen Hierarchien verabschieden.

Vorteile künstlicher Machtgefälle

Wie gesagt: Wenn etwas solange überlebt wie künstliche Hierarchien zwischen Menschen, dann muss schon irgendetwas dran sein. Vor allem, wenn es mit so viel Schmerz, Angst, Gewalt und Schwierigkeiten verbunden ist wie diese Beziehungsform.

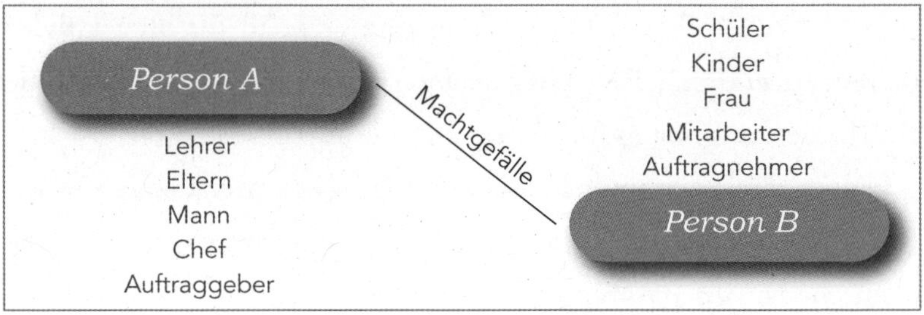

Der größte Vorteil dieses Systems liegt in der Vermeidung echter Konflikte. Es ist klar geregelt, wer das Sagen hat, also wer im Zweifelsfalle entscheidet. Die Bedürfnisse der Person oder Personengruppe, die oben ist, hat unweigerlich Vorfahrt gegenüber den Bedürfnissen der unten Angesiedelten. Den unteren mag zwar missfallen, was oben entschieden ist, durch das klare Machtgefälle müssen sie sich jedoch den Anordnungen von oben beugen. Dadurch sparen wir uns jede Menge Auseinandersetzungen, Streitereien und andere Unannehmlichkeiten.

Ein weiterer Vorteil dieser Art der Beziehungsstrukturierung ist die Möglichkeit, Verantwortung zu delegieren und Emotionen beim anderen abzuladen. Wer unten steht, kann dem Obenstehenden die Schuld für sein Unglück in die Schuhe schieben. Genauso kann der Obenstehende, wenn etwas schiefläuft, seinen Frust an dem unten auslassen. Es mag sich zynisch anhören, dies als Vorteil zu bezeichnen. Doch wir können nicht leugnen, dass dieses Arrangement hierdurch wichtige soziale Funktionen abdeckte, die uns bei Beziehungen auf Augenhöhe neu herausfordern, was später noch Thema sein wird.

Die eben beschriebenen Vorteile lassen sich in einer einfachen Feststellung zusammenfassen: Diese Art der Beziehungsstrukturierung sorgt dafür, dass Menschen ohne emotionale und soziale Kompetenz, ohne Konflikt- oder Kooperationsfähigkeit miteinander leben und arbeiten können. Es funktioniert für den Menschen in seiner einfachsten, am wenigsten entwickelten, man könnte auch sagen primitivsten Form. Und hier spreche ich nicht von der Primitivität, die bei Naturvölkern anzutreffen ist – die häufig über eine sehr hohe soziale und emotionale Kompetenz verfügen –, sondern über jene Form der Primitivität, die in den sogenannten entwickelten Ländern anzutreffen ist. Und genau dieser Vorteil – dass es für den Menschen in seiner primitivsten Form funktioniert – ist auch einer der gravierendsten Nachteile dieses Beziehungsschemas. Es fördert und fordert Unreife. Doch das ist nur einer der Nachteile. Fairerweise möchte ich es nach Auflistung der Vorteile nicht versäumen, auch die anderen Nachteile zu beleuchten.

Nachteile künstlicher Machtgefälle

Neben den soeben erwähnten Vorteilen sind die Nachteile dieses Schemas keinesfalls zu verachten. Wir reduzieren zwar Konflikte, indem wir einen definieren, der recht hat und diesem auch den Anspruch geben, dieses Recht durchzusetzen. Genau dadurch öffnen wir jedoch vielfältigem Machtmissbrauch Tür und Tor. Die Versuchung für diejenigen in den oberen Positionen, ihre Macht auszuspielen, ist nahezu unwiderstehlich. Die meisten Eltern werden genau wissen, wovon ich spreche. Es ist sehr schwierig, ein guter König zu sein. Und viele wollen in diesem System gar kein guter König sein, schließlich legitimiert der Hochstatus ja, dass es denen oben besser geht als denen unten.

Meine Mutter erzählt bis heute regelmäßig, dass es in ihrer Kindheit bei Tisch selbstverständlich war, dass der Vater das größte Stück Fleisch bekam. Die kinderlose Tante, die Haushalt und Familie selbstlos versorgte, bekam zuletzt das kleinste Stück oder aß Reste – dazwischen gab es eine klar durchstrukturierte Hackordnung. Und meine Mutter kommt nicht aus dem Orient, sondern aus einer deutschen Familie, die ich am besten mit dem Adjektiv *„normal"* beschreiben kann.

Durch diese und natürlich auch wesentlich gravierendere Machtmissbräuche kommt es in einem solchen System regelmäßig zu Machtkämpfen, Revolutionen und gewaltsamen Umbrüchen. Diese können so blutig und dramatisch sein wie die berühmte Französische. Sie können jedoch auch wesentlich unspektakulärer ablaufen, wie etwa die wachsende Anzahl von Frauen, die seit Jahrzehnten ihre Männer verlassen oder sich gar nicht erst auf eine solche Beziehung einlassen.

Somit zahlen wir für die Konfliktvermeidung im Alltag einen hohen Preis in Form von umso größeren Konflikten bis hin zu gewaltvollen Auseinandersetzungen. Das wirklich tragische an diesen Revolutionen ist dann, dass jene, die zuvor unten waren, lediglich den oberen Platz einnehmen und das Spiel von vorne losgeht. Mit anderen Worten: Die Plätze wurden getauscht, an der Beziehungsdynamik hat sich gar nichts geändert. Unsere gemeinsame Geschichte ist eine einzige Abfolge dieser gewaltsamen Positionswechsel.

Ein weiterer Nachteil dieses Systems ist, dass es nicht nur ohne Kooperationsfähigkeit, emotionale und soziale Kompetenz auskommt, sondern dass es sogar die Entwicklung dieser Fähigkeiten verhindert. Es besteht in einem solchen Beziehungskonstrukt nicht nur keine Notwendigkeit, Fähigkeiten wie Zuhören, Empathie, Bedürfnisäußerung oder Kooperation zu entwickeln, es gibt auch kaum Gelegenheit dazu. Im Gegenteil: Es ist sogar hinderlich. Es verhindert, dass wir nach oben kommen.

Wir haben daher konsequent Bildungssysteme geschaffen, in denen die Entwicklung dieser Fertigkeiten unterbunden wird. Stattdessen wird unsere Konkurrenzfähigkeit ausgebildet. Wo möglich, werden wir zu individuellen Höchstleistungen dressiert – oder aber es wird viel Energie darauf verwendet, unwiderlegbar zu beweisen, dass wir den Hochstatus nicht verdient haben. Das ist gar nicht böse gemeint. Die Idee dahinter ist, dass wir dadurch unsere Chancen erhöhen, in möglichst vielen Beziehungen oben zu stehen und nicht unten. Und wenn wir einfach nicht gut genug sind, um oben zu stehen, dann haben wir es zumindest schwarz auf weiß, warum wir uns unterzuordnen haben.

Doch während das Ganze bis vor ein bis zwei Generationen scheinbar noch gut funktionierte, ist heute zu beobachten, dass auch dieses gesellschaftliche Sortiersystem in der Krise steckt. Noch vor zwei Generationen war die Aristokratie und damit die Überordnung einer kleinen Akademikerklasse ein fester Teil unserer Gesellschaftsordnung. Heute hingegen versuchen immer mehr Personen, sich für diesen Status zu qualifizieren – ungeachtet ihrer Neigungen und Talente –, während in jenen Berufen, denen klassischerweise der Tiefstatus zugeschrieben war, der Nachwuchs fehlt. Das bedeutet, dass Personengruppen, denen das gesellschaftliche Sortiersystem in Form unseres Bildungssystems den Tiefstatus zugeschrieben hat, sich zunehmend weigern, diese Unterordnung zu akzeptieren, und stattdessen aus dem System aussteigen. Das Ergebnis: Sie sind orientierungs- und perspektivlos, da der Platz in der Gesellschaft, auf den das Bildungssystem sie vorbereitet hat, für sie nicht infrage kommt.

In der Betrachtung dieser Problematik wird ein weiterer Nachteil künstlicher Machtgefälle deutlich, den ich persönlich besonders tragisch finde. Es handelt sich um den Aspekt der Potenzialentfaltung, die in Beziehungen mit künstlichem Machtgefälle verhindert wird. Dadurch, dass Menschen nach ganz bestimmten, relativ eng gesteckten Kriterien – wie intellektuelle Begabung, akademische Leistungsbereitschaft und Konkurrenzfähigkeit – in Über- und Unterordnungen sortiert werden und dieser Aussortierungsprozess ihre gesamte Kindheit und Jugend in Anspruch nimmt, bleibt keine Zeit, um das eigentliche Potenzial der Menschen zu entdecken und zu entwickeln.

Ich finde das tragisch, weil wir junge Menschen damit auf eine Arbeitswelt und Gesellschaftsordnung vorbereiten, die es schon heute nicht mehr gibt. Die hohe Jugendarbeitslosigkeit in Europa, die junge Menschen mit oder auch ohne akademische Grade betrifft, ist ein deutliches Indiz hierfür. Manchmal frage ich mich: Was wäre, wenn diese Menschen nicht gelernt hätten, vor allem Anweisungen auszuführen und Über- und Unterordnung zu akzeptieren, sondern stattdessen ihre zehn- bis zwanzigjährige Bildungszeit damit verbracht hätten, ihre wirklichen Talente und Begabungen zu entwickeln und diese sinnvoll mit den Talenten und Begabungen ihrer Mitschüler zu verknüpfen? Würden sie dann auch frustriert abwarten, bis ihnen jemand einen Job anbietet, oder würden sie dann stattdessen ihre Begabungen und ihre Kreativität einsetzen, um sich selbst die Jobs zu erschaffen, die ihnen entsprechen?

Ich habe diese Argumentation jetzt vor allem auf unser Bildungssystem und das gesamtgesellschaftliche System bezogen. Doch das Gleiche gilt auch im ganz Kleinen. Auch eine Ehe, die streng nach dem alten Schema gelebt wird, verhindert die Potenzialentfaltung aller Beteiligten, indem sie uns in ein eng vorgegebenes Korsett schnürt. Doch dazu später mehr.

Doch wurden wirklich alle Beziehungen mit dieser Über- und Unterordnung gelebt? Nein, tatsächlich nicht alle. Es gab immer schon Beziehungen, die einer anderen Logik folgten, die auf Augenhöhe gelebt wurden. Es handelt sich um unsere Freundschaften. Ich möchte nun auch diese Beziehungen genauer beleuchten und vielleicht daraus die ersten Hinweise darüber ableiten, wo unsere gemeinsame Entwicklungsreise hingehen könnte.

Eine andere Logik

Wirkliche Freundschaften basierten schon immer auf den Prinzipien Respekt, Gleichwertigkeit und Gegenseitigkeit. Hier wurde nicht nach Hoch- oder Tiefstatus geschielt und Machtkämpfe blieben weitgehend außen vor. Schillers Bürgschaft bringt die unvergleichbare Kostbarkeit dieses Schatzes in wenigen Worten auf den Punkt. *„Ich sey, gewährt mir die Bitte, // In eurem Bunde der Dritte"*[7], spricht der Tyrann und bekennt damit, dass er die Wertlosigkeit all seiner Macht erkannt hat. Ohne zu zögern, streift er diese ab und erbittet sich etwas viel Kostbareres von genau jenen, die er am

Morgen noch zum Tode verurteilt hatte: das Geschenk wahrer Freundschaft.

Doch woran liegt es, dass jenes Beziehungsschema, das sich in nahezu allen Beziehungen durchgesetzt hat, hier nicht zum Zuge kommt? Freundschaften unterscheiden sich von den anderen, oben aufgelisteten Beziehungen in einem entscheidenden Punkt: Wir sind von unseren Freunden in der Regel nicht existenziell abhängig. Wir brauchen zwar Freunde, aber nicht unbedingt genau diesen oder jenen Freund.

Auf den ersten Blick scheint die Geschichte der Bürgschaft dem zu widersprechen. Der eine legt sein Leben in die Hände des anderen und ist damit sehr wohl existenziell von ihm abhängig. Es wäre lächerlich zu behaupten, die beiden seien nicht aufeinander angewiesen. Doch bei genauem Hinsehen zeigt sich der kleine, aber feine Unterschied: Die Freundschaft und damit die Treue, die sie einander schenken, erwächst keinem Zwang und keiner Pflicht. Sie ist ein Geschenk, das in Freiheit gegeben wurde, und genau das macht sie so kostbar, genau das lässt den Tyrannen die Fesseln seines Herzens abstreifen.

Genauso ist es auch bei uns und unseren Freunden. Klar brauchen wir sie. Doch wenn es uns mit dem einen oder anderen nicht mehr passt, dann können wir uns einfach neue Freunde suchen. Wenn wir jemandem unsere Freundschaft schenken, dann weil wir es wollen und sonst nichts. Diese Grundlage führt dazu, dass wir in Freundschaften ein hohes Maß an Würde beibehalten, das uns in allen anderen Beziehungen mit schöner Regelmäßigkeit abhandenzukommen scheint. Es ist diese magische Balance zwischen brauchen und nicht brauchen, die uns noch eine ganze

Weile beschäftigen wird, denn in ihr steckt eines der großen Geheimnisse einer neuen Beziehungsgrammatik, die uns die Grundlage für ein neues Miteinander gibt.

Die Sehnsucht nach einem neuen Miteinander

Ich habe es vorher schon erwähnt: Anscheinend sind es unsere intimen Paarbeziehungen, in denen die Sehnsucht nach einem neuen Miteinander bereits am tiefsten Wurzeln geschlagen hat. Besonders die männlichen Teilnehmer meiner Kurse witzeln zu diesem Thema gerne, dass das alte Machtgefälle, wo er *„die Hosen anhatte“*, sich nun umgekehrt hätte und tatsächlich die Frauen das Sagen hätten. Auch wenn da sicher mehr als ein Fünkchen Wahrheit mitschwingt, es herrschte immer Einigkeit, dass wir uns alle etwas anderes wünschen. Wir sehnen uns nach gleichwertiger Beziehung. Und in der Mann-Frau-Beziehung zeigte sich als erstes, dass wir Beziehungen nicht mehr nach alten Machtschemata leben wollen, sondern auf Augenhöhe.

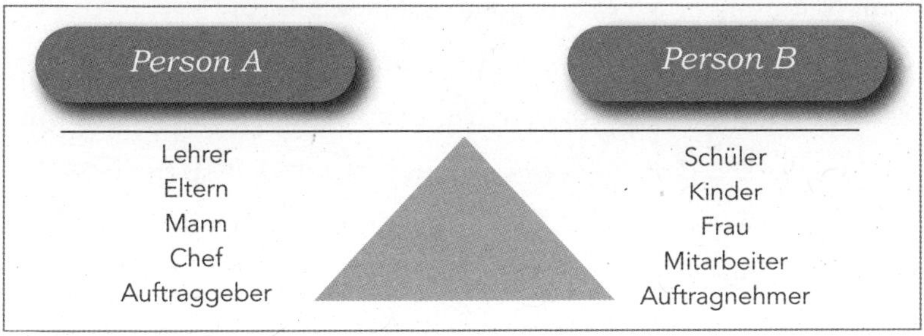

Die Idee der Gleichberechtigung in der Beziehung zwischen den Geschlechtern ist heute in den westlichen Industrienationen ein weitverbreitetes kulturelles Ideal. Immer weniger Männer und Frauen würden heute von sich behaupten, dass sie eine Ehe nach dem alten Rollenverständnis anstreben, in dem „der Mann die Hosen anhat". Noch weniger würden wohl von sich behaupten, dass sie das Gegenteil anstreben – also eine Beziehung, in der sie das Sagen hat.

Das Ideal einer gleichwertigen Partnerschaft ist heute weitgehend gesellschaftlicher Konsens, auch wenn wir wissen, dass wir dies nicht unbedingt sehr erfolgreich umsetzen. So besteht beispielsweise eine große Verwirrung zwischen gleich und gleichwertig. Wenn ich von gleichwertig spreche, meine ich nicht, dass wir nicht unterschiedliche Rollen und Funktionen ausüben können, sondern dass wir in unserer Unterschiedlichkeit gleich gewürdigt werden.

Ich möchte an dieser Stelle für einen Moment bei dieser bemerkenswerten Tatsache verweilen, dass uns heute selbstverständlich ist, was noch vor wenigen Generationen undenkbar war. Und in vielen Kulturen der Erde noch heute ist. Eine Beziehung auf Augenhöhe? Wie soll denn das bitteschön funktionieren? Wer soll denn dann sagen, wo es langgeht? Keine Chance!

Interessanterweise begegnet mir heute die gleiche Fassungslosigkeit, wenn ich mit Menschen im professionellen Umfeld über die Möglichkeit eines gleichwertigen Miteinanders spreche. Beziehung ohne Machtgefälle? Für viele immer noch undenkbar, zumindest im professionellen Kontext. Das ist am anderen Ende der Skala unserer Beziehungen mit Sehnsucht nach Gleichwertigkeit. Doch der Schein trügt: Das alte Modell funktioniert auch im professionellen Kontext immer weniger.

Zwar gibt es in vielen Unternehmen noch die *„alte Garde"*, die sich jahrzehntelang die Karrierestüfchen hochgeschleimt hat und das so investierte Kapital keinesfalls verschleudern möchte. Doch eine wachsende Anzahl von Mitarbeitern und Führungskräften *jeder* Hierarchieebene zeigt eine massive Unzufriedenheit mit der Unaufrichtigkeit, mangelnden Effizienz und Unwürdigkeit künstlicher Machtgefälle. Diese Aussage stütze ich auf viele Hundert Gespräche, die ich in meinen Trainings zu diesen Themen führen konnte, und auf meine Erfahrung in Organisations- und Kulturentwicklungsprozessen hin zu einem neuen Miteinander. Stark befeuert wird dieser Trend übrigens auch wieder von unserem Nachwuchs. Generation Y schockiert regelmäßig in Umfragen mit klarer Ablehnung von Führungspositionen im alten Stil.[8]

Doch was ist mit unseren anderen Beziehungen? Wie sieht dort unser geteiltes Ideal aus? Platz zwei nach der Paarbeziehung besetzt auf der Gleichwertigkeitsskala meiner Meinung nach die Eltern-Kind-Beziehung. Pädagogen und Psychologen sprechen hier schon vom Verhandlungsstil in der Kindererziehung. Eltern sind immer weniger bereit, Macht über ihre Kinder auszuüben und sich damit die Chance zu nehmen, eine gute Beziehung zu ihnen aufzubauen. Und Kinder sind immer weniger durch autoritäres Machtgehabe zu beeindrucken. Wenn ich mich mal zu einem autoritären Ton hinreißen lasse, lacht mein jüngerer Sohn mich entweder aus, schaut mich schräg an oder erklärt mir ganz ruhig und klar, dass das so nicht geht. Ob er deshalb ein verzogener Bengel ist? Gewiss nicht, denn er hat gelernt, die Bedürfnisse anderer genauso wichtig zu nehmen, wie ich seine.

Doch das ist ein anderes Thema, auf das ich im Ausblick am Ende des Buches noch genauer eingehen werde. Sehen wir uns weiter um in der Beziehungslandschaft. Wo stehen wir? Wie sieht es mit den Lehrer-Schüler-Beziehungen aus, wie mit den politischen Beziehungen? Und was ist eigentlich mit Kunde und Dienstleister? Mit dem Pfarrer und seiner Gemeinde, dem Arzt und seinem Patienten?

In allen Bereichen schleicht sich etwas Neues ein. Mancherorts ist es schon unübersehbar, andernorts ist es bislang nichts weiter als eine subversive Strömung. Doch bei genauem Hinsehen erkennen wir ein Muster: Überall gibt es eine Bewegung weg von klassischen Über- und Unterordnungen, hin zu gleichwertigen Beziehungen – oder zumindest die Sehnsucht danach. Wir haben begonnen, einen gemeinsamen Traum zu träumen, von dem noch völlig ungewiss ist, ob er erfüllbar ist, ob es uns gelingen wird, ihn zu leben. Es ist der gleiche Traum, von dem John Lennon in seinem Kultsong *„Imagine"* singt und in den buntesten Farben die Utopie einer Welt in Balance skizziert. Ach, ein schöner Traum! Er hat nur leider einen Haken: Wir wissen nicht, wie es geht. Woher denn auch?

Wir wissen (noch) nicht, wie es geht

Man könnte für unsere privaten Beziehungen die gleichen Totschlagargumente ins Feld führen wie für den professionellen Bereich. Es funktioniert nicht. Wir sehen doch, dass es nicht funktioniert: die steigenden Scheidungsraten, die wachsende Anzahl von Alleinerziehenden, die vielen Patchworkfamilien, der ständige Partnerwechsel, der heute schon normal ist, die zahlreichen Beziehungsdramen, die für viele auch schon zum Alltag gehören. Es funktioniert nicht.

Doch auch wenn die Schwierigkeiten, die wir bei der Umsetzung unseres großen Traumes haben, nicht zu leugnen sind: Es gibt kein Zurück mehr. Zu tief ist die Sehnsucht nach einem neuen, anderen Miteinander inzwischen in unseren Herzen verankert. Und vor allem: Wir haben gesehen, dass das alte Schema immer auf einer Lüge basiert. Mit dieser Lüge verhält es sich wie mit der roten und der blauen Pille in dem Film Matrix: Wenn du sie einmal wirklich durchschaut hast, kannst du es nicht mehr vergessen. Du weißt, dass es nicht wahr ist. Was diese Lüge ist und wie sie entlarvt wurde, wird später noch Thema sein.

Ich möchte damit nicht sagen, dass Rückschritte hier ausgeschlossen sind. Die kleine, aber doch beunruhigende Anzahl junger EuropäerInnen, die sich freiwillig islamistischen Gruppierungen wie IS anschließt, beweist das Gegenteil.[9] Sie suchen bewusst die Sicherheit des alten Schemas und sind bereit, dafür viel von dem zu opfern, was uns lieb und teuer ist: Freiheit, Komfort oder Individualität zum Beispiel.

Doch für die meisten von uns scheint die Entwicklung zumindest an diesem Punkt nicht umkehrbar. Wir mögen zwar manchmal im Geheimen sehnsüchtig nach einer einfacheren Weltordnung schielen, wo jeder noch wusste, wo sein Platz war. Sobald wir uns allen Ernstes fragen, ob eine Beziehung mit klassischem Machtgefälle zwischen Mann und Frau uns wirklich erfüllen würde, wird der Großteil – vielleicht sogar schweren Herzens – zugeben müssen, dass das keine Option ist.

Das bringt uns in eine sehr schwierige Situation. Wir können uns das Alte nicht mehr vorstellen, wir sind dem entwachsen. Wie ein Jugendlicher, der merkt, dass er nicht mehr in die Rolle des Kindes

ÜBUNG 1: Beziehung auf Augenhöhe erforschen

1. Nimm ein Blatt Papier quer. Male ein Strichmännchen in die Mitte. Das bist du. Male dann einen Strich von dem Männchen schräg nach oben, in Richtung der rechten oberen Ecke des Blattes, ca. 10 cm, und einen links nach unten, in Richtung der linken unteren Ecke des Blattes.
2. Beginne in der rechten oberen Ecke, schreibe eine Liste mit Personen, zu denen du aufblickst. Das können Prominente oder große Vorbilder sein, deine Eltern, dein Chef oder ein Bekannter von dir. Nimm dir eine Weile Zeit hierfür und spüre, während du schreibst, wie sich die Beziehung zwischen euch anfühlt.
3. Mache nun das Gleiche links unten, diesmal beginnend in der Mitte des Blattes. Wen in deinem Leben fühlst du unter dir? Auf wen blickst du – wenn du ehrlich bist – herab? Das können Menschen sein, die du gar nicht kennst – wie der Obdachlose um die Ecke –, oder Menschen, die dir nahestehen wie deine Kinder, dein Partner oder jemand aus dem beruflichen Kontext, etwa ein Kollege oder ein Angestellter von dir. Auch hier möchte ich dich einladen, dem nachzuspüren, wie es sich anfühlt, wenn diese Ungleichheit da ist.
4. Suche dir einen Menschen aus der rechten Liste und einen aus der linken Liste aus, mit dem du gerne deine Beziehung verändern möchtest. Beginne mit einer von beiden, schließe deine Augen und stelle dir diese Person so gut du kannst vor. Spüre noch einmal nach, wie es sich anfühlt, ein solches Machtgefälle in eurer Beziehung zu haben. Vielleicht siehst du denjenigen vor deinem inneren Auge sogar über bzw. unter dir.
5. Justiere die Beziehung. Experimentiere mit deiner inneren Haltung. Was kannst du in dir verändern, um dein Gegenüber auf Augenhöhe wahrzunehmen? Wie funktioniert das, jemanden hoch- oder runterzuheben? Wie fühlt es sich an, wenn der andere in der Mitte ist?
6. Wiederhole diese Übung mit der Person aus der anderen Liste, die du dir ausgesucht hast. Nimm diese Übung mit in den Alltag und spiele damit. Erforsche, wie sich Begegnung verändert, wenn du auf Augenhöhe gehst.

zurück kann. Auch wenn sie noch so vertraut ist, wenn sie Geborgenheit, Schutz, Bequemlichkeit und Sicherheit bietet: Er kann nicht mehr zurück. Das ändert jedoch nichts an der Tatsache, dass er noch nicht weiß, wie er als Erwachsener in die Welt gehen kann. Schließlich weiß er noch nicht, wie es geht, erwachsen zu sein.

Also fängt er einfach mal an, so zu tun, als wäre er erwachsen. Und wehe, jemand sagt ihm, er würde nur so tun als ob! Im Englischen gibt es hierfür den schönen Spruch: *„Fake it 'til you make it"* – was übersetzt so viel bedeutet wie *„tu' so als ob, bis du es kannst"*. Und genau das machen wir auch: Wir tun so, als wüssten wir, wie Beziehung auf Augenhöhe geht. Was bleibt uns auch anderes übrig? Und es scheint gar nicht mal die schlechteste Strategie zu sein. Ich bin der Meinung, dass wir neben allen Schmerzen, allen Verwirrungen, allem Stolpern und Ringen auch echte Fortschritte zu verzeichnen haben. So sind zum Beispiel die Beziehungen zwischen den Generationen so gut wie nie zuvor. So sagen laut neuesten Studien über neunzig Prozent aller Jugendlichen in Deutschland, dass sie sich gut mit ihren Eltern verstehen. Das sah vor ein bis zwei Generationen noch ganz anders aus.[10]

Beziehung kann man lernen

Woher ich das weiß? Weil ich es am eigenen Leibe erfahren habe. Ich habe auf schmerzlichem und schwierigem Wege gelernt, dass Beziehungsfähigkeit uns weder in die Wiege gelegt wird noch zu dem Kulturgut gehört, das uns heute mit Lesen, Schreiben und Rechnen mit auf den Weg gegeben wird. Und ich habe herausgefunden, dass wir Beziehung lernen können. Ich wage zu behaupten, dass ich *beziehungsweise* geworden bin.

Daher weiß ich heute, dass Beziehungen auf Augenhöhe nicht nur funktionieren – und zwar zwischen Mann und Frau genauso wie zwischen Eltern und Kind, Chef und Mitarbeitern, Lehrern und Schülern –, sondern dass sie auch zutiefst erfüllend sind, und zwar viel erfüllender als Beziehungen, die auf Machtgefälle beruhen, jemals sein können. Genauso weiß ich, dass sich Millionen Menschen genau das Gleiche wünschen wie ich und sich daher auf einen Lern- und Entwicklungsweg begeben haben – oft ohne dass sie sich dessen bewusst sind. All die Beziehungskrisen, Scheidungen, Konflikte, Machtkämpfe und schmerzhaften Auseinandersetzungen, all die Schlachten, die an unterschiedlichsten Beziehungsfronten geschlagen werden, sind Ausdruck unseres gemeinsamen Lernprozesses.

Mein Anliegen ist es, mithilfe dieses Buches Klarheit, Struktur und Orientierung in diesem Lernprozess anzubieten. Es geht mir also nicht darum, ein weiteres Rezeptbuch nach dem Motto *„Zehn Geheimnisse einer guten Beziehung“* zu schreiben, derer gibt es genügend. Mich interessiert der Prozess, wie wir unserem Stadium der mehr oder weniger ausgeprägten Beziehungsunfähigkeit entwachsen können und Beziehung neu lernen können. Diesen Prozess möchte ich beschreiben und würdigen in der Hoffnung, damit anderen Wegweiser auf ihrer Reise zur Verfügung stellen zu können. Wenn ich zurückschaue, denke ich mir oft: Ich wünschte, mir hätte jemand all das erklärt! Nicht weil ich glaube, dass ich alles sofort hätte umsetzen können, sondern weil ich weiß, dass ich mir durch einen guten Reiseführer einige Irrungen und Wirrungen erspart hätte. Umso mehr freut es mich, wenn meine Mühen sich gelohnt haben und nun vielleicht dir manche Umwege ersparen.

ÜBUNG 2: Erzähle deine Beziehungsgeschichte

Die Geschichten, die wir uns und anderen erzählen, haben eine große Macht über uns, sie formen sozusagen unsere persönliche Mythologie. Nimm dir etwas Zeit, um deine Beziehungsgeschichte zu reflektieren, diesmal gerne mit Fokus auf die intime Paarbeziehung. Zu einem anderen Zeitpunkt kannst du die Übung gerne für Beziehungen allgemein wiederholen.

Wenn ich Beziehungsgeschichte sage, meine ich in diesem Fall nicht eine mögliche Sequenz von Namen – nach dem Motto: Erst kam Isabel, dann Jorinde, dann Pauline –, sondern ich meine aus einer Metaperspektive, als würdest du von oben auf dein Leben schauen. Wie hast du Beziehungen früher gelebt, wie lebst du sie heute? Wie hat sich deine Idee von Beziehung im Laufe der Zeit gewandelt und durch was? Was ist Beziehung für dich heute? Wenn du magst, kannst du dies aufschreiben oder einem vertrauten Menschen erzählen.

Was Beziehungen betrifft, gibt es keine einfachen Rezepte für deinen persönlichen Entwicklungsweg. Wenn es sie gäbe, hätten wir das Ding sicher längst geknackt. Doch was es gibt, sind viele verschiedene Puzzlestücke, die ich hier für dich zusammengetragen habe. Sie sind wie Wegweiser, die auf verschiedene Aspekte deiner Beziehungsmatrix deuten und sagen: *„Guck mal da“* und *„Guck mal hier“*. Vermutlich werden einige dieser Puzzlestücke ganz wertvoll und wichtig für dich sein, während andere dich vielleicht nicht so interessieren. Das ist ok. Nimm einfach das mit, was für dich gerade wertvoll erscheint, und geh deinen nächsten Schritt auf dem Weg, beziehungsweise zu werden und zu sein.

Beginnen wir also am Anfang, genau dort, wo ich in vielerlei Hinsicht die Ursache unserer kollektiven Beziehungskrise sehe: in unserer Idee, was es bedeutet, erwachsen zu sein. Es mag sich komisch anhören, dass eine einfache Idee dazu führen sollte, dass wir so große Schwierigkeiten miteinander haben. Doch je mehr ich mich mit dem Thema auseinandergesetzt habe, desto deutlicher wurde für mich, wie tief uns diese Idee prägt und wie sehr sie es erschwert, jene Art von Beziehungen zu leben, nach denen wir uns eigentlich sehnen.

ÜBUNG 3: Würdige deinen Lernprozess

Wenn du ein bisschen wie ich und die meisten anderen Menschen bist, die ich kenne, dann hast du auch schon deinen Anteil an schwierigen, zermürbenden, herausfordernden und schmerzhaften Beziehungsprozessen durchlebt. Nimm dir etwas Zeit, um dich selbst und die Menschen, mit denen du das durchlebt hast, dafür zu würdigen. Ihr habt euch eingelassen, ihr habt es probiert, ihr seid gescheitert oder zumindest gestolpert und ihr habt euch alle Mühe gegeben, zu lernen. Euer Scheitern ist kein persönliches Scheitern. Es ist Teil unseres kollektiven Lernprozesses. Danke, dass du ein Teil davon bist.

REFLEXIONSFRAGEN

1. Welche Beziehungen in deinem Leben – beruflich wie privat – erlebst du als Beziehungen auf Augenhöhe und in welchen Beziehungen erlebst du ein Machtgefälle?
2. Wie fühlst du dich in Beziehungen auf Augenhöhe, wenn Konflikte auftauchen?
3. Wie fühlst du dich in den Beziehungen mit Machtgefälle, wenn Konflikte auftauchen?

2 *Hauptsache unabhängig*

Die gängige, kaum hinterfragte Annahme unserer Kultur zum Thema Erwachsenwerden, lässt sich in folgendem Bild zusammenfassen:

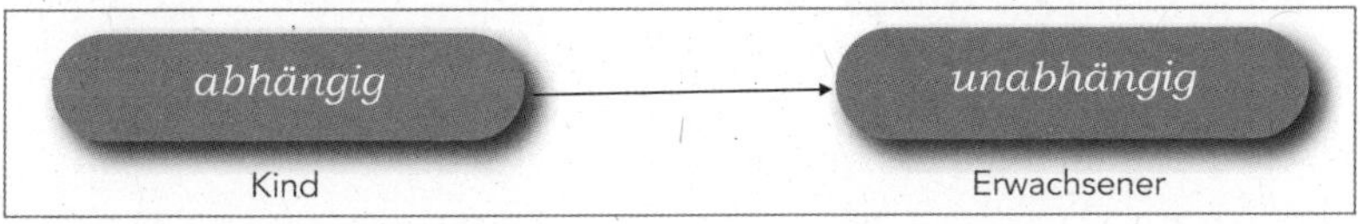

In Worten: Wir werden in einen Zustand der Abhängigkeit hineingeboren und entwickeln uns hin zu einem Zustand der Unabhängigkeit. Der Prozess des Heranwachsens und schließlich des Erwachsenwerdens wird gerne als ein Prozess wachsender Unabhängigkeit beschrieben.

Wenn ich beispielsweise erzähle, dass mein Sohn allein mit dem Fahrrad zur Schule fährt und am Nachmittag auf gleichem Weg seine Freunde besucht, dann bekomme ich als Antwort häufig die Reaktion: *„Er ist schon sehr unabhängig."* Das Wörtchen *„schon"* in dem Satz legt nahe, dass er im Laufe der Zeit immer unabhängiger werden wird. Die Anerkennung, die in diesen Worten oft mitschwingt, signalisiert: gut so!

Wir alle haben von unseren Eltern, unseren Lehrern und der Gesellschaft als Ganzes von klein auf bewusst oder unbewusst vermittelt bekommen, dass es unser Job ist, irgendwann alleine klarzukommen. Die unbewusste Botschaft lautet oft: *„Jetzt sind wir noch für dich da, aber später musst du alleine klarkommen."* Diese Tatsache wird als Begründung genommen, weshalb wir in die Schule gehen müssen und tausend andere Dinge lernen müssen. Eine der wichtigsten Aufgaben von Eltern ist demnach, dafür zu sorgen, dass ihre Kinder unabhängig werden. Auch diese Idee ist Ausdruck unserer Grundvorstellung davon, was es bedeutet, erwachsen zu sein.

Nun ist ja gegen diese Idee an sich zunächst nichts einzuwenden. Es lässt sich wohl kaum von der Hand weisen, dass wir in einen Zustand der Abhängigkeit hineingeboren werden. Wir kommen als kleine Würmchen auf die Welt, die für jedes noch so kleine und existenzielle Bedürfnis auf ihre Eltern angewiesen sind. Wir sind total abhängig. Ebenso wenig lässt sich leugnen, dass diese Abhängigkeit im Laufe der Zeit weniger wird. Wir brauchen unsere Eltern immer weniger und irgendwann brauchen wir sie gar nicht mehr. Und genauso wenig lässt sich abstreiten, dass unsere Eltern nicht ewig für uns sorgen können. Also scheint es doch wohl ganz klar zu sein, dass erwachsen werden bedeutet, unabhängig zu werden.

Risse im Bild

Wenn wir genauer hinsehen, bemerken wir jedoch, dass das nur die halbe Wahrheit ist. Die Idee der Unabhängigkeit als Definition des Erwachsenseins suggeriert nämlich, dass wir allein deshalb weniger auf unsere Eltern angewiesen sind, weil wir immer selbstständiger werden, uns also immer mehr Bedürfnisse allein befriedigen können. Das stimmt zwar, es ist jedoch nur eine Teilerklärung dafür, dass wir unsere Eltern irgendwann nicht mehr brauchen. Neben unserer wachsenden Selbstständigkeit gibt es noch einen zweiten Faktor, der mindestens genauso wichtig ist, vielleicht sogar noch wichtiger: Es ist der Faktor unseres wachsenden Beziehungsnetzes. Tatsächlich ist es nämlich so, dass Kinder idealerweise nicht nur unabhängiger werden, sondern auch beziehungsfähiger! Nur dann kann die Abnabelung von den Eltern wirklich gelingen. Es reicht nicht, wenn Kinder nur unabhängig werden, sie müssen auch in gleichem Maße beziehungsfähig werden.

Was damit gemeint ist, kann ich gut an dem Beispiel meines Sohnes erklären, der allein mit dem Fahrrad in die Schule und zu seinen Freunden fährt. Die Tatsache, dass er allein fährt, deutet eindeutig auf wachsende Selbstständigkeit hin. Er macht es tatsächlich allein und befriedigt sich damit selbst das Bedürfnis, von A nach B zu kommen. Vor einigen Jahren war er für die Erfüllung dieses Bedürfnisses noch komplett auf mich oder andere Erwachsene angewiesen. So weit, so gut.

Die zweite Tatsache, die diesen Umstand möglich macht, ist jedoch nicht Zeichen seiner wachsenden Unabhängigkeit, sondern seines wachsenden Beziehungsnetzes. Bedürfnisse, die er früher nur im engsten Familienkreis erfüllen konnte – wie etwa das Bedürfnis zu spielen oder sich mit interessanten Dingen zu beschäftigen –, erfüllt er sich nun durch andere Beziehungen. Er hat seine Freunde, mit denen er gerne spielt, und in der Schule hat er Lehrer und Lehrerinnen, die ihm Wissen, Aufmerksamkeit und Zuwendung anbieten.

Er ist in dieser Beziehung also nicht unabhängig geworden, sondern er hat seine Abhängigkeiten auf mehrere Menschen verteilt.

Er ist immer noch auf andere angewiesen. Es wäre beispielsweise schwierig für ihn, den ganzen Vormittag allein im Klassenzimmer zu sitzen oder ohne seine Freunde auf dem Spielplatz zu sein. Er würde über kurz oder lang massive Defizite entwickeln und schon bald wieder auf mich zurückgreifen, um seine Bedürfnisse nach Kontakt, Aufmerksamkeit und Kommunikation zu stillen.

Wir können das Thema noch weiter denken: Wahrscheinlich wird er für den Rest seines Lebens auf andere Menschen für die Erfüllung dieser beiden Bedürfnisse – jenem zu spielen und jenem zu lernen – angewiesen sein. Er wird wahrscheinlich immer das Bedürfnis haben, in irgendeiner Form zu spielen, und er wird dies nicht allein tun wollen. Natürlich ändern sich die Spiele genau wie die Spielkameraden. Konstant ist jedoch, dass er hierfür andere Menschen braucht. Und er wird wahrscheinlich für den Rest seines Lebens lernen wollen. Und auch dafür wird er auf andere Menschen angewiesen sein, die sich für ähnliche Dinge interessieren und Lust haben, ihre Erkenntnisse mit ihm zu teilen – und sei es, indem sie einen Wikipedia-Artikel verfassen, den er einmal lesen kann.

Eine wichtige Unterscheidung

Man könnte natürlich mit Fug und Recht behaupten, dass diese Unterscheidung doch nun wirklich keine Rolle spielt – ob er sich jetzt das Bedürfnis selbst befriedigt oder ob er es durch andere Beziehungen tut. Fakt ist, er wird unabhängiger von uns als Eltern und das ist doch wohl das Wichtigste. Ich denke, dass wir es uns damit zu einfach machen. Indem wir über diese Unterscheidung hinweggehen, blenden wir die Tatsache aus, dass wir ein falsches Bild mit uns herumtragen. Genau dieses falsche Bild hat jedoch weitreichende Konsequenzen.

Kehren wir noch einmal zu dem Thema zurück, was Eltern ihren Kindern heute mit auf den Weg geben und was auch unsere Eltern uns schon mitgegeben haben. Bewusst oder unbewusst lautet die Botschaft: *„Jetzt sind wir noch für dich da, später musst du allein klarkommen. Wir bereiten dich auf ein Leben vor, in dem du allein klarkommen musst."* Wie würde eine Botschaft lauten, die unsere soeben reflektierten Erkenntnisse wiedergeben würde? Wie könnten wir in Worte fassen, dass Erwachsensein nicht bedeutet, niemanden mehr zu brauchen, sondern dass es vor allem bedeutet, in ein vielfältiges Beziehungsnetz eingebunden zu sein? Mein Vorschlag ginge in folgende Richtung: *„Jetzt sind wir noch für dich da, später musst du ohne uns klarkommen. Wir bereiten dich auf ein Leben vor, in dem du viele erfüllende Beziehungen zu anderen Menschen knüpfen kannst, denn wir wissen, dass du dann für alle Eventualitäten gewappnet bist."*

Bislang blenden wir Beziehung in der Botschaft zu unseren Kindern mehr oder weniger aus. Wir scheinen anzunehmen, dass es ausreicht, wenn sie lernen, unabhängig und selbstständig zu sein. Der Rest wird sich dann magischerweise von selbst erledigen. So naiv dieses Bild scheint, wenn wir es so überspitzt formulieren, so sehr prägt es uns doch individuell und kollektiv in unserem Streben nach Glück und einem erfüllten Leben. Und leider liegen wir mit dieser Annahme ziemlich falsch. Der Rest erledigt sich eben nicht von selbst.

Ein Blick von außen

Helena Norberg-Hodge befasst sich seit nunmehr vierzig Jahren mit unserer Kultur. Wenn ich von unserer Kultur spreche, meine ich jene Kultur, die sich durch die Globalisierung rasant über den gesamten Erdball verteilt: die globale Massenkultur. Denn unabhängig davon, ob ich persönlich mich nun mit dieser Kultur identifiziere oder nicht, ich kann nicht leugnen, dass sie mich prägt und ich in irgendeiner Weise ein Teil davon bin, ob es mir gefällt oder nicht.

Helena befasst sich mit unserer Kultur jedoch aus einer sehr ungewöhnlichen Perspektive: durch die Brille eines traditionellen Bergvolkes, das bis vor wenigen Jahrzehnten in kompletter Isolation hoch im Himalaya lebte. Helena hatte das Glück, als Sprachforscherin tief in diese Kultur einzutauchen, bevor eine Straße in das Hochland von Ladakh gebaut wurde. Dadurch wurde sie auch Zeugin eines rasanten kulturellen Wandels, als über die neue Straße ein regelmäßiger Kontakt mit dem Rest Indiens hergestellt wurde und durch diese Verkehrsader auch die globalisierte Kultur der Masseindustrie in die entlegene Gegend vordrang. Ohne den gesamten Prozess nun hier zu beschreiben, möchte ich eine Aussage herausgreifen, die Helena über unsere Kultur getroffen hat. Und zwar nennt sie unsere Kultur eine Teenager-Kultur, also eine Jugendkultur.[11]

Bei genauerem Hinsehen zeigt sich, dass unser Bild davon, was es bedeutet, erwachsen zu sein, tatsächlich ein sehr unreifes, pubertäres Bild ist. Es ist nicht der wirklich Erwachsene, der nach Unabhängigkeit strebt, sondern der hitzige Halbwüchsige. Die Pubertät ist die Phase, in der wir einen fast manischen Rausch erleben, wenn wir meinen, dass wir ohne alle klarkommen, und daher machen können, was wir wollen, wann wir wollen.

So gesehen befinden wir uns derzeit in einer kollektiven pubertären Krise. Durch den unfassbaren technischen Fortschritt der letzten Jahrhunderte scheinen wir zunehmend in einen solchen Rausch geraten zu sein. Wir brauchen niemanden – keine Mutter Natur und keinen Gottvater im Himmel, wir kommen allein klar. Und diese Unabhängigkeit hat uns auch einen Machtrausch beschert, aus dem wir erst langsam zu erwachen beginnen. Langsam dämmert uns, dass vielleicht doch nicht alles so einfach ist, wie unser pubertärer Hormonrausch es uns suggerierte. Wir haben uns die Erde untertan gemacht, nur um zu merken, dass wir ein Teil von ihr sind und immer sein werden.

Schlüssel zum Glück?

Die Konsequenz unseres kulturellen Ideals der Unabhängigkeit lässt sich in einem Satz zusammenfassen: Wir sind es nicht gewöhnt, nach Beziehung zu streben, wir sind vielmehr darauf gepolt, nach Unabhängigkeit zu streben. Wir finden in unserer Gesellschaft inzwischen verschiedene Ausprägungen unseres Strebens nach Unabhängigkeit. Diese unterscheiden sich teilweise so stark voneinander, dass die Gemeinsamkeit gar nicht auffällt.

Am weitesten verbreitet ist das Streben nach finanzieller Unabhängigkeit: Geld gilt als *das* Medium, um Unabhängigkeit zu erreichen. Die Freiheit, nach eigenem Gutdünken Dienstleistungen und Waren zu konsumieren, ist ein wichtiger Ausdruck dieser Form von Unabhängigkeit. Und sie passt perfekt zu einem Wirtschaftssystem, das auf kontinuierliches Wachstum angewiesen ist.

Inzwischen wissen wir alle, dass diese Form von Bedürfniserfüllung ihre Grenzen hat. Wie die Beatles schon in den 1960ern in ihrem Hit *„Can't buy me love"* feststellten, kann man sich zwar viele Dinge kaufen – jedoch keine Liebe. Das gilt natürlich auch für andere wichtige Nicht-Dinge wie Freundschaft, wirkliche Intimität, emotionale Nähe, Vertrauen, Glück, Sinn und vieles andere mehr. Es sind jedoch genau diese Nicht-Dinge, die zunehmend zum *„Objekt"* unserer Begierden werden – wofür finanzielle Unabhängigkeit jedoch keine Lösung bietet.

Deshalb wenden sich gerade in den reichen Industrienationen immer mehr Menschen anderen Werten und Idealen zu. Manche suchen ihr Glück in spirituellen Heilslehren – die jedoch häufig genau jene Unabhängigkeit in einem anderen Mäntelchen versprechen. Hier geht es nicht mehr um die Möglichkeit, sich alles kaufen zu können und daher auf niemanden mehr angewiesen zu sein. Hier steht die Idee im Mittelpunkt, sich etwa mittels Gedankenkraft alle materiellen und nicht-materiellen Bedürfnisse auf magische Weise zu erfüllen. Oder aber die Idee, durch Meditation und Läuterung allen Bedürfnissen zu entsagen oder sie zumindest zu transzendieren, um dann im Zustand der Erleuchtung endlich niemanden mehr zu brauchen.

Ich weiß, dass ich hier hart formuliere und ich möchte gewiss niemandem zu nahe treten. Jeder soll nach seiner Façon glücklich werden. Ich möchte nur auf blinde Flecken hinweisen, die ich sowohl in unserem Streben nach materiellem Glück als auch in vielen esoterischen oder spirituellen Heilslehren entdeckt habe. Diese blinden Flecken rühren daher, dass Geld oder Spiritualität vielfach missbraucht werden, um andere Defizite zu kompensieren – in dem Fall laut meiner Beobachtung oft ein Beziehungsdefizit, das von unserer Beziehungsunfähigkeit herrührt. Und wie jede Kompensationsstrategie kann sie zwar eine Weile über den eigentlichen Mangel hinwegtäuschen, diesen jedoch nicht zufriedenstellend beheben.

Andere wiederum betrachten die eigene Unabhängigkeit als Voraussetzung dafür, dass sie funktionierende Beziehungen eingehen können. Da ist zwar ein Körnchen Wahrheit drin: Es ist ja wirklich so, dass erst unsere wachsende Unabhängigkeit und die damit einhergehende Freiheit es uns ermöglicht hat, Beziehungen selbstbestimmt zu wählen und neu zu gestalten. Doch Unabhängigkeit alleine reicht nicht als Schlüssel zum Glück. Sie befähigt uns lediglich, ungesunde Bindungen zu lösen. Dadurch haben wir jedoch nicht automatisch die Fähigkeit, gesunde Beziehungen einzugehen.

Die Grundhaltung der unabhängigen Phase lässt sich in der Aussage formulieren: *„Ich bin für meine Bedürfnisse verantwortlich. Ich brauche niemanden.“* Die Grundhaltung in Beziehungen lautet: *„Ich brauche dich nicht. Deshalb kann ich machen, was ich will.“*

Das Beziehungsideal ist, dass wir uns in Freude, Lust und Freiheit begegnen, Abhängigkeiten jedoch meiden wie der Teufel das Weihwasser. Wir können es genießen, gemeinsam Zeit zu verbringen, Dinge zu unternehmen oder Projekte zu starten. Die Unabhängigkeit und Eigenverantwortung jedes Einzelnen wird jedoch als höchstes Gut betrachtet, weshalb Verbindlichkeiten als äußerst suspekt gesehen werden.

In einem unabhängigen Verhältnis ist jeder selbst für seine Bedürfnisse verantwortlich. Sätze wie *„Das ist doch nicht mein Problem“* oder *„Da musst du selber mit klarkommen“* werden zwar nicht immer so direkt ausgesprochen, unterschwellig sind sie jedoch prägend für das Miteinander – oder den Mangel desselben.

Die grundlegende Definition von Liebe im unabhängigen Stadium lautet: „*Wenn du mich liebst, lässt du mich frei.*" Wie ein Jugendlicher, der um seine Abnabelung von den Eltern ringt, sehnen wir uns hier vor allem nach unserer persönlichen Freiheit, nach der Möglichkeit, zu tun und zu lassen, was wir wollen. Die Erlaubnis und der Freiraum „*Nein*" zu sagen, ohne mit Strafen unterschiedlicher Ausprägung rechnen zu müssen, sind wichtige Merkmale und Sehnsüchte im unabhängigen Stadium.

Vertrauen hat im unabhängigen Stadium einen geringen Stellenwert. Ein unabhängiger Mensch ist in der Regel eher der Ansicht, dass Vertrauen in Menschen keine gute Idee ist. Jemandem zu vertrauen bedeutet aus der Perspektive derjenigen, die nach Unabhängigkeit streben, ein unnötiges Risiko. Es bedeutet, mich in irgendeiner Weise davon abhängig zu machen, dass der andere sich so verhält wie ich das will. Und wenn er das dann doch nicht tut, bin ich mit den gleichen Gefühlen der Hilflosigkeit und Ohnmacht konfrontiert wie als abhängiges Kind. Da ist es doch naheliegend, dass wir dieser Erfahrung nach Möglichkeit aus dem Weg gehen.

Licht und Schatten unserer Unabhängigkeit

Wir scheinen so unabhängig wie noch nie. Das liegt daran, dass wir tatsächlich in noch nie da gewesenem Maße unabhängig von jenen Menschen sind, die uns nahestehen. Wir brauchen unsere engsten Verwandten nicht mehr, wenn wir sie nicht brauchen wollen. Das bedeutet, dass wir uns den Großteil unserer existenziellen Bedürfnisse – vielleicht sogar alle – befriedigen können, ohne direkte Beziehungen mit anderen Menschen einzugehen.

Ein drastisches Beispiel für dieses Phänomen war eine Frau namens Pia Farrenkopf. Die Meldung über ihren Tod im Alter von 38 Jahren ging im Frühjahr 2014 durch die Presse, denn sie war fünf Jahre lang von niemandem vermisst worden. Fünf Jahre. Ihre Post hatte sie per E-Mail erhalten, die Rechnungen wurden per Bankeinzug bezahlt und Nachbarn mähten gelegentlich den Rasen, da Pia schon immer viel beruflich unterwegs gewesen war. Da sie kurz vor ihrem Tod ihren Job verloren hatte, wurde sie auch auf der Arbeit nicht vermisst. Erst als das Geld auf ihrem Konto aufgebraucht war, entdeckte sie ein Arbeiter, der im Auftrag der Bank vorbeigeschickt wurde. Sie saß tot in ihrem Jeep in der Garage. Pia war verschwunden und niemand hatte es gemerkt, fünf Jahre lang.[12]

Pia ist natürlich ein extremes Beispiel, doch sie verdeutlicht eine wachsende Unabhängigkeit und damit Bezugslosigkeit der modernen Industriegesellschaften, die sicher nicht nur sie betrifft. Dennoch ist unsere Unabhängigkeit eine Illusion, auch wenn wir unseren Alltag theoretisch ohne irgendeinen Kontakt zu anderen Menschen gestalten können und unsere existenziellen Bedürfnisse – anders als noch vor ein oder zwei Generationen – befriedigen können, ohne dass dadurch automatisch Beziehungen entstehen. Trotzdem sind wir in hohem Maße von unzähligen Menschen abhängig, und zwar von Menschen, die wir nicht kennen und denen wir nie begegnen werden. Wir haben keinen Kontakt mit ihnen und dadurch auch streng genommen keine Beziehung.

Das bedeutet, dass Beziehungen früher ganz automatisch entstanden, wenn wir unserem Alltag nachgingen. Wir wurden in engmaschige Beziehungsnetze hineingeboren und waren für die Erfüllung unserer grundlegendsten Bedürfnisse auf ein weiteres, nur geringfügig weiter gefasstes Beziehungsnetz angewiesen. Heute sind wir für die Erfüllung unserer existenziellen Bedürfnisse auf ein globales Handels- und Wirtschaftsnetz angewiesen, das quasi beziehungslos ist bzw. in dem Beziehungen weitgehend anonym oder zumindest sehr oberflächlich gelebt werden. Die flüchtige Bekanntschaft mit der Kassiererin am Supermarkt um die Ecke hält in der Regel gerade mal so lange, bis gegenüber ein großer Discounter die besseren Angebote hat – von den unzähligen Facebook-Freundschaften mit Menschen, die wir gar nicht kennen, ganz zu schweigen.

Unsere wachsende Unabhängigkeit von Menschen, die uns nahe sind oder sein könnten, hat natürlich nicht nur Nachteile. Der sicher größte, unübersehbare Vorteil liegt darin, dass wir noch nie so frei waren wie heute, unser Leben selbstbestimmt zu leben und zu gestalten. Hierzu gehört – wie gesagt – allem voran die Freiheit, unsere Beziehungen selbst zu wählen. Wir kommen mit unserer Familie nicht klar, weil wir den Eindruck haben, wir kämen von unterschiedlichen Planeten? Kein Problem: Wir suchen uns Wahlverwandte. Mit unserem Partner prickelt es nicht mehr so wie am ersten Tag? Suchen wir uns doch einen Neuen. Natürlich hat diese Freiheit immer noch Grenzen – doch noch nie waren diese so weit gesteckt wie heute. Mit dieser nie gekannten Freiheit, unsere Beziehungen selbstbestimmt zu wählen, stehen wir auch vor einer Herausforderung, die wir in dieser Form noch nie hatten.

Eine neue Herausforderung

Als ich vor einigen Jahren mit einigen Gleichgesinnten eine Lebensgemeinschaft gründete, wurde mir von Besuchern immer wieder die gleiche Frage gestellt: *„Wie ist es mit der Privatsphäre? Habt ihr genügend Rückzugsräume?"* Meine Antwort darauf lautete stets: *„Meiner Erfahrung nach ist es heutzutage kein Problem mehr, allein zu sein – egal ob hier in der Gemeinschaft oder in einer Großstadt. Ich mache meine Tür zu und bin allein. Viel schwieriger ist es, die Tür aufzumachen und Begegnungen mit Menschen zu haben, die ich als wirklich nährend empfinde."*

Dieser sich stets wiederholende Dialog zeigte mir immer wieder aufs Neue, dass die meisten Menschen sich der eigentlichen Herausforderung unserer Zeit noch nicht bewusst sind. Die Frage nach Rückzugsräumen und Privatsphäre ist eine Frage, die unserem Drang nach Individualisierung, unserem Streben nach Selbstbestimmtheit und letztlich Unabhängigkeit entspringt. Früher bestand eines unserer Hauptprobleme in Beziehungen tatsächlich darin, für ausreichend Abgrenzung und Privatsphäre gegenüber anderen Menschen zu sorgen.

Heute sehen wir uns viel häufiger mit dem Problem konfrontiert, wirklich tiefe, nährende, erfüllende und dauerhafte Beziehungen mit anderen Menschen aufzubauen. Das größere Problem ist heute jenes des Beziehungsaufbaus und der Verbindung, nicht jenes der Abgrenzung und des Rückzugs. Doch leider versäumen wir es, unsere Kinder angemessen auf diese Herausforderung vorzubereiten. Hier haben wir eindeutig eine Lücke in unserem jetzigen Bildungssystem und in der sonstigen Vorbereitung auf ihr Erwachsenenleben, die Kinder heute von uns als Gesellschaft mit auf den Weg bekommen.

Lücke im System

Genau wie die Fähigkeit zu sprechen, ist auch Beziehungsfähigkeit als Potenzial in uns angelegt. Damit dieses Potenzial sich entfalten kann, braucht es jedoch ganz bestimmte Voraussetzungen. Wenn niemand mit uns spricht, lernen wir nicht zu sprechen. Wenn niemand mit uns erfüllende und respektvolle Beziehungen auf Augenhöhe lebt, kann auch unsere Beziehungsfähigkeit sich nicht entfalten. Und genau daran fehlt es immer noch – in den meisten Schulen, genau wie in vielen Elternhäusern.

Ich habe ja bereits ausgeführt, dass unser Bildungssystem uns auf eine Beziehungsform vorbereitet, die überholt ist. Es bringt uns immer noch bei, Unterordnung in hierarchischen Beziehungen zu akzeptieren, indem es uns in Strukturen zwängt, in denen gleichwertige Beziehungen keinen Platz haben. Und dann soll der Erwachsene plötzlich mit seiner Frau gleichwertige Partnerschaft leben oder in Unternehmen, die den Wert von Teamarbeit erkannt haben, zu kollegialer Kooperation fähig sein. Eigentlich eine absurde Vorstellung.

Diese Lücke im System ist tragisch und teuer. Unternehmen investieren heute Unsummen in die Fortbildung von Mitarbeitern und Führungskräften, da sie wissen, wie ausschlaggebend die sogenannten Soft Skills für erfolgreiche Zusammenarbeit sind. Menschen ohne nahe Beziehungen sind viel anfälliger für Krankheiten und deutlich unglücklicher als jene, die in erfüllenden Beziehungsnetzwerken leben. Und Kinder von Alleinerziehenden leiden oft unter der Überlastung des Elternteils, der das unmögliche versucht: alleine alle Bedürfnisse eines Kindes zu erfüllen, ohne selbst auf der Strecke zu bleiben.

Fakt ist: Wir brauchen einander. Egal wie weit wir unsere Unabhängigkeit entwickelt haben, egal wie weit wir unseren Geist in der Nichtanhaftung geübt haben: Als Menschen sind wir Lebewesen und damit eingebunden in Beziehungsnetzwerke, ob wir wollen oder nicht. Du hast mit dieser Aussage ein Problem? Das wundert mich nicht. Im nächsten Kapitel möchte ich mich näher mit diesem Thema befassen.

REFLEXIONSFRAGEN

1. Welche Botschaften wurden dir, bewusst oder unbewusst, von deinen Eltern, deinen Lehrern, deinem Umfeld über das Erwachsensein mit auf den Weg gegeben, als du selbst ein Kind warst?
2. Was bedeutet es für dich, erwachsen zu sein?
3. Nimm dir etwas Zeit für dich und überlege, wie du in deinem Leben nach Unabhängigkeit strebst. Ist es vor allem auf finanzieller Ebene oder eher auf spiritueller? Versuchst du vor allem, emotional unabhängig zu sein oder beruflich?

3 *Wir brauchen einander*

So einfach ist das. Wir brauchen einander. Wie geht es dir, wenn du diese Worte liest? Nimm dir doch einen Moment, um dem nachzuspüren. Breitet sich ein warmes, weiches Gefühl in deinem Bauch aus? Oder wird alles eng und du merkst, wie es dir den Angstschweiß auf die Stirn treibt? Setzt dein Verstand zu einer vehementen Erklärung an, dass das ausgemachter Blödsinn ist und gerade du ganz bestimmt niemanden brauchst und schon gar nicht brauchen willst? Oder ist es eine einfache Selbstverständlichkeit für dich, mit der du gut leben kannst?

Auf mich traf jede dieser Beschreibungen irgendwann mal zu. Die Idee, jemanden zu brauchen, war mir früher zutiefst zuwider und ich weiß, dass ich mit dieser Abneigung nicht alleine bin. Als gutes Kind unserer Kultur war mein ganzes Bestreben darauf gerichtet, möglichst niemanden zu brauchen, also unabhängig zu sein. Und ich war darin sehr erfolgreich – finanziell, emotional und spirituell. Das hat mir viel Anerkennung eingebracht. Toll! So unabhängig! Genau wie unser kulturelles Ideal es diktiert.

Meine Beziehungen – wenn ich denn welche einging – basierten darauf, dass andere mich brauchten und nicht umgekehrt. Das war toll, denn dadurch war ich in den Beziehungen sicher, da ich die meiste Macht hatte. So ist das nämlich: Wer den anderen weniger braucht, hat in Beziehungen die meiste Macht. Doch dazu später mehr.

Blöderweise hatte das Ganze auch ganz gravierende Nachteile. Der größte Nachteil war, dass es mich nicht glücklich machte. Weder meine Unabhängigkeit noch meine Beziehungen, wo ich den viel gepriesenen Hochstatus innehatte – also auf der Machtwippe oben war. Das hatte sicher damit zu tun, dass in mir eine Leere blieb, die ich nicht erklären konnte, die mich jedoch auf ganz mysteriöse Weise immer wieder dazu trieb, mich – ganz entgegen meinem Credo – in gravierende Abhängigkeiten zu begeben. Die Tatsache, dass dies regelmäßig so richtig schiefging, bekräftigte mich zwar in meinem Streben nach Unabhängigkeit, löste jedoch nicht oben beschriebene Probleme.

Eine wirkliche Veränderung kam erst mit der Erkenntnis, dass ich zwar heute die Möglichkeit habe, meine Abhängigkeiten auf ein absolutes Minimum zu reduzieren, dies jedoch nicht der verheißungsvolle Weg zum Glück ist, als der er mir immer verkauft wurde. Weniger kompliziert ausgedrückt: Unabhängigkeit macht nicht glücklich. Leider. Oder: zum Glück. Denn sonst hätte ich ein tieferes Glück nie kennengelernt.

Heute habe ich tatsächlich, wenn ich die magischen Worte *„wir brauchen einander"* ausspreche, oben beschriebenes warmes Gefühl in Brust und Bauch. Wie süßer Nektar breitet es sich aus, gibt mir Geborgenheit und die stille Zuversicht, getragen zu sein. Doch dahin war es ein langer Weg. Und wenn ich heute in meinen Seminaren über Beziehungen diese drei Worte als Schlüssel zum Glück anpreise, begegnet mir nicht selten die gleiche Ablehnung, die ich von mir selbst so gut kenne: *„Ich und andere Men-*

schen brauchen? Nein, danke! Das habe ich schon mal ausprobiert. War keine gute Idee. Ich suche eine Lösung für meine innere Leere, die ohne diesen problematischen Aspekt auskommt. Du kannst doch nicht ernsthaft behaupten, dass genau das, worum ich all die Jahre einen riesengroßen Bogen gemacht habe, nun der Schlüssel zum Glück sein soll!"

Doch, behaupte ich. Schlüssel zum Glück insofern, als dass *bewusst gewählte und gestaltete* Abhängigkeiten Beziehungen in Freiheit und Verbindung ermöglichen. Und es ist genau diese Qualität von Freiheit und Verbindung, die unsere innere Leere nachhaltig zu füllen vermag.

Alles, nur das nicht!

Wenn ich von Abhängigkeit als Schlüssel zum Glück spreche, provoziere ich. Ich stelle alles infrage, wofür es sich in unserer Kultur zu leben und zu arbeiten lohnt. Abhängigkeit, das ist wie ein Schimpfwort, etwas Ekelhaftes, etwas Unerträgliches, etwas, das es um jeden Preis zu vermeiden gilt.

Das liegt natürlich daran, dass die meisten Menschen – genau wie ich – schlechte Erfahrungen mit Abhängigkeit gemacht haben. Viele in der Kindheit, wo ihre Abhängigkeit regelmäßig ausgenutzt wurde, um ihren Willen zu übergehen. Viele aber auch im Erwachsenenleben, wo in abhängigen Beziehungskonstellationen wieder mehr oder weniger das Gleiche passiert ist.

Viele von uns kennen die Geschichte von der Oma oder der Uroma, die ihren Mann nur zu gerne verlassen hätte, wenn sie nur irgendeine Überlebenschance für sich gesehen hätte. Aufgrund ihrer existenziellen, gesellschaftlich bewusst konstruierten Abhängigkeit verharrten viele Frauen in Ehen, wo sie sich nicht gewürdigt fühlten, wo sie womöglich misshandelt, gedemütigt oder ausgebeutet wurden. Unzählige Frauen in vielen Ländern der Welt leben noch heute in dieser Realität.

Und natürlich kennen auch viele Männer den Schmerz abhängiger Beziehungskonstellationen: die Abhängigkeit vom Vater, der die Übergabe des Betriebes solange wie möglich hinauszögert, um den Sohn an einer kurzen Leine zu halten. Oder der Mitarbeiter, der die Wutausbrüche seines Chefs oder ausbeuterische Arbeitsbedingungen erträgt, weil er keine andere Überlebenschance für sich sieht. Aus dieser Warte betrachtet ist es nur vernünftig, den Bereich der Abhängigkeit so klein wie möglich zu halten und uns soweit irgend möglich auf uns selbst zu verlassen und sonst auf niemanden.

Eine andere Sichtweise

Doch es gibt noch eine andere mögliche Antwort auf die Frage, ob Abhängigkeit ein Problem ist, die genauso plausibel ist und die lautet: „*Natürlich nicht.*" Natürlich ist Abhängigkeit kein Problem, wenn diese nicht ausgenützt und gegen uns verwendet wird. Natürlich ist Abhängigkeit kein Problem, wenn ihr mit liebevoller Zuwendung und Wohlwollen begegnet wird. Natürlich ist Abhängigkeit kein Problem. Sie ist einfach eine Tatsache, mit der wir umzugehen haben.

Ein schönes Beispiel für diese Sichtweise ist ein Baby. Es ist der Inbegriff der Abhängigkeit. Ohne Zuwendung stirbt es innerhalb kürzester Zeit. Doch für einen Säugling ist Abhängigkeit kein Problem, solange seiner Bedürftigkeit liebevoll begegnet wird. Jeder,

der einmal gesehen hat, mit welcher Zufriedenheit ein Baby die Brust der Mutter entgegennimmt, wenn auf sein wütendes Schreien reagiert wurde, weiß, dass es seine Abhängigkeit nicht als Problem erlebt, solange seinen Bedürfnissen Genüge getan wird. Es hat bestimmt genau jenes süße Gefühl, das ich in Herz und Bauch habe, wenn ich die drei Worte „*Wir brauchen einander*“ vor mich hinmurmle.

Wann Abhängigkeit zum Problem wird

Abhängigkeit wird also erst dann zum Problem, wenn unsere Bedürfnisse vernachlässigt oder sogar gegen uns verwendet werden. Abhängigkeit birgt also immer ein Risiko, da sie uns verletzlich macht. Es ist jedoch genau diese Verletzlichkeit, die echter Beziehung und Verbindung Tür und Tor öffnet. Doch uns dafür zu öffnen ist eine Herausforderung, da wir alle gelernt haben, wie gefährlich das ist. Schließlich wurden im alten, machtgepolten Paradigma Bedürfnisse und Abhängigkeiten rein als Machtpotenziale gesehen und schamlos ausgenutzt, um die Machtwippe in die eine oder andere Richtung kippen zu lassen. Diese Erfahrung hat tiefe Wunden in uns allen hinterlassen. Diesen Wunden gilt es zu begegnen, wenn wir uns einer neuen Erfahrung von Beziehung öffnen wollen.

Unser abhängiger Anteil sehnt sich zutiefst danach, von jemandem versorgt zu werden. Wir spüren, dass wir in unserer Bedürftigkeit auf andere angewiesen sind, und wünschen uns, dass jemand zuverlässig da ist. Und wir wünschen uns, dass dieser Jemand Verantwortung für unsere Bedürfnisse übernimmt, so wie wir es als Kinder gebraucht hätten. Diese – meist unbewusste –

Grundhaltung lässt sich in folgender Aussage zusammenfassen: *„Ich brauche dich, um meine Bedürfnisse zu befriedigen. Deshalb bist du für meine Bedürfnisse verantwortlich."*

Nehmen wir ein einfaches Beispiel: In der zunehmenden Vereinsamung unserer Gesellschaft finden immer mehr Menschen ihr Hauptbedürfnis nach Nähe und menschlichem Kontakt in der einen Beziehung gedeckt, der Paarbeziehung. Sie sehen sich in ihrem Bedürfnis nach Nähe vom Partner abhängig und tappen leicht in die Falle, dass der andere dafür verantwortlich ist, sie mit ausreichend menschlicher Nähe und Kontakt zu versorgen. Der klassische Konflikt ist vorprogrammiert: Der eine hat zu wenig Zeit, um das Bedürfnis des anderen adäquat zu stillen, was zu Kritik, Enttäuschung und Streit führt.

Für ein Kind, das tatsächlich in seiner Bedürftigkeit von einigen primären Bezugspersonen existenziell abhängig ist, ist die Einstellung, dass diese verbindlich Verantwortung für seine Bedürfnisse übernehmen sollten, absolut angemessen und gesund. Für einen Erwachsenen, der eigentlich fähig ist, für seine Bedürfnisse selbst Verantwortung zu übernehmen, führt sie zu einer ungesunden Abhängigkeit, was wiederum endlose Machtspiele zur Folge hat.

In abhängigen Beziehungen lautet die mehr oder weniger bewusste Definition von Liebe wie folgt: *„Liebe ist, wenn du tust, was ich will"* oder: *„Liebe ist, wenn du meine Bedürfnisse befriedigst"*. Wie ein Kind, das sich von seiner Mutter geliebt fühlt, weil sie sich um seine Bedürfnisse kümmert, sehnen wir uns nach einem Partner, der sich in seinem Tun ganz oder zumindest weitgehend nach unseren Wünschen richtet. Tut er das nicht, fühlen wir uns ungeliebt.

Freiheit hat in abhängigen Beziehungen natürlicherweise wenig Raum. Wenn wir uns auf den Ursprung der abhängigen Beziehung besinnen, nämlich die Mutter-Kind-Beziehung, dann verstehen wir auch, warum Freiheit hier wenig Raum hat. Eine Mutter hat in den ersten Lebensjahren ihres Kindes naturgemäß wenig persönlichen Freiraum, um ihren Bedürfnissen nachzugehen, bzw. sie kann von dem Baby nicht erwarten, dass es ihr diese einräumt. Wenn, dann muss sie sich selbst darum kümmern oder von anderen Erwachsenen diese Unterstützung erfahren. Von ihrem Baby wird sie das wohl kaum erwarten können.

Auch in erwachsenen abhängigen Beziehungen setzt sich dieses Schema fort. Der Wunsch des Partners nach Freiheit ist eine Bedrohung, ebenso seine Beziehungen zu anderen Menschen, besonders wenn diese ihn erfüllen und glücklich machen. Je mehr Bedürfnisse mein Partner anderweitig erfüllt, desto weniger braucht er mich, und dann könnte es passieren, dass ich ohne jemanden dastehe, der mir meine Bedürfnisse erfüllt.

In einer abhängigen Beziehung wird der Begriff Vertrauen meistens so verwendet, dass er eigentlich eine Form der Kontrolle benennt. Vertrauen bedeutet in diesem Fall, dass der andere sich so verhält, wie ich das möchte, wie es meinen Bedürfnissen entspricht. So kommt es dann auch zu fast drohend ausgesprochenem *„Ich vertraue dir!"* oder dem Vorwurf *„Ich habe dir doch vertraut!"*. Was wir damit meinen ist: Ich war davon ausgegangen, dass du dich so verhalten würdest, wie ich das möchte. Unser Vertrauen ist damit kein Geschenk, sondern eine Art subtiler Zwang, mit dem wir den anderen unseren Willen aufbürden. Das ist natürlich ein unbewusster Prozess, was den Umgang damit nicht gerade vereinfacht.

In einer abhängigen Haltung sehen wir uns selbst als grundlegend auf den anderen angewiesen, woraus sich schnell eine Anspruchshaltung entwickelt. Weil wir den anderen brauchen, haben wir Anspruch auf das, was er uns zu geben hat. Wie ein Säugling natürlicherweise Anspruch auf die Brust der Mutter erhebt, beanspruchen wir bewusst oder unbewusst die Zuwendung der Person, von der wir uns abhängig sehen.

Leider führt das dazu, dass wir uns meist der Geschenke, die uns zuteil werden, nicht mehr bewusst sind. Denn was uns selbstverständlich zusteht, wird selten mit der gebührlichen Wertschätzung betrachtet. Was wir jedoch nicht schätzen ist so, als hätten wir es gar nicht bekommen. Vielen Menschen wird erst dann, wenn sie selbst Kinder haben, bewusst, was ihre Eltern für sie getan haben. So erkennen wir in abhängigen Beziehungen häufig erst, was der andere uns geschenkt hat, wenn die Beziehung vorbei ist und wir aus unserem abhängigen Traum erwachen.

Bei allen Schwierigkeiten, die abhängige Zustände, Verhaltensweisen und Beziehungen mit sich bringen, sie bergen in sich doch einen Schatz, der so kostbar ist, dass er alles andere aufwiegt. Dieser Schatz ist wirkliche Nähe oder Intimität. Unsere abhängigen Anteile sind jene Schichten in uns, in denen wir uns schutzlos öffnen können, wie ein Baby sich dem Arm seiner Mutter anvertraut. Diese Möglichkeit entsteht immer dann, wenn wir uns sicher genug fühlen, unsere Bedürfnisse zu äußern, wenn wir keine Angst haben, dass der andere dies gegen uns verwenden wird.

Viele Menschen erfahren das nie oder nur mit ihren Eltern oder nur mit einer engen Bezugsperson. Dies kann ein Partner oder eine gute Freundin sein. Doch je mehr wir unsere Beziehungsfähigkeit entwickeln, desto besser werden wir darin, diesen Zustand mit immer mehr Menschen zu teilen. Bedürfnisse sind dann kein Machtpotenzial und auch nicht mehr primär Konsumpotenzial. Sie werden vielmehr zu dem Potenzial für genau das, was uns scheinbar zunehmend abhandengekommen ist: für unsere Beziehungen.

Ein neuer Umgang mit Abhängigkeit

Ich habe es bereits mehrmals betont: Auch wenn es uns heute möglich ist, all unsere physisch existenziellen Bedürfnisse dadurch zu erfüllen, dass wir uns Dinge kaufen, gibt es mehrere Ebenen von Bedürfnissen, wo das nicht möglich ist. Ich möchte nun noch einmal von einer anderen Warte beleuchten, warum das so ist, indem ich das Modell der Bedürfnispyramide des US-amerikanischen Psychiaters Abraham Maslow heranziehe.[13] Es ist eines der beliebtesten Modelle, um die Wichtigkeit oder natürliche Hierarchie von Bedürfnissen zu verdeutlichen.

Hier sehen wir deutlich, dass die unteren beiden Stufen – wo die Bedürfnisse nach Sicherheit und die körperlichen Bedürfnisse angesiedelt sind – in unserer heutigen Welt gut durch Geld zu befriedigen sind. Bei den anderen Stufen wird es schon schwieriger. Echte Beziehungen kann man sich nicht kaufen und soziale Anerkennung, die nur auf Geld basiert, ist nicht wirklich erfüllend. Wirklich erfüllende Anerkennung bekommen wir, wenn es uns gelungen ist, unsere einzigartigen Gaben und Talente in den Dienst der Allgemeinheit zu stellen. In diesem Sinne ist auch für unsere Selbstverwirklichung ein gefülltes Bankkonto eine tolle Voraussetzung, da es uns Freiräume schafft, aber da endet sein Nutzen auch schon.

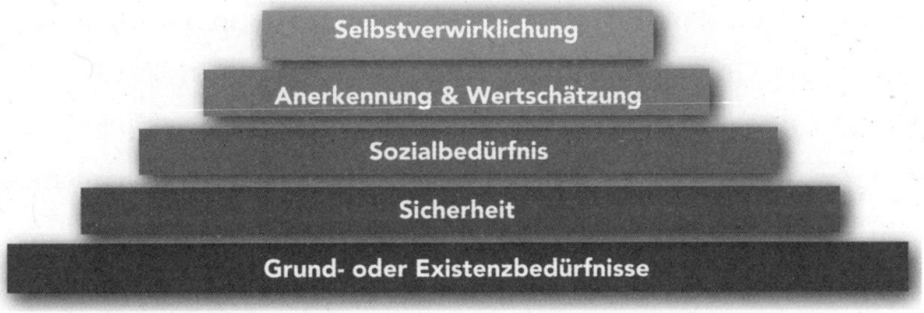

Mit anderen Worten: Unser materieller Wohlstand schafft Freiräume, die wir für Beziehungsgestaltung, den Dienst in der Welt und Selbstverwirklichung nutzen können. Versäumen wir dies und versuchen stattdessen weiterhin, unsere Abhängigkeiten zu minimieren, verschenken wir unseren Gestaltungsfreiraum innerhalb dieser Abhängigkeiten. Diese werden dadurch zu einem blinden Fleck, der uns früher oder später einholt – und dann völlig unkontrollierbar ist.

Ich möchte dies an einem Beispiel erklären, und zwar am ganz großen Bild: dem Planeten Erde. Unsere Beziehung zu unserem Heimatplaneten war die letzten Jahrhunderte stark von unserem Streben nach Unabhängigkeit geprägt. Durch wissenschaftliche Erkenntnisse und technologische Fortschritte haben wir uns die Erde scheinbar untertan gemacht und uns immer freier gemacht von den Launen der Natur. War es für unsere Vorfahren noch selbstverständlich, durch einen verregneten Sommer oder einen besonders strengen Winter existenziell bedroht zu sein, haben wir uns erfolgreich gegen diese Gefahren abgeschirmt. Es ist nicht von der Hand zu weisen, dass dies eine enorme Verbesserung für uns ist. Noch nie waren so viele Menschen so gut versorgt, zumindest was die unteren beiden Stufen der Pyramide betrifft.

Zugleich ist nun der Zeitpunkt gekommen, unsere Freiräume zu nutzen, um unsere Abhängigkeit von Mutter Erde bewusst zu gestalten. Wir haben jetzt die Möglichkeit, auf erneuerbare Energien umzurüsten. Wir haben jetzt die Chance, unsere Landwirtschaft so anzupassen, dass sie auch zukünftige Generationen ernähren kann. Jetzt können wir Rodungen von Regenwald unterbinden, bewusst aufforsten und Alternativen zu fossilen Brennstoffen für unsere Mobilität entwickeln, um dem Klimawandel entgegenzuwirken. Diese Möglichkeiten gibt es jetzt. Irgendwann gibt es sie nicht mehr. Wenn es erst soweit ist, dass uns die lange geleugnete Abhängigkeit von Mutter Erde ohne Zweifel einholt, werden wir mit dem Rücken zur Wand stehen und viele Gestaltungsräume nicht mehr haben, da wir den Grad unserer Unabhängigkeit maximal ausgeschöpft haben, statt frühzeitig seine Grenzen anzuerkennen.

Genauso ging es mir früher in meinen Beziehungen. Da ich auch dort den Grad meiner Unabhängigkeit maximal ausgeschöpft habe, ohne anerkennen zu wollen, dass dieser natürliche Grenzen hat, holte er mich ein, als ich mit dem Rücken zur Wand war und meine Gestaltungsräume quasi verspielt waren. Konkret bedeutete dies, dass ich es erst zuließ, jemand anderen zu brauchen, wenn es wirklich gar nicht anders ging. Wurde dann mit meiner Bedürftigkeit nicht gut umgegangen, brachte mich das in existenziell bedrohliche Situationen. Heute weiß ich, dass ich durch diese Strategie verhindert habe, in meinen Beziehungen frühzeitig einen guten Umgang mit Bedürfnissen zu entwickeln – oder zu bemerken, dass diese Bereitschaft in der Beziehung nicht gegeben war, und die Konsequenzen zu ziehen.

ÜBUNG 4: Begegne deinem abhängigen Teil

Ziel dieser Übung ist es, mit deinem abhängigen, bedürftigen und Kontakt suchenden Teil in Kontakt zu kommen. Vielleicht ist dieser Teil in dir sehr ausgeprägt und du musst nicht lange herumtun, um mit ihm in Verbindung zu treten. Vielleicht aber auch nicht. So oder so, nimm dir etwas Zeit, um jenen Teil in dir zu finden, der sich danach sehnt, umsorgt und beschützt zu werden. Du erkennst ihn daran, dass er Dinge sagt wie: „Ich will nicht immer alles alleine machen", „Ich hätte gerne jemanden zum Anlehnen" oder „Ich wünschte, jemand würde mir sagen, wo es langgeht".

Wenn du ihn gefunden hast, nimm dir etwas Zeit, um ihn besser kennenzulernen. Wie würdest du diesen Teil beschreiben? Als herrisch, klar und stark? Vielleicht siehst du ihn sogar vor dir – wie sieht er aus? Wie geht es ihm?

Wenn du magst, kannst du diesen Teil sichtbar machen, indem du ihn malst, ihm in deinem Tagebuch eine Seite schenkst, auf der er zu Wort kommen kann, oder indem du eine Ecke in deiner Wohnung mit Bildern und Symbolen gestaltest, die zu diesem Teil passen.

Was es jetzt zu lernen gilt

Wenn die Strategie, möglichst unabhängig zu sein, offenbar nicht zu den gewünschten Ergebnissen führt, was können wir dann tun? Es kann doch nicht damit getan sein, immer wieder aufs Neue unser Herz zu öffnen, nur um einmal mehr ins offene Messer zu laufen. Das ist nicht Offenheit sondern Dummheit: wir können nicht immer wieder das Gleiche tun und andere Ergebnisse erwarten.

Was wir tun können, ist genau das, was ich oben beschrieben habe: Wir können lernen, gut mit unseren eigenen Bedürfnissen und mit denen anderer umzugehen, insbesondere in den Bereichen, wo wir einander brauchen. Ich betrachte dies in der heutigen Zeit als die wichtigste Aufgabe für uns als Menschheit –

und als größte Herausforderung. Wir sind gefordert, einen neuen Umgang mit dem Thema Abhängigkeit zu finden – unserer eigenen und der anderer. Und das gilt für die Abhängigkeiten zwischen Individuen genauso wie für jene zwischen Nationen, Spezies, Firmen und Ökosystemen.

In diesem Thema liegt der Schlüssel zu unserem persönlichen Glück, aber auch zu einer zukunftsfähigen Wirtschaftsweise und – so pathetisch es klingen mag – einem Frieden auf Erden. Immer wieder ist es unsere Kooperationsfähigkeit, die gefragt ist. Gelingt es uns, mit den vorhandenen Ressourcen und Begrenzungen so umzugehen, dass die Bedürfnisse aller berücksichtigt sind? Wie können wir sicherstellen, dass nicht die Gier weniger verhindert, dass die Bedürfnisse vieler zu kurz kommen? Meiner Meinung nach hängt an diesen Fragen, und damit an diesem Lernschritt, unsere Zukunftsfähigkeit als Spezies.

Das große Bild

In der Natur sehen wir, dass Verbindungen zwischen Zellen, Organismen, Spezies und Systemen immer darauf basieren, dass sie sich gegenseitig Bedürfnisse erfüllen. Das gilt für die Zellen eines Körpers genauso wie für die Bestandteile eines Baumes oder die Bewohner eines Waldes. Sie alle sind in einem interdependenten Beziehungsnetz verbunden: Alles ist mit allem verknüpft.

Leider hat unsere individualistische Betrachtungsweise uns auch hier einen Streich gespielt. Nach Auftauchen von Darwins Evolutionstheorie setzte sich die absurde Annahme durch, dass Konkurrenz das vorherrschende Naturgesetz sei. Bei genauerem Hinsehen erweist sich dies jedoch als fundamentaler Irrtum: mindestens genauso wichtig wie die Konkurrenzfähigkeit ist für das Überleben einer Spezies ihre Kooperationsfähigkeit, wie inzwischen auch namhafte Wissenschaftler überzeugend argumentieren.[14]

Damit möchte ich nicht leugnen, dass die Konkurrenzfähigkeit auch eine Rolle spielt. Ich möchte lediglich darauf aufmerksam machen, dass in der Diskussion um die Natur des Menschen und die Beschaffenheit der Welt die Konkurrenz in den letzten Jahrhunderten deutlich überbewertet war, während man die Bedeutung der Kooperationsfähigkeit quasi unter den Tisch fallen ließ. Dies war übrigens nicht bei allen Völkern gleichermaßen der Fall.

So drücken beispielsweise indigene Stämme Nordamerikas das Bewusstsein der Verbundenheit aller Dinge gerne mit den Worten *„Mitakuye Oyasin"* aus, was so viel wie *„All meine Verwandten"* bedeutet. Gemeint sind hiermit nicht – wie wir vielleicht denken würden – die Oma, die Tante und der Cousin. Es geht hier vielmehr um wirklich all unsere Verwandten, im umfassendsten Sinne des Wortes. Und diese Definition beinhaltet alle Wesen aller Art: von dem kleinsten Bakterium hin zur entferntesten Galaxie. Mit diesen Worten wird ein Bewusstsein der eigenen Verbundenheit und auch Abhängigkeit formuliert und liebevoll zum Ausdruck gebracht.

Unsere Zivilisation hat in den letzten Jahrtausenden vor allem danach gestrebt, sich aus diesem Netz der Abhängigkeiten herauszulösen. Deshalb haben wir in unserer Kultur und Lebensweise nun ein Nachhaltigkeitsproblem, das Naturvölkern völlig unbekannt ist.

Interessant ist die Beobachtung, dass auch wenn kein Naturvolk dem anderen gleicht, sie alle im Kern diese Überzeugung teilen: dass alles mit allem verbunden ist, dass alles ein großes Beziehungsnetz ist. Das ist für sie keine Glaubensfrage, es ist schlicht Ergebnis ihrer jahrtausendelangen Beobachtungen. Es ist eine Erkenntnis. Und genau diese eine Erkenntnis, die sie alle teilen, macht den kleinen aber feinen Unterschied, ob wir zukunftsfähig sind oder nicht.

Nun soll dies keinesfalls ein Plädoyer für die Rückkehr zu der Lebensweise unserer Vorfahren werden. Ich habe große, aufrichtige Wertschätzung für die Errungenschaften unserer Kultur und möchte sie nicht missen. Ich bin – bei aller Wertschätzung – auch weit davon entfernt, Naturvölker zu idealisieren. Doch es war mir wichtig, diese ganz große, kollektive Perspektive hier mit einfließen zu lassen und somit die Tragweite unserer Herausforderung aufzuzeigen.

In den folgenden zwei Kapiteln möchte ich nun den Fokus wieder ganz konkret auf dich in Beziehung legen. Denn so groß die Herausforderungen unserer Zeit auch sein mögen, letztendlich kann und muss die Veränderung nur da beginnen, wo jeder einzelne jetzt gerade steht. Und dies ist ja auch der Punkt, wo es jeden von uns am allermeisten trifft: in der Beziehung zwischen dir und mir, wo es uns entweder gelingt, gut miteinander umzugehen oder eben nicht. Solange wir es als unsere höchste Priorität betrachten, unsere Unabhängigkeit voneinander zu maximieren, ist unser Wunsch nach gleichwertiger Beziehung zum Scheitern verurteilt. Erst wenn wir stattdessen beginnen, den neu gewonnenen Freiraum zwischen uns zu nutzen, um zu lernen, wie wir gut mit unserer eigenen Bedürftigkeit und der anderer umgehen, kann unser Traum Wirklichkeit werden. Es braucht also eine innere Kehrtwende. Wir müssen uns dem ungeliebten Themenkomplex Abhängigkeit und Bedürftigkeit zuwenden, dem wir solange den Rücken gekehrt haben. Und es gilt zu erkennen, dass Unabhängigkeit als höchstes Gut nicht zu glücklichen Beziehungen führt. Warum das so ist, ist Thema vom nächsten Kapitel: Machtspiele. In Kapitel 5, Beziehung in Balance I, beleuchte ich, was sich in uns tun muss, damit es funktionieren kann.

REFLEXIONSFRAGEN

1. Wie geht es dir mit der Idee, abhängig zu sein? Welche Gefühle tauchen dabei in dir auf? Nimm sie einfach zur Kenntnis, wenn möglich ohne Wertung oder Zensur.
2. Hast du Beziehungen in deinem Leben, wo du eine Abhängigkeit spürst, die dich stört?
3. Hast du Beziehungen in deinem Leben, wo du eine Abhängigkeit spürst, die dich nicht stört?

4 *Machtspiele*

Macht ist kein schönes Thema. Mit Macht möchte ich eigentlich gar nichts zu tun haben – schon gar nicht, wenn es um private Beziehungen geht. Ok, wenn ich Politikerin wäre, müsste ich mich wohl mit dem Thema befassen. Oder wenn ich als Managerin in einem Konzern die Führungsetage als Karriereziel ins Auge gefasst hätte. Aber so im ganz Privaten? Als liebende Mutter und Partnerin? Nein, danke. Ich möchte liebevolle, achtsame, respektvolle und freudvolle Beziehungen auf Augenhöhe leben, in denen das Thema Macht nichts verloren hat.

Kennst du diese Haltung? Ich kenne sie sehr gut, da ich lange danach gelebt habe. Oder besser: Ich habe es versucht. Es hat nicht wirklich funktioniert. Immer wieder musste ich feststellen, dass das Thema Macht sich von links hinten in meine Beziehungen schlich. Immer wieder bemerkte ich, dass ich mich in subtile Machtspiele verwickelt hatte, die Lichtjahre von dem entfernt waren, was ich eigentlich leben wollte. Und immer wieder machte ich die Erfahrung, dass diese zunächst subtilen Machtspiele zu einem Kalten Krieg eskalieren können. Irgendetwas funktionierte nicht.

Ich weiß nicht, wie es bei dir ist, weil ich dich nicht kenne. Ich weiß nicht, wie du deine Beziehungen lebst. Vielleicht eskaliert das Thema Macht bei dir nie in dem Maße, wie das bei mir der Fall war – das würde mich freuen. Vielleicht gehörst du zu den Menschen, die Macht ablehnen, weil sie mit Verantwortung verbunden ist, die du gerne anderen überlässt. Doch auch wenn deine Beziehungen kein Drama sind: Ich wette, dass die Themen Macht und Bedürftigkeit eine Rolle spielen. Über die Jahre habe ich sehr unterschiedliche Muster beobachtet. Immer wieder haben mich Menschen ins Vertrauen gezogen und mir intime Einblicke in ihre Beziehungsdynamiken gewährt. Es würde den Rahmen dieses Buches sprengen, all die verschiedenen Spielweisen des Beziehungsreigens aufzulisten, und es wäre wohl auch nicht zielführend.

Ich möchte daher die oberflächlichen Erscheinungen außen vor lassen und mich dem Kern widmen, den ich im Laufe der letzten Jahre offenlegen konnte. Dieser Kern ist, immer wieder, unser Umgang mit Macht und Bedürftigkeit – unserer eigenen und der anderer Menschen. Es ist dieses Thema, das bestimmt, ob ein Miteinander auf Augenhöhe gelingt oder nicht. Nachdem ich mich im vorangegangenen Kapitel der Bedürftigkeit gewidmet habe, möchte ich nun das Thema Macht genauer unter die Lupe nehmen.

Macht in Beziehungen

Macht kommt von machen. Der Bereich meiner Macht ist der Bereich, in dem ich machen kann. Es ist mein Handlungs- und Gestaltungsraum. Es ist damit auch meine Freiheit. Meine Macht ist also ein direktes Ergebnis meiner Unabhängigkeit. Je unabhängiger ich bin, desto größer ist der Gestaltungsraum, über den ich ganz alleine, ohne Rücksprache mit irgendjemand anderem halten zu müssen, bestimmen kann. Je abhängiger ich bin, desto kleiner ist mein Gestaltungsraum, desto weniger kann ich machen, was ich will. Es ist daher naheliegend, diesen Gestaltungsspielraum möglichst groß halten zu wollen.

Macht ist also genau solange überhaupt eine tolle Sache, wie sie nicht dem Handlungs- und Gestaltungsfreiraum eines anderen in die Quere kommt. Solange ich einfach machen kann, was ich will, und du, was du willst, bemerken wir gar nicht, dass wir Macht ausüben. Und das ist heute auch der Startpunkt vieler Beziehungen: Zwei selbstbestimmte, unabhängige, emanzipierte und freiheitsliebende Singles nähern sich an, treffen sich ab und zu, gehen vielleicht miteinander ins Bett und genießen die Unverbindlichkeit ihres Zusammenseins. Macht ist kein Thema.

Oft bleibt das nicht so. Wir kommen uns immer näher, beginnen unsere Leben ineinander zu verzweigen und bemerken plötzlich, dass unsere Gestaltungsräume beginnen, sich zu überschneiden. Plötzlich beeinflusst die Frage, wie ich mein Wochenende verbringe, direkt deinen Gestaltungsraum. Und wenn das geschieht, werden wir immer häufiger mit einer ganz grundlegenden Frage konfrontiert: Was machen wir, wenn du etwas anderes willst als ich und beides im Widerspruch zueinander steht? Und vor allem: Wer entscheidet das?

Die klassische Antwort auf die Frage, was wir machen, wenn du etwas anderes willst als ich, kennen wir alle. Diese lautet: Derjenige, der hierarchisch höher gestellt ist, bestimmt, was gemacht wird. Aber genau das wollen wir ja nicht mehr. Genau diese Definition haben wir ja in unseren modernen Beziehungen nicht mehr. Wir wollen Gleichwertigkeit, was automatisch bedeutet, dass es keine Standardantwort auf die Frage gibt, wer entscheidet.

Die Lücke holt uns ein

In einer perfekten Welt hätten wir alle von klein auf gelernt, wie wir gut damit umgehen, wenn unterschiedliche Bedürfnisse aufeinanderprallen. Wir hätten in unzähligen Situationen mit Eltern, Geschwistern, Lehrern und Klassenkameraden üben können, wie wir gemeinsam eine gute Lösung finden, ohne auf die Autorität einer hierarchisch höher gestellten Person zurückzugreifen oder einem Machtkampf zu verfallen. Und vielleicht wird es irgendwann so sein, dass wir alle genau das von klein auf gelernt haben, so wie wir heute von klein auf gelernt haben, zu konkurrieren oder Konflikten auszuweichen.

Heute ist es jedoch leider nicht der Fall. Heute ist es noch so, dass die meisten von uns keine Gelegenheit hatten zu erfahren, wie solche Konflikte gut zu lösen sind. Wir kennen nur eine oder mehrere der folgenden drei Strategien in Konfliktsituationen: 1. eine Autorität entscheidet 2. ein Machtkampf entsteht oder 3. der Konflikt wird vermieden.

> Klassische Strategien im Umgang mit Konflikten:
>
> 1. Eine Autorität entscheidet für uns.
> 2. Wir führen einen Machtkampf.
> 3. Einer oder beide stecken ihr Bedürfnis zurück, um den Konflikt zu vermeiden.

Jede dieser Strategien hat gravierende Nachteile für die Beziehung. Strategie eins – eine Autorität entscheidet – steht uns im Alltag nicht zur Verfügung, sondern erst, wenn schon alles zu spät ist und wir vor den Scheidungsrichter treten. Strategie zwei – der Machtkampf – zermürbt unsere Beziehungen. Wie das geschieht, werde ich hier gleich noch näher beleuchten. Strategie drei – Konfliktvermeidung – kann zwar die Illusion einer harmonischen Beziehung erzeugen, holt uns jedoch irgendwann ein, wenn wir bemerken, dass wir nicht nur den Kontakt zueinander verloren haben, sondern auch zu uns selbst. Das Ergebnis sind Beziehungen, die manchmal nach Jahrzehnten scheinbarer Harmonie Insolvenz anmelden, da alles Kapital aufgebraucht wurde. Die unterdrückten Bedürfnisse fordern ihren Tribut und lassen sich nicht mehr abspeisen.

Wie Variante vier – wir nutzen unsere Gestaltungsräume dahingehend, dass die Bedürfnisse aller Beteiligten bestmöglich erfüllt werden – möglich wird, ist Thema des nächsten Kapitels, *Beziehung in Balance I,* und später noch mal in Teil II, *Die Kunst der Kooperation.* Um zu verstehen, wie das geht, ist es jedoch sinnvoll, zuvor die Anatomie eines Machtkampfes genauer unter die Lupe zu nehmen. Das macht zwar keinen Spaß und ist sicher nicht so interessant, wie Variante vier zu beleuchten, es liefert uns jedoch wichtige Informationen, um Variante vier verstehen zu können.

Anatomie eines Machtkampfes

Ein Machtkampf entsteht immer dort, wo du etwas anderes willst als ich, keiner von beiden bereit ist, nachzugeben, und wir nicht fähig oder nicht willig sind, gemeinsam eine Lösung auszuarbeiten. Ein einfaches Beispiel: Was machen wir dieses Wochenende? Ich habe mich schon die ganze Woche auf zwei ruhige Tage zu Hause gefreut: lesen, schlafen, kuscheln, ein paar Spiele spielen, vielleicht einen Spaziergang machen. Mein Partner hat leider ganz andere Vorstellungen. Er hat es sich in den Kopf gesetzt, in die Berge zu fahren. Er möchte Skifahren gehen, Zeit mit Freunden verbringen, etwas erleben. Ein weniger einfaches Beispiel:

Mein Partner möchte ein Kind und ich nicht. Oder: Ich möchte eine offene Beziehung leben und mein Partner nicht. Oder: Ich möchte heute Abend mit meinem Partner tanzen gehen, während er mit mir einen gemütlichen Abend zu Hause verbringen möchte.

Die Liste ließe sich endlos fortsetzen und du kannst sicher eine hübsche Anzahl deiner eigenen Beispiele anfügen. Doch egal, ob es sich um winzig kleine oder riesig große Konflikte handelt, die Frage ist und bleibt: Wie offen gehen wir mit diesen um und sind wir fähig, eine gemeinsame Lösung zu finden? Nehmen wir einmal an, keiner ist bereit, zurückzustecken, und wir sind nicht fähig, gemeinsam eine Lösung zu finden. In diesem Moment stellt sich die Frage: Wer gewinnt? Oder anders ausgedrückt: Wer hat in der Beziehung die meiste Macht? Die traurige Antwort lautet: derjenige, dem die Beziehung weniger wichtig ist. Anders formuliert: derjenige, der vom anderen weniger abhängig ist.

Das bedeutet, dass unser ganzes Streben nach Unabhängigkeit zwar für sich genommen einfach nur der Versuch ist, unseren Gestaltungsfreiraum möglichst groß zu haben. Sobald wir jedoch eine Beziehung mit jemandem eingehen, gibt uns genau dieser Gestaltungsfreiraum Macht, ob wir wollen oder nicht. Das führt unter anderem dazu, dass derjenige, der diesen für sich weniger ausgedehnt hat, in einem Machtkampf den Kürzeren zieht.

Wer braucht hier eigentlich wen?

Wenn in einer Beziehung ein Machtkampf begonnen hat, finden wir uns innerhalb von kürzester Zeit in einem absurden Wettkampf wieder, wem die Beziehung weniger wichtig ist. Das liegt einfach daran, dass derjenige, dem sie weniger wichtig ist, gewinnen wird. Greifen wir doch mal eines der knackigeren Beispiele von oben wieder auf: Mein Partner möchte ein Kind und ich nicht. Mein Partner könnte den Machtkampf eröffnen, indem er sagt: *„Wenn du kein Kind mit mir bekommst, suche ich mir eine andere."* Natürlich würde er das nicht so sagen. Er würde das sicher viel netter verpacken. Doch die Grundbotschaft könnte so lauten. Wenn mir die Beziehung wichtiger ist als ihm, wird er gewinnen. Er wird in dem Fall die Macht haben, mir zu diktieren, ein Kind zu bekommen.

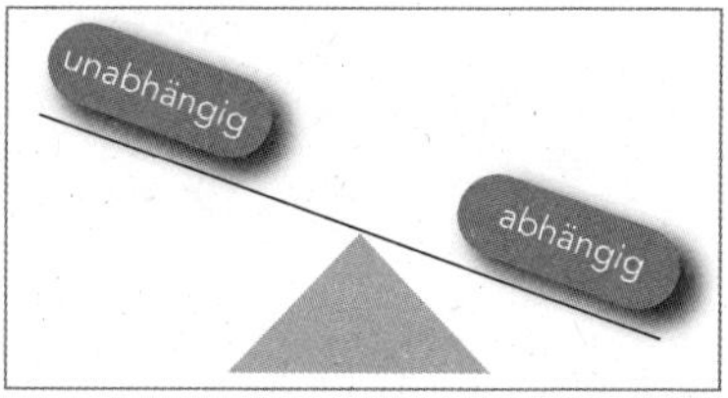

Wenn mir die Beziehung hingegen weniger wichtig ist als ihm, könnte ich entgegnen: *„Dann mach doch!"* Natürlich würde ich auch das netter verpacken, doch bleiben wir spaßeshalber einfach mal bei den Kernaussagen. Wenn ich recht habe, dass ihm die Beziehung wichtiger ist als mir, wird er klein beigeben, seinen Kinderwunsch ad acta legen und in der Beziehung bleiben. In beiden Fällen bestimmt die Unabhängigkeit innerhalb der Beziehung das Machtgefälle. Wenn ich meinen Partner weniger brauche als er mich, bin ich auf der Machtwippe oben. Wenn ich ihn hingegen mehr brauche als er mich, bin ich unten.

Ping Pong

Jeder, der diese Art von Beziehung schon einmal erlebt hat, weiß, dass die Frage, wer wen mehr braucht, nicht immer so eindeutig geklärt ist, wie ich das hier dargestellt habe. Ich bin jetzt bewusst gleich zum Extrem gesprungen. Tatsächlich ist es so, dass die Machtwippe in modernen Beziehungen, die sich auf Machtspiele einlassen, zuweilen so wild hochsteigt und niedersinkt, dass einem schon vom Zusehen ganz übel werden kann.

In extremen Fällen verlässt er sie, weil sie nicht so tut, wie er will, nur um sie dann in der nächsten Runde um Wiederaufnahme der Beziehung zu bitten, weil er ohne sie nicht leben kann. Sie weist ihn dann herzlos zurück, nur um kurz darauf festzustellen, dass er das Wichtigste war, was sie je hatte. Nüchtern betrachtet ein absurdes Theater, ein zermürbendes Ringen, bei dem sich jeder halbwegs vernünftige Mensch früher oder später die Frage stellt, ob wir nicht komplett den Verstand verloren haben.

Doch was spielt sich eigentlich hinter den Kulissen ab? Wie kann es sein, dass wir in einem Moment dem anderen voller Zuversicht den Rücken kehren, nur um ihm im nächsten Moment die Welt zu Füßen zu legen? Was steckt hinter diesem Ping-Pong-Spiel?

Versteckte Machenschaften

Des Rätsels Lösung liegt in einer einfachen Erkenntnis: Derjenige, der in der Beziehung den Unabhängigen gibt und dadurch die Machtposition erhält, ist nur scheinbar unabhängig. Tatsächlich braucht er den anderen, vielleicht sogar genauso sehr wie umgekehrt. Er hat jedoch in der Situation komplett den Kontakt mit seiner Abhängigkeit verloren, er kann sie erfolgreich ausblenden. Die Abbildung zeigt an, wie das innere Verhältnis zwischen abhängig und unabhängig hier aus den Fugen geraten ist.

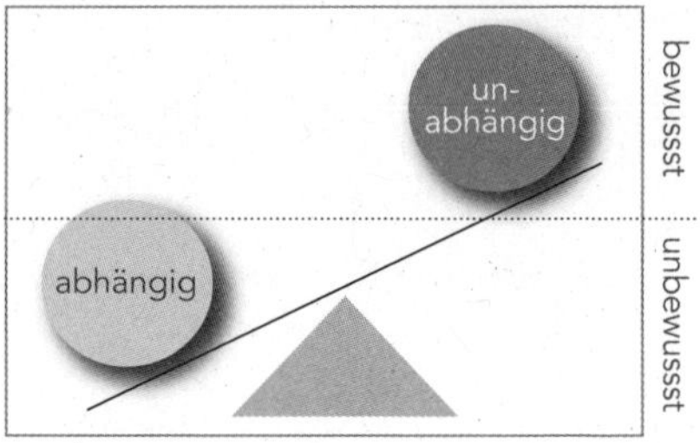

Um noch einmal zu dem Beispiel mit dem Kinderwunsch zurückzukehren. Wenn mein Partner mir ein Ultimatum stellt und sagt: *„Entweder wir bekommen jetzt ein Kind oder das war's"*, blendet er in diesem Moment aus, wie viele andere Themen uns verbinden, wie sehr er mich eben doch braucht, auch wenn ich ihm diesen einen wichtigen Wunsch nicht erfülle. Er hat seinen abhängigen Teil so gut weggepackt, dass er wirklich glaubt, er habe keinen.

Umgekehrt ist es so, dass ich, wenn ich mich seinem Wunsch beuge, offenbar den Kontakt zu meinem unabhängigen Teil verloren habe. Das merke ich vor allem daran, dass ich mich als Opfer fühle und der Überzeugung bin, keine andere Wahl zu haben, als seinem Wunsch stattzugeben und ein Kind zu bekommen, obwohl ich eigentlich keines möchte. Ich glaube, keinen Gestaltungsspielraum zu haben.

Der Vorteil dieses Arrangements ist, dass beide Aspekte in der Beziehung abgedeckt sind. Sowohl der unabhängige als auch der abhängige Teil erfüllen in der Beziehung wichtige Funktionen. Der unabhängige Teil sorgt dafür, dass Abstand und Freiräume in der Beziehung gegeben sind, der abhängige hingegen sorgt dafür, dass die Beziehung aufrechterhalten wird. Indem der eine nur aus seiner Unabhängigkeit handelt, beansprucht er allen Gestaltungsraum für sich. Der andere muss damit den abhängigen Teil komplett übernehmen, sonst würde die Beziehung zerbrechen.

Wenn nun einer von beiden aus seiner gewohnten Rolle ausbricht – sagen wir derjenige, der bislang in der abhängigen Rolle war, entdeckt seine Unabhängigkeit und lässt sich dadurch nicht mehr erpressen –, entsteht für den anderen die Möglichkeit und die Notwendigkeit, mit seiner eigenen Abhängigkeit in Kontakt zu kommen. Ein klassisches Beispiel ist die Veränderung der Beziehung zwischen Mann und Frau, die sich in den letzten hundert Jahren vollzogen hat. Dadurch, dass eine wachsende Anzahl von Frauen klar erkannt hat, dass sie nicht nur abhängig ist, entstand für Männer die Notwendigkeit, ihre eigene Abhängigkeit zu entdecken und zu merken, wie sehr sie die Frauen brauchen.

Ein weiteres Beispiel sind die Veränderungen im politischen Machtgefüge, die sich im Laufe der letzten Jahrhunderte im Zuge der zunehmenden Demokratisierung vollzogen. Es war die Erkenntnis des Volkes, dass die herrschende Klasse es genauso braucht wie umgekehrt, die Grundlage jeder Revolution bildeten. Oder das veränderte Machtverhältnis zwischen Arbeitgeber und Arbeitnehmer, das entstand, als Angestellte begannen, sich in Gewerkschaften zu organisieren.

Wenn ein solcher Prozess beginnt – dass die Abhängigen sich ihrer Unabhängigkeit und damit auch ihrer Macht bewusst werden –, ist dies eine Gelegenheit, ein gutes Gleichgewicht zu finden. Oft wird diese jedoch vertan und es findet lediglich ein Rollentausch statt. Ab sofort handelt dann derjenige, der vorher abhängig war nur noch aus seiner Unabhängigkeit, und umgekehrt – genau das, was heute vielen Frauen vorgeworfen wird. Ob das pauschal so stimmt, sei mal dahingestellt. Was ich jedoch beobachtet habe, ist, dass es uns tatsächlich unsagbar schwerfällt, in einer Beziehung zugleich abhängig und unabhängig zu sein. Genau hier liegt jedoch der Schlüssel zu dem, wonach wir uns so sehr sehnen: einem neuen Miteinander oder Beziehung in Balance. Wie das gelingen kann und wie wir diese Fähigkeit entwickeln können, ist Thema des nächsten Kapitels, *Beziehung in Balance I.*

REFLEXIONSFRAGEN

1. Welche der drei Konfliktstrategien hast du in deiner Kindheit am häufigsten erlebt?
2. In welchen Beziehungen – jetzt oder früher – handelst du mehr aus deinem abhängigen Teil und in welchen aus deinem unabhängigen?
3. In welcher Rolle fühlst du dich wohler?

5 *Beziehung in Balance I*

Als mir zum ersten Mal bewusst wurde, dass mein Ideal der Unabhängigkeit, das ich mit großem Feuereifer verfolgte, mich nicht wirklich zu einem erwachsenen Menschen machen würde, war ich mächtig frustriert. Ich dachte, wenn es schon so anstrengend war, unabhängig zu werden, und das erst die halbe Strecke war – wie anstrengend würde es dann erst sein, wirklich erwachsen zu werden? Zum Glück irrte ich mich. Heute weiß ich, dass mein Versuch, unabhängig zu sein, so anstrengend war, gerade weil er nur ein Zwischenstadium auf dem Weg zum Erwachsensein darstellte. Der Rest des Weges hatte weniger mit noch mehr Anstrengung zu tun als damit, Anstrengung loszulassen.

Da alles Lebendige beständig nach Balance strebt, wünschte sich auch mein System nichts sehnlicher, als wieder ins Gleichgewicht zu kommen. Rückblickend kann ich sagen, dass meine Entwicklung in die Unabhängigkeit vergleichbar war mit der Anstrengung, einen langen Berg hochzuradeln. Um mich meiner eigenen Abhängigkeit zu öffnen, musste ich lediglich zulassen, dass mein Rad auf der anderen Seite auch wieder hinunterrollt. Meine wichtigste Aufgabe war hierbei zu lenken, damit ich nicht vom Weg abkomme. Das war zwar teilweise beängstigend und gelegentlich habe ich auch auf die Bremse getreten, es war jedoch weit weniger anstrengend, als der erste Teil der Reise. Indem ich zuließ, dass auch mein abhängiger, verletzlicher Anteil in mir zum Vorschein kam, erlaubte ich der Machtwippe in meinen Beziehungen, wieder ins Gleichgewicht zu gelangen. Doch dieser Schritt vollzog sich nicht ein Mal – er vollzieht sich immer wieder.

Ein neues Spiel

In den vorhergehenden Kapiteln habe ich wiederholt auf das Bild der Wippe zurückgegriffen, um die Machtdynamik in Beziehungen sichtbar zu machen. Ich finde außerdem, dass dieses Bild gut illustriert, dass wir in unseren Beziehungen heute eben kein stabiles, zementiertes Machtgefälle haben, sondern eine labile Machtwippe, die sich jederzeit in die eine oder andere Richtung neigen kann.

Nehmen wir uns einen Moment Zeit, um an unsere Kindheit zurückzudenken. Diesmal nicht, um tiefenpsychologische Studien zu betreiben, sondern um uns an den Spielplatz um die Ecke zu erinnern. Wie gesagt, ich kenne dich nicht und ich weiß nicht, wie du aufgewachsen bist. Da, wo ich unter anderem aufgewachsen bin, gab es um die Ecke einen Spielplatz mit einer Wippe. Als ich ganz klein war, habe ich dort gerne mit meinen Eltern oder anderen Kindern gespielt. Es gefiel mir, auf der Wippe in einem Moment ganz hoch hinausgeschleudert zu werden, zu spüren, wie mein Magen einen Hüpfer machte, bevor die Fahrt wieder nach unten ging und alles in mir schon voll prickelnder Erregung auf den unsanften „*RUMS!*" wartete, mit dem die Wippe unten aufsetzen würde, und alles von vorne losgehen würde. Es war ein tolles Spiel!

Doch irgendwann, als ich schon ein bisschen größer war, wurde ich dieses Spiels überdrüssig. Es wurde langweilig: immer das Gleiche! Hoch und runter, hoch und runter … Wir begannen, uns neue Spiele auszudenken. Eines davon war der Versuch, die Wippe in Balance zu halten. Es war sehr schwierig! Wir hatten überhaupt nur eine Chance, wenn alle Kinder auf der Wippe zusammenhalfen, um die Wippe im Gleichgewicht zu halten. Doch dann konnte es tatsächlich gelingen und wir hatten eine Menge Spaß dabei.

Diese beiden Spiele sind für mich wunderbare Sinnbilder für unsere Beziehungsspiele. Am Anfang mag es uns Spaß machen, die Machtwippe wild hin und her schaukeln zu lassen. Vielleicht genießen wir den Nervenkitzel der Talfahrt, die Aufregung, wenn wir hoch hinaufgehoben werden, wissend, dass wir fallen können. Vielleicht finden wir – ehrlich gesagt – sogar Gefallen an dem sadistischen Spiel, die Wippe so anzuhalten, dass der andere oben gefangen ist, mit den Beinen strampelt, bettelt, heruntergelassen zu werden, und wir diesen Machtmoment ganz auskosten.

Doch irgendwann werden wir dieses Spiels überdrüssig und sehnen uns nach einem neuen Spiel. Beziehung in Balance ist für mich ein solches neues Spiel. Und wie das Spiel mit der Wippe auf dem Spielplatz kann es zunächst sehr schwierig sein. Und wie auf der Spielplatzwippe haben wir überhaupt nur eine Chance, wenn alle Beteiligten das gleiche Spiel spielen.

Bevor du also beginnst, in deinen Beziehungen ein neues Spiel zu spielen, tust du gut daran zu prüfen, ob die anderen auch dieses neue Spiel spielen wollen. Denn wenn der eine immer noch die Zielsetzung hat, die Machtwippe möglichst wild auf und nieder hüpfen zu lassen, während der andere versucht, diese in Balance zu halten, ist Frustration vorprogrammiert. Und dann kommt gewiss niemand auf seine Kosten – wie so oft, wenn unsere Bedürfnisse einfach nicht zusammenpassen. Doch dazu später mehr. Jetzt möchte ich erst mal ganz bei unserer Machtwippe bleiben und erforschen, wie diese in Balance gebracht werden kann. Was kann jeder Einzelne tun und wie greift das ineinander, damit Beziehung in Balance möglich wird?

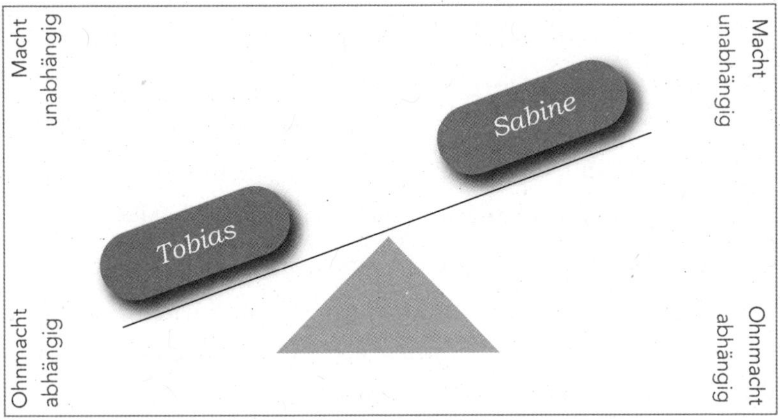

Um dieser Frage nachzugehen, möchte ich spaßeshalber zwei Personen auf die Wippe setzen, in diesem Fall ein fiktives Paar namens Tobias und Sabine. Du kannst sie natürlich auch Anna und Thomas oder Robert und Klaus nennen, wenn dir das besser gefällt. Dieses Mal habe ich die Abbildung mit den Begriffen Macht/Ohnmacht, abhängig und unabhängig ergänzt. Sabine ist oben, sie handelt also in diesem Moment aus ihrem unabhängigen Teil und scheint daher die Macht in der Beziehung zu haben. Tobias hingegen handelt aus seinem abhängigen Teil und fühlt sich ohnmächtig. So weit, so gut.

Wenn wir dieses Bild betrachten, ist offensichtlich, was passieren muss, damit Tobias und Sabine das Gleichgewicht in ihrer Beziehung wieder finden und sich auf Augenhöhe begegnen können: Jeder Einzelne, Tobias wie Sabine, muss in sich ein Gleichgewicht zwischen dem abhängigen und dem unabhängigen Teil finden. Dadurch wird die Machtwippe sich bewegen, ohne, wie im vorherigen Kapitel beschrieben, gleich in die andere Richtung umzuschlagen.

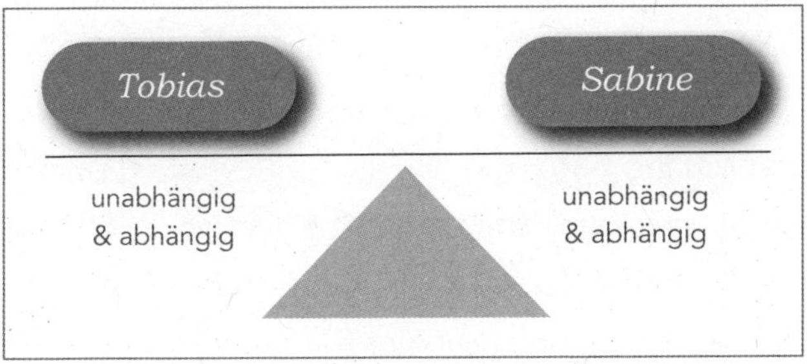

Eine Frage der inneren Balance

Wenn du dich in einer bestimmten Beziehung immer wieder nur in der abhängigen oder nur in der unabhängigen Position wiederfindest, dann bist du in dieser Beziehung wahrscheinlich nicht besonders glücklich. Wenn du wie Tobias gerade in deinem abhängigen Teil hängst und damit auf der Machtwippe unten sitzt, hast du wahrscheinlich das Gefühl, dein Partner hat nie genug Zeit für dich, er zeigt dir seine Zuneigung nicht genug, er möchte immer so viel Abstand und ist viel zu selten wirklich da. Wenn es ganz schlimm ist, fühlst du sich regelrecht im Stich gelassen – und vielleicht bist du das ja auch.

Wenn du hingegen wie Sabine gerade oben auf der Machtwippe sitzt, dann fühlst du dich regelmäßig von deinem Partner eingeengt. Er will immer so viel Nähe und obwohl du ihn ja echt lieb hast, ist es dir einfach zu viel. Warum muss er aber auch so klammern?

Das Blöde an der Situation ist, dass Tobias und Sabine anscheinend genau das Gegenteil möchten: Er wünscht sich mehr Nähe, sie hingegen sehnt sich nach mehr Freiräumen. Kennst du das? Vermutlich. Je mehr Tobias Nähe sucht, desto mehr fühlt Sabine sich eingeengt. Und je mehr Abstand sie sucht, desto mehr fühlt Tobias sich verlassen – kurzum: Es scheint ein echter Teufelskreis zu sein, in dem keiner bekommt, was er will, und für den es scheinbar keine Lösung gibt.

Ich sage scheinbar, denn natürlich gibt es sie. Der Schlüssel liegt in der Erkenntnis, dass der andere das verstärkt ausleben muss, was wir nicht zulassen. Ausleben *muss*? Ja, ausleben *muss*, denn eine Beziehung kann nur bestehen, wenn sowohl Verbindung als auch Abstand gegeben sind.

Kümmert sich einer nur noch um die Verbindung, muss der andere sich um den Abstand kümmern und umgekehrt. Würden sich beide nur um die Verbindung kümmern, würden sie so aneinander kleben, dass keine Beziehung mehr möglich wäre, da der Raum fehlen würde, um sich aufeinander zu beziehen. Genauso wenig funktioniert es, wenn beide sich nur noch um Abstand kümmern würden – keiner würde den anderen jemals anrufen oder sonst wie Kontakt aufnehmen, die Beziehung wäre innerhalb von kürzester Zeit geliefert.

Du kannst deinem Partner also dankbar sein, dass er sich um den Teil kümmert, den du vernachlässigst. Vielleicht lachst du jetzt. Ich zumindest habe sehr gelacht, als mir das zum ersten Mal bewusst wurde, und auch jetzt muss ich schmunzeln, wenn ich darüber nachdenke. Ist es nicht köstlich? All das, worüber du dich vielleicht seit Jahren aufregst, ist eigentlich ein Dienst, den der andere dir erweist! Und umgekehrt natürlich auch!

Doch diese Erkenntnis alleine reicht nicht aus, um uns unsere Unzufriedenheit zu nehmen, denn Fakt ist: Solange ihr euch die Rollen so aufteilt, bleibt in jedem von euch ein Teil ungelebt. Tobias will auch mal sagen können: „*Weißt du was, auch wenn du mich heute Abend lieber zu Hause hättest: Ich gehe mit meinen Freunden einen trinken!*" Und Sabine hat auch einen Teil, der so gerne mal zu Tobias sagen würde: „*Ich fühle mich gerade ganz klein und verunsichert: Würdest du mich mal in den Arm nehmen?*" Doch beide haben den Kontakt mit diesen Teilen verloren, sie sind unbewusst.

Wie gesagt: Damit die Beziehung im Außen ins Gleichgewicht kommen kann, ist jeder Einzelne gefordert, in sich ins Gleichgewicht zu kommen. Damit das geschehen kann, sind zwei Schritte notwendig. Erstens müssen wir Verbindung zu dem jeweils unbewussten Teil aufnehmen und zweitens dafür sorgen, dass unser unabhängiger und unser abhängiger Teil miteinander in Kontakt kommen können. Je mehr uns das gelingt, desto mehr Raum entsteht, dass auch unser Partner diese innere Bewegung vollziehen kann – natürlich nur, wenn er das auch will. Machen wir uns an die Arbeit.

Beginnen wir mit Schritt eins: Kontakt mit dem jeweils unbewussten Teil aufnehmen. Damit beide Anteile – abhängig und unabhängig – zu gesunden Instanzen in uns werden können, brauchen sie unsere Zuwendung. Jeder Teil braucht eine andere Form der Zuwendung, damit die Balance hergestellt oder gewahrt werden kann. Es braucht eine Art innere Elternschaft, denn bei diesen

Anteilen handelt es sich um unreife Persönlichkeitsanteile. Jeder, der selbst Kinder hat, weiß, dass ein kleines Kind oder Baby eine andere Form der Elternschaft braucht als ein pubertierender Halbstarker. Genauso braucht unser abhängiger Teil etwas anderes als unser unabhängiger.

Im Folgenden gehe ich nacheinander auf beide Teile und die Art der Beziehung ein, die sie von uns brauchen. Übung 5, Dialog zwischen deinem unabhängigen und deinem abhängigen Anteil, ist dann Schritt zwei gewidmet, also der Kontaktherstellung zwischen beiden Anteilen. Hier kannst du dann ausloten, wie gut diese beiden Anteile in dir miteinander kommunizieren – und ganz konkret an dem Kontakt arbeiten. In Teil III werde ich dann in dem Kapitel *Beziehung in Balance II* noch einmal auf dieses wichtige Thema zurückkommen und einen weiteren Aspekt ansprechen, der uns bei der Wahrung unserer inneren Balance unterstützen kann.

Abhängigkeit braucht Fürsorge

Wenn wir bei dem Bild vom Baby und Teenager bleiben, wird schnell klar sein, dass unser abhängiger Teil eher einem Baby gleicht. Oft wird hier auch vom inneren Kind gesprochen. Dieser Teil von uns braucht vor allem Zuwendung in Form von Fürsorge – und zwar zuallererst von uns selbst.

Unser abhängiger Teil braucht die Gewissheit, dass seine Bedürftigkeit bei uns in guten Händen ist und dass wir uns um seine Belange kümmern. Wie ein Kind, dem die Fürsorge der Eltern Sicherheit gibt, fühlt unser abhängiger Teil sich dann geborgen, wenn er weiß, dass er uns wichtig ist, dass er mit seinen Bedürfnissen gehört wird und dass wir ihn nicht alleine lassen, wenn er etwas braucht. Fürsorge bedeutet auch, dass wir ihn vor Übergriffen, Misshandlung und Vernachlässigung schützen. Kurzum, alles was ein Kind von seinen Eltern braucht, benötigt unser abhängiger Teil von uns.

In der Praxis bedeutet dies, dass wir ihm gut zuhören, was seine Bedürfnisse sind und diese Bedürfnisse würdigen. Das bedeutet nicht, dass wir ihm jeden Wunsch erfüllen. Das ist für unseren abhängigen Teil genauso wenig notwendig oder förderlich wie für ein echtes Kind. Bedürfnisse würdigen bedeutet zunächst nicht mehr und nicht weniger als anerkennen, dass diese da sind und dass diese wichtig sind – auch wenn sie vielleicht gerade nicht erfüllt werden können.

In Teil II und Teil III werde ich noch viel genauer auf dieses Thema eingehen. An dieser Stelle möchte ich nur festhalten, dass diese Form der Fürsorge auch beinhaltet, dass wir uns aus missbräuchlichen, übergriffigen oder lieblosen Beziehungen befreien. Unser abhängiger Teil kann das nicht. Dafür braucht er uns – und unsere Unabhängigkeit.

Unabhängigkeit braucht Verantwortung

Wenn unser abhängiger Teil einem Baby gleicht, hat unser unabhängiger Teil erschreckende Ähnlichkeiten mit einem Pubertierenden. *„Ich und brauchen? Vergiss es!“* – und zwar radikal, ohne Rücksicht auf Verluste. Lieber sterben als etwas brauchen! Schließlich würde ich damit meinen Hochstatus – also den Platz oben auf der Wippe – aufs Spiel setzen und meine ganze Identität wäre damit infrage gestellt.

Unser unabhängiger Teil hat wenig Probleme damit, einen geliebten Menschen stehen zu lassen und andere Wege zu gehen. So gesehen kann dieser freiheitsliebende Teil sogar wie ein magischer Schlüssel sein, der uns aus den Fängen ungesunder Abhängigkeiten befreien kann. Damit dieser Befreiungsschlag jedoch nicht zu einer weiteren Runde des Machtspiels wird, braucht unser unabhängiger Teil Grenzen – genau wie ein Teenager.

Für uns bedeutet das, dass wir Verantwortung für die Macht übernehmen müssen, die wir durch unsere Unabhängigkeit in Beziehungen haben, und achtsam mit dieser umgehen. Es bedeutet, dass wir unsere Unabhängigkeit nicht missbrauchen, um anderen Menschen unseren Willen aufzuzwängen, um Macht über andere auszuüben. Es bedeutet, achtsam mit der Bedürftigkeit und Abhängigkeit der anderen umzugehen. Das gelingt besonders gut, wenn wir uns bewusst machen, wie verletzlich der andere in seiner Abhängigkeit ist.

Vielleicht hast du es selbst schon erlebt: Eine Beziehung geht zu Ende, weil Tobias sich aus seiner Abhängigkeit von Sabine befreit und sie den Fehler macht, allzu lange auf ihrem Hochstatus zu bestehen. Zu spät begreift sie, dass Tobias nun endgültig die Schnauze voll hat. Als sie schließlich mit ihrem abhängigen Teil in Kontakt kommt und Tobias um Wiederaufnahme der Beziehung bittet, nutzt er den neu gewonnenen Hochstatus, um ihr genau die Bedingungen zu diktieren. Sie sagt zu allem „*Ja*" und „*Amen*", um bloß die Beziehung wieder aufleben zu lassen. Kaum ist wieder alles in trockenen Tüchern, kommen ihre nicht gelebten Bedürfnisse wieder hoch und das Ganze beginnt von vorne. Dieses Spiel gibt es nicht nur auf persönlicher Ebene, die Geschichte hat auch einige Beispiele zu liefern.

ÜBUNG 5: Dialog zwischen deinem unabhängigen und deinem abhängigen Anteil

1. An einem Ort, wo du ungestört bist, stelle zwei Stühle gegenüber, einen für deinen unabhängigen und einen für deinen abhängigen Anteil. Wenn du magst, kannst du auf jeden Stuhl einen Zettel oder ein Symbol für jeden Anteil legen – z. B. ein Kuscheltier für den abhängigen und ein Bild von einem Vogel für den unabhängigen Teil.
2. Setze dich zuerst auf den einen, dann auf den anderen Stuhl, schließe die Augen und nimm zunächst nur Kontakt mit dem jeweiligen Anteil auf. Die Reihenfolge spielt keine Rolle.
3. Kehre dann wieder auf den ersten Stuhl zurück und beginne, diesem Anteil in dir deine Stimme zu leihen. Drücke einfach das aus, was dieser Anteil dem anderen Anteil gerade gerne sagen möchte, ohne es zu bewerten oder es irgendwie zu zensieren.
4. Wenn dieser eine Teil sich ausgesprochen hat, wechsle den Stuhl und damit auch den Anteil, mit dem du dich verbindest. Nachdem du dir einen Moment Zeit genommen hast, um dich mit diesem Anteil zu verbinden, leihe auch diesem deine Stimme. Was hat er dem anderen zu sagen? Wie reagiert er auf das Gehörte?
5. Wenn auch dieser Teil sich ausgesprochen hat, wechsle wieder zu dem ersten Stuhl zurück. Lass diesen Teil wieder antworten.
6. Diesen Dialog kannst du beliebig lange fortsetzen und auch von Zeit zu Zeit wiederholen. Ziel der Übung ist es, einen direkten Kontakt zwischen diesen beiden Anteilen in dir aufzubauen, die unterschiedlicher nicht sein könnten, was ihre Bedürfnisse und ihre Weltanschauung betrifft. Erinnere dich daran, dass diese Verbindung ein wichtiger Schlüssel zu unserer Beziehungsfähigkeit ist. Es geht hier nicht darum, Einigkeit herzustellen. Es geht nur darum, einen Raum zu schaffen, in dem die beiden sich begegnen und einander zuhören können.
7. Beende den Dialog, indem beide Anteile sich für den Austausch bedanken, wenn sich das stimmig anfühlt.

Du kannst diese Übung natürlich auch mit einer anderen Person zusammen machen und ihn oder sie bitten, in die Rolle des jeweiligen Teils zu schlüpfen, mit dem du sprechen möchtest. In dem Fall ist es trotzdem hilfreich, wenn dein Übungspartner dir einfach zuhört, ohne auf das Gesagte einzugehen oder etwas zu erwidern.

Ein Blick in die Geschichte

Eines der schlimmsten Beispiele für diese Dynamik aus der Geschichte des 20. Jahrhunderts ist der Friedensvertrag von Versailles, der den Ersten Weltkrieg formal beendete. Deutschland wurde in diesem Vertrag hart bestraft und war zugleich von den eigentlichen Verhandlungen ausgeschlossen. Historiker sehen einen direkten Zusammenhang zwischen den harten Bedingungen des Vertrages, der empfundenen Ungerechtigkeit und dem darauf folgenden rasanten Aufstieg des Nationalsozialismus.[15]

Die Idee, dass der Gewinner die Bedingungen diktieren kann und der Verlierer sich diesen beugen wird, erweist sich zunehmend als haltlos. Damit langfristig Frieden und Stabilität in eine Region einziehen können, müssen wir uns auf Augenhöhe an einen Tisch setzen und die Konditionen unserer Verträge so verhandeln, dass die Bedürfnisse aller Betroffenen bestmöglich berücksichtigt werden. Das Gleiche gilt für unsere persönlichen Beziehungen.

Wenn wir einmal erkannt haben, dass Beziehungen, die auf Machtgefällen beruhen, zwar kurzfristige Vorteile bringen können, wir für diese jedoch langfristig immer einen hohen Preis bezahlen, handelt es sich bei der Entscheidung, gut mit den Bedürfnissen anderer umzugehen, keinesfalls um einen karitativen Akt. Es ist purer Selbstschutz, ja sogar Eigennutz könnte man sagen. Ich möchte heute in keiner meiner Beziehungen mehr irgendein Interesse gegen das eines anderen durchsetzen, weil ich weiß, dass dies die Beziehung schädigen würde. Damit würde ich etwas weitaus Kostbareres zerstören, als ich kurzfristig durch die unmittelbare Bedürfnisbefriedigung gewinnen würde.

Beziehung auf Augenhöhe wird da möglich, wo beide Parteien sich um ihre Bedürfnisse sorgen und verantwortlich mit ihrer Macht umgehen. Wenn wir beginnen, unsere Macht oder Gestaltungskraft dafür einzusetzen, dass die Bedürfnisse aller Beteiligten Gehör finden, werden wir zu einer Kraft des Friedens in der Welt – nicht zuletzt natürlich in unseren persönlichen Beziehungen.

REFLEXIONSFRAGEN

1. Wie gut kennst du deinen abhängigen und wie gut deinen unabhängigen Teil?
2. Hast du Beziehungen, in denen es dir gelingt, mit beiden gleichermaßen verbunden zu sein?
3. Wie verantwortungsvoll gehst du mit deiner Macht in Beziehungen um, wie fürsorglich bist du mit deinem abhängigen Teil?

6 *Bedürfnisse als Potenzial*

Eines dürfte im Laufe der bisherigen Lektüre deutlich geworden sein: Die meisten Probleme in Beziehungen entstehen dadurch, dass wir nicht wissen, wie wir gut mit Bedürfnissen umgehen – sei es mit unseren eigenen oder jenen der anderen. Doch es ist nicht wirklich verwunderlich, dass wir das nicht können. Im alten, machtorientierten Paradigma hatten wir schlicht keine Gelegenheit dazu, es zu lernen. Hier war es sogar gefährlich, Bedürfnisse überhaupt wahrzunehmen, geschweige denn auszudrücken. Doch woran liegt das eigentlich?

Bedürfnisse als Machtpotenzial

Zuvor habe ich ein klassisches Beziehungsdrama beschrieben: Tobias und Sabine, ein fiktives Liebespaar, das auf der Machtwippe munter hin und her schaukelt. In diesem Paradigma sind Bedürfnisse vor allem eines: Machtpotenziale. Wenn Sabine ein Bedürfnis äußert, hat Tobias Macht über sie. Wenn die Wippe dann auf die andere Seite kippt, ist Tobias der Bedürftige und Sabine schöpft dieses Machtpotenzial aus, indem sie ihm genau die Konditionen für eine Wiederaufnahme der Beziehung diktiert. In dieser Beziehungsform tun wir gut daran, unsere Bedürfnisse für uns zu behalten oder anderweitig zu befriedigen.

In dieser Konstellation ist keine Verletzlichkeit, keine Berührbarkeit und damit auch keine Intimität möglich. Die tiefe Verbindung, nach der die beiden sich eigentlich sehnen, wird bereits im Keim erstickt. Wenn überhaupt, wird dieses Bedürfnis anderweitig befriedigt oder kompensiert. Das industrielle System entdeckte schon früh das Konsumpotenzial in solchen Ersatzbefriedigungen. Hier können wir unseren tatsächlichen oder vermeintlichen Bedürfnissen gefahrlos frönen. Die Notwendigkeit, uns irgendeine emotionale oder zwischenmenschliche Blöße zu geben, erübrigt sich. Das Allerschlimmste, was uns passieren kann, ist, dass uns das Geld ausgeht.

Bedürfnisse als Konsumpotenzial

Der amerikanische Kulturphilosoph Charles Eisenstein beschreibt in seinem Buch *„Ökonomie der Verbundenheit"* anschaulich, dass es eine direkte Verbindung zwischen unserer modernen Industriegesellschaft und unserer Beziehungslosigkeit gibt. Laut seiner These wurden im Laufe der Geschichte des industriellen Systems zunächst Rohstoffe in Konsumgüter verwandelt. Ab einem gewissen Punkt, etwa Mitte des letzten Jahrhunderts, wurde der Markt jedoch zunehmend gesättigt und auch ausgefeiltere Marketingstrategien konnten den Konsum nicht mehr ausreichend steigern, um der Wachstumsideologie unseres Wirtschaftssystems gerecht zu werden. An diesem Punkt wurde die Wertschöpfung des Systems ausgedehnt und ein neuer Wirtschaftszweig entstand. Neben der Umwandlung von Rohstoffen in Konsumgüter wurden nun auch persönliche Beziehungen in käufliche Dienstleistungen umgewandelt.[16]

Dies scheint zunächst nicht weiter tragisch. Im Gegenteil, es ist sogar ausgesprochen praktisch, kommt es unserem Streben nach Unabhängigkeit doch sehr gelegen. Wenn mein Kind beispielsweise von einer Nachbarin, Bekannten, Verwandten oder Freundin gehütet wird, bin ich auf diese Person angewiesen und muss die Beziehung mit ihr pflegen, was durchaus anstrengend und nervig sein kann. Ich erlebe mich wieder als abhängig und öffne mich damit auch für enttäuschende Erfahrungen, wie ich sie vermutlich als Kind gemacht habe. Wird das gleiche Bedürfnis jedoch als Dienstleistung von einem Babysitter, einer Tagesmutter oder einem Kinderhort erfüllt, wird das Ganze zu einer geschäftlichen Transaktion. Die Notwendigkeit, eine Beziehung mit wechselseitigen Gefälligkeiten einzugehen, erübrigt sich oder wird zur reinen Formsache. Vor allem wird es mir jedoch gelingen, das Gefühl der Abhängigkeit auf Armeslänge zu halten, denn ein Dienstleister ist austauschbar. Ich habe die Macht, denn ich kann jederzeit kündigen und mir einen neuen Dienstleister suchen.

Das Tragische an dieser Entwicklung ist lediglich, dass sie uns in letzter Konsequenz in die Einsamkeit, Isolation und Beziehungslosigkeit führt. Wurden Bedürfnisse im abhängigen Stadium noch als Machtpotenzial erlebt, sind Bedürfnisse im unabhängigen Stadium vor allem Konsumpotenziale. Nicht umsonst wird aufwendigst Markforschung betrieben, um Kundenbedürfnisse auszuloten. Die Illusion der Macht bleibt damit bei uns als Konsument, in Wahrheit begeben wir uns jedoch in eine neue Art der Abhängigkeit: von einem industriellen System, das unsere Konsumgüter produziert, und von fremden Menschen, denen wir unverbindlich Dienstleistungen abkaufen können. Da jedoch eines unserer größten Bedürfnisse – nämlich jenes nach Beziehung – durch Konsum und Dienstleistungen nicht gedeckt werden kann, bleibt in uns eine Leere, die wir häufig nicht verstehen oder benennen können und auf die wir meist keine andere Antwort kennen, als sie mit Konsumgütern behelfsmäßig zuzukleistern.

Das lässt sich schon bei kleinen Kindern beobachten, denen statt Zuwendung Spielzeuge angeboten werden und die dann schnell süchtig nach dem kurzfristigen Dopamin-Kick werden, den eine Neuanschaffung auslöst.[17] Nur dieses kurze High ist intensiv genug, das wahre Bedürfnis kurzzeitig auszublenden. Sobald es weg ist, liegt das Spielzeug unbeachtet in der Ecke. Das liegt daran, dass das Spielzeug das eigentliche Bedürfnis nach Beziehung nicht erfüllen kann.

Ich möchte hier die Errungenschaften des industriellen Systems keinesfalls in Abrede stellen. Es kann sehr schön und praktisch sein, sich durch Konsum einen Wunsch oder ein Bedürfnis zu erfüllen. Worum es mir hier geht, ist die Bewusstmachung des zugrundeliegenden Prinzips oder dessen, was ich auch den Schatten der Unabhängigkeit nenne.

Unabhängigkeit ist dann schön, wenn sie mich wirklich frei macht, also auch frei, Beziehungen einzugehen und Bedürfnisse zu haben, die ich nicht selbst decken kann. So verstanden und gelebt, bekommen Bedürfnisse eine völlig neue Bedeutung. Sie sind hier weder Macht- noch Konsumpotenzial. Sie werden zu Beziehungspotenzial.

Bedürfnisse als Beziehungspotenzial

Als *beziehungsweise* Menschen sind wir uns unserer Bedürftigkeit bewusst und wissen zugleich, dass wir für diese verantwortlich sind.

Ersteres haben wir in der abhängigen Phase gelernt, zweiteres in der unabhängigen. Wir wissen jedoch auch, dass wir viele Bedürfnisse haben, die wir uns nicht selbst erfüllen können – wie jeder andere Mensch auch. Und wir wissen außerdem, dass ein einziger Mensch allein unmöglich all unsere Bedürfnisse erfüllen kann, selbst wenn er es versuchen würde. Wir sind interdependent – im positiven Sinne aufeinander angewiesen und dadurch verbunden.

Die Tatsache, dass wir andere brauchen, ist hier kein Problem mehr. Wir wissen, wir schön es ist, von anderen Menschen zu empfangen und ihnen zu schenken. Es fällt uns leicht, um etwas zu bitten, weil wir wissen, dass wir damit dem anderen die Gelegenheit geben, seine Gaben zu teilen – was auch eines der Grundbedürfnisse jedes Menschen ist.

Genauso schön ist es, von anderen um etwas gebeten zu werden. Es ist immer auch eine Einladung an uns, unsere Geschenke und Gaben mit der Welt zu teilen. Da wir wissen, dass der andere für seine Bedürfnisse verantwortlich ist und nicht wir, können wir jederzeit *„Nein"* sagen.

Indem wir lernen, uns unserer Bedürfnisse bewusst zu werden und diese respektvoll und ehrlich zu äußern, öffnen wir uns für die Möglichkeit eines erfüllenden, liebevollen Austausches mit anderen. In diesem Prozess erkennen wir auch, was uns als Menschen ausmacht und wie ähnlich wir uns im Grunde genommen alle sind. Der indianische Älteste Manitonquat formulierte das einmal so: *„Eigentlich wollen wir alle so ziemlich das Gleiche: Wir wollen glücklich sein, wir wollen mit Menschen zusammen sein, die wir lieben und die uns lieben, wir wollen, dass unsere Lieben sicher sind, wir wollen uns um unsere Kinder kümmern."*[18]

Das mag sich jetzt alles sehr nach heiler Welt anhören und weit von deiner eigenen Erfahrung entfernt liegen – oder vielleicht auch nicht, wer weiß. Für mich war der Weg in diese Wirklichkeit ein ganz organischer Prozess, als ich erkannte, dass ich kein Übermensch sein muss, um erfüllte Beziehungen zu leben, sondern mich den in mir vergrabenen Schätzen liebevoll und verantwortungsvoll zuwenden kann. Dies war – wie gesagt – wie mit dem Fahrrad den Berg herunterzufahren, den ich all die Jahre zuvor mühsam erklommen hatte: aufregend, befreiend, fast ein bisschen wie fliegen und natürlich auch ein bisschen beängstigend.

Vergrabene Schätze

Ich nenne Bedürfnisse gerne vergrabene Schätze, denn haben wir erst einmal erkannt, was Bedürfnisse wirklich sind, nämlich Beziehungspotenzial, dann wird uns auch klar, dass sie eigentlich Einladungen sind, um unser tiefstes Bedürfnis überhaupt zu stillen: das Bedürfnis nach Verbindung.

Anhänger des Unabhängigkeitsmythos vertreten gerne die Ansicht, dass Verbindung und Beziehung auch ohne Abhängigkeit möglich sind, ja dass wirkliche Beziehung sogar erst möglich wird, wenn wir einander nicht mehr brauchen. Betrachtet man diese These vor dem Hintergrund der missbräuchlichen, ausbeuterischen und übergriffigen abhängigen Beziehungsmuster, die in den letzten Jahrtausenden unsere Geschichte bestimmten, dann hat sie sicher ihre Berechtigung. Doch betrachtet man die Beziehungslosigkeit, Unverbindlichkeit und Beliebigkeit, die heute in Sozialstrukturen vorherrschen, in denen ein hohes Maß an

ÜBUNG 6: Forschungsreise in die Kindheit

Nimm dir in Ruhe etwas Zeit, um in deiner Erinnerung in deine eigene Kindheit zurückzureisen. Mach es dir bequem und stelle sicher, dass du für eine Weile ungestört bist. Wenn du magst, kannst du ein Tagebuch bereitlegen, in dem du dir auf deiner Reise oder danach Notizen machen kannst. Das muss aber nicht sein.

Schließe zunächst deine Augen, mache einige tiefe Atemzüge und entspanne dich. Lasse deine Erinnerung dann zurückgleiten in deine Kindheit, vielleicht in die Grundschulzeit, vielleicht auch noch davor. Guck einfach, was auftaucht, und vertraue dem. Wie war es, damals etwas zu brauchen? Wie hat deine Umgebung auf deine Bedürfnisäußerungen reagiert? Welches Gefühl hat sich in dir in Bezug auf deine Bedürfnisse entwickelt? Hast du gelernt, dass es sicher, in Ordnung und normal ist, Bedürfnisse zu haben, dass du diese äußern darfst, auch wenn sie vielleicht konträr zu denen deiner Bezugspersonen sind? Oder hast du gelernt, dass es gefährlich, schlecht oder selbstsüchtig ist, Bedürfnisse zu haben? Wurde die Erfüllung deiner Bedürfnisse an Bedingungen geknüpft und dadurch ein Machtanspruch durchgesetzt?

Beobachte einfach, welche Erkenntnisse, Erinnerungen und Gefühle in dir auftauchen. Wenn du magst, mach dir dazu Notizen oder erzähle jemandem davon, der dir neutral und liebevoll zuhören kann. In dieser Übung geht es nicht darum, irgendetwas zu verändern. Allein dadurch, dass dir bestimmte Aspekte bewusst werden, verändern sie sich. Bleibe also in deiner Recherche möglichst wertungsfrei, wie ein Archäologe, der bei seinen Grabungen methodisch, präzise und wissenschaftlich arbeitet, um die wertvollen Funde im Eifer seiner Entdeckerfreude nicht zu beschädigen oder vorzeitig als wertlos zu entsorgen.

Unabhängigkeit propagiert wird, erkennt man auch die klaren Grenzen bzw. den Schatten dieser Theorie.

In der Unabhängigkeit sind Begegnungen möglich, keine Beziehungen. Beziehungen sind die Verbindungen, die durch ein Geben und Nehmen entstehen, das über die Beliebigkeit hinausgeht, das in jene Schichten vordringt, wo wir einander wirklich brauchen.

Beziehung entsteht, wenn wir die Entscheidung treffen, dass uns jemand wichtig ist, und zulassen, dass er diese Entscheidung über uns trifft, sodass wir austreten können aus dem Gefängnis unseres Einzelkämpfertums. Und dort können wir wieder jene wunderbare, paradiesische Erfahrung machen, dass wir erhalten, wenn wir brauchen, und dass alles im Überfluss vorhanden ist. Genauso können wir erfahren, dass wir keine hilflosen kleinen Wesen mehr sind, die gleich zugrunde gehen, wenn ihre Bedürfnisse nicht erfüllt werden.

Wenn wir einmal herausgefunden haben, wie schön es ist, andere Menschen um Unterstützung zu bitten und zu wissen, dass wir auch klarkommen, wenn die Antwort „*Nein*" lautet, kann es schon bald passieren, dass wir immer häufiger auf Menschen zugehen. Statt ein Leben auf Sparflamme, wo wir nur im Ausnahmefall um Unterstützung bitten, öffnen wir uns in die Fülle des Lebens. Eine ganz neue Frage taucht auf: Klar kann ich es allein – aber will ich das auch?

Leben im Überfluss

Auch bei Bedürfnissen, die wir uns ganz allein erfüllen können – muss das wirklich immer sein? Ist es nicht zuweilen viel schöner, wenn wir andere darum bitten können, es für uns zu tun? Nehmen wir ein klassisches Beispiel: Natürlich kann ich mir, wenn ich einigermaßen gelenkig bin, meinen Rücken selbst mit Sonnencreme einschmieren. Na ja, vielleicht nicht ganz so gut wie jemand anderes das könnte – außer ich habe ganz fleißig Yoga gemacht –, aber immerhin, es geht. Aber ist es nicht viel schöner, wenn jemand anderes mir den Rücken eincremt? Wie ein Seminarteilnehmer es mal formulierte: „*Klar können wir Wasser trinken, aber warum sollten wir, wenn es auch Champagner gibt?*“

Hierzu möchte ich eine kleine Anekdote erzählen. Sie handelt von einer Freundin meiner Mutter, einer sehr kompetenten Frau, die ihr Leben selbstbestimmt lebt und im gesamten Freundeskreis für ihre vielfältigen Talente geschätzt ist – unter anderem auch handwerklicher Art. Sie hatte im Laufe der Jahre ganze Häuser quasi im Alleingang restauriert – in ihrer Freizeit.

Eines Tages galt es, bei ihr zu Hause eine Lampe anzuschließen, und es stellte sich heraus, dass sie das nicht konnte. Ihr Sohn kam vorbei, um die Lampe anzuschließen, und bot ihr zugleich an, ihr beizubringen, wie das geht. Sie winkte zu meinem großen Erstaunen ab. Ich war verblüfft und erklärte ihr, dass das gar nicht schwierig sei und sie das bestimmt ohne Weiteres lernen könnte. Sie entgegnete nur: „*Weißt du, ich möchte das gar nicht lernen. Wenn ich das auch noch kann, dann muss ich das auch noch machen. Das ist ganz wunderbar, wenn ich manche Dinge nicht kann, dann muss das jemand anderes machen.*“

Sie hatte offenbar entdeckt, wie schön es ist, wenn wir andere darum bitten, Dinge für uns zu tun, und dieses Bedürfnis dann auch erfüllt bekommen. Für mich war das damals eine sehr überraschende Einstellung, war ich selbst doch noch sehr darauf aus, nach Möglichkeit auf niemanden angewiesen zu sein. Übung 7: Bitte jemanden unnötigerweise um Hilfe, ist eine Einladung an dich, das auch mal auszuprobieren.

Uns für die Fülle zu öffnen, die mit einer bewussten Abhängigkeit einhergeht, bedeutet auch, uns unserer eigenen Verletzlichkeit zu öffnen. Das ist zunächst ungewohnt und kann sich ganz schön

ÜBUNG 7: Bitte jemanden unnötigerweise um Hilfe

In der kommenden Woche bitte mindestens drei Mal jemanden um Unterstützung bei einer Aufgabe, die du eigentlich auch alleine bewältigen könntest. Wähle hierbei entweder eine Aufgabe, die gemeinsam mehr Freude macht, oder eine, die dein Leben einfacher oder schöner macht. Vielleicht bittest du eine Freundin, dich beim Einkaufen zu begleiten und mit dir die Tüten nach Hause zu tragen. Oder du fragst einen kräftigen jungen Mann im Zug, ob er dir deinen Koffer auf die Gepäckablage hebt, obwohl du das auch selber kannst. Für ihn ist es vermutlich einfacher. Beobachte, wie es dir und der anderen Person dabei geht – wenn du dann die gewünschte Unterstützung bekommst oder auch wenn nicht.

bedrohlich anfühlen. Es ist jedoch auch ein großes Geschenk, denn in dieser Verletzlichkeit offenbaren sich ganz neue Seiten von uns, zu denen wir womöglich noch nie Zugang hatten. Diese Öffnung kann ein erster Schritt auf dem Weg in ein neues Miteinander sein – vor allem dann, wenn man wie ich jahrelang das Heil in der Unabhängigkeit gesucht hat.

Doch neben diesem gibt es noch viele andere Schritte, die wir gehen können, um die für uns passende Beziehungsmatrix zu entwickeln. In Teil II, *Schritte in ein neues Miteinander*, beleuchte ich verschiedene innere und äußere Schritte, die alle in den Raum der Beziehungsfähigkeit führen. Ich gehe davon aus, dass manche dieser Schritte für dich wichtiger sein werden als andere – doch das kannst natürlich nur du einschätzen.

Die ersten beiden Kapitel befassen sich mit dem spannenden Thema Partnerwahl – mit wem gehen wir eigentlich warum Beziehungen ein und welche Konsequenzen hat dies? Kapitel 3 wendet sich der nicht minder spannenden Frage zu, was wir eigentlich wirklich wollen und wie wir das herausfinden können. Die Kapitel 4 und 5 gehen auf die Themen Begegnungsebenen und Umgang mit Konflikten ein.

Um dich darin zu unterstützen, die dargelegten Inhalte gut zu integrieren, ist dies vielleicht ein guter Zeitpunkt, um in der Lektüre dieses Buches innezuhalten. Du könntest zum Beispiel die eine oder andere Übung aus Teil I nachholen, die du vielleicht im Eifer des Leseflusses übersprungen hast oder dich mit den Reflexionsfragen befassen, die am Ende jedes Kapitels standen, bevor du dich Teil II zuwendest.

REFLEXIONSFRAGEN

1. Wie gut nutzt du dein Beziehungspotenzial?
2. Welche Bedürfnisse schlummern noch als unerschlossenes Potenzial in dir?
3. Für welche Art von Verbindung könnte dieses Bedürfnis ein Fenster sein, für welche Art von Beziehung ein Potenzial? Vielleicht geht es gar nicht darum, eine neue Beziehung zu knüpfen, sondern einen verborgenen Schatz in einer bestehenden Verbindung zu heben.

TEIL 2

Schritte in ein neues Miteinander

1 *Passen wir überhaupt zusammen?*

In Teil I habe ich wieder und wieder betont, dass unsere neu gewonnene Unabhängigkeit uns nie dagewesene Freiräume schenkt, unsere Beziehungen bewusst zu wählen und damit auch unsere Abhängigkeiten zu gestalten. Doch nach welchen Kriterien wählen wir Beziehungen überhaupt aus? Oder noch grundlegender gefragt: Wie entstehen Beziehungen eigentlich? Auch hier hat sich ja in den letzten Jahrhunderten viel getan. Wurden Ehepartner früher nach rein pragmatischen Kriterien ausgesucht, zählt heute vor allem eines: die romantische Liebe! Doch leider scheinen wir mit dieser Strategie nicht allzu gut zu fahren. Oder vielleicht doch?

Ich erinnere mich lebhaft an eine Diskussion mit einem Mitschüler indischer Abstammung, die binnen kürzester Zeit die ganze Klasse in ihren Bann zog. Wir werden damals alle etwa sechzehn Jahre alt gewesen sein und hatten natürlich vor allem ein Thema im Kopf: Liebe und Sexualität. Mein Klassenkamerad – in den USA geboren und aufgewachsen – besaß den Mut, vor der ganzen Klasse internationaler Schüler den Standpunkt zu vertreten, dass es richtig sei, wenn die Eltern die Ehepartner der Kinder auswählen. Er selbst – so sagte er – habe vor, seinen Eltern diese wichtige Aufgabe zu überlassen.

Meine amerikanischen oder zumindest amerikanisch sozialisierten Klassenkameraden waren empört. Sie konnten nicht aufhören, sich aufzuregen. Auch er geriet in Rage und argumentierte seinen Standpunkt immer energischer. Am lebhaftesten erinnere ich mich an seine Aussage, dass seine Eltern ihn am besten kennen würden, viel mehr Lebenserfahrung hätten als er und daher viel besser als er selbst beurteilen könnten, worauf bei einer zukünftigen Ehefrau zu achten wäre. Meine Mitschüler explodierten. Schließlich waren wir alle in einem Alter, wo wir eher den Eindruck hatten, unsere Eltern wären die letzten Menschen auf diesem Planeten, die uns kennen, geschweige denn unsere wirklichen Bedürfnisse verstehen würden!

Ich habe den Kontakt zu dem Jungen verloren und weiß daher nicht, ob er sein Vorhaben in die Tat umgesetzt hat und auch nicht, ob er damit glücklich geworden ist. Doch das Gespräch ist mir im Kopf geblieben. Einige Jahre später lebte ich selbst in Indien und hatte die Gelegenheit, mit mehreren Indern über dieses Thema zu sprechen. Tatsächlich war es meine indische Schwiegermutter, die mir erklärte, dass wir Europäer die indische Einstellung zur Liebe einfach nicht verstehen könnten.

Liebe, so sagte sie, sei im Verständnis der Inder etwas, das sich nach und nach entwickle. Zwei Menschen müssten grundsätzlich gut zusammenpassen, was tatsächlich die Eltern und Verwandten – meist mithilfe von Astrologen – sehr gut beurteilen könnten, und dann sei es ihre Aufgabe, Liebe zu erlernen. Ein unübersehbarer Vorteil dieses Arrangements sei zweifellos, dass man mit viel weniger Erwartungen in die Ehe starte als bei unserem Modell. Zumindest in diesem letzten Punkt konnte ich ihr nur zustimmen. Er reichte jedoch nicht aus, um mich von den Vorzügen einer arrangierten Ehe zu überzeugen, was mich nicht wirklich verwundert. Schließlich wurde ich bereits in jungen Jahren mit Propaganda überschüttet, die mir ein ganz bestimmtes Bild von Liebe und Partnerschaft vermittelte. Und auch wenn ich schon immer eine gewisse Abneigung gegen den süßlich weichen Kitsch hegte, der da kilometerweise auf Zelluloid gebannt wurde, ich bin mir sicher, dass ich mich seiner Wirkung nicht erwehren konnte. Die Rede ist von der großen, der allergrößten, der fantastischsten aller Geschichten: der romantischen Liebe.

Romantik!

Hollywood hat in den letzten hundert Jahren viel Zelluloid darauf verbraucht, uns das Ideal der romantischen Liebe schmackhaft zu machen. Wir alle wissen heute, wie die Geschichte ausgehen muss, wenn zwei Menschen sich wie magisch zueinander hingezogen fühlen. Früher konnte man seine Hand dafür ins Feuer legen, dass sie keine 90 Minuten später glücklich vermählt sein würden. Heute wird nicht mehr ganz so dick aufgetragen – doch dass die beiden zueinanderfinden und erkennen, dass sie zusammengehören oder es zumindest miteinander versuchen sollten, ist auch heute noch Standard. Die mehr oder weniger subtile Lektion, die wir damit über Partnerwahl erhalten haben, ist jene, dass unsere Verliebtheit der einzig zuverlässige Indikator dafür ist, ob jemand zu uns passt oder nicht.

Leider hat sich diese Lektion bei dem berühmten Transfer von der Theorie in die Praxis als wenig haltbar erwiesen. Der Hormonrausch vergeht nach etwa 18 Monaten und wo zuvor noch ein nahezu krankhaft niedriger Serotoninspiegel für einen seelischen Ausnahmezustand sorgte, kehrt nicht selten Ernüchterung ein.[19] Schlimmstenfalls ist es wie der Morgen nach einem rauschenden Fest, wenn man bemerkt, dass die Wohnung einem Schlachtfeld gleicht. Bestenfalls reibt man sich leicht verwundert die Augen, wenn man feststellt, dass Prince Charming ein Doppelkinn hat oder gar nicht zuhören kann – oder andere weniger charmante Seiten hat, die einem vorher partout nicht aufgefallen waren. Die berühmte Verliebtheit hilft uns da auch nicht mehr wirklich weiter, denn sie ist: vorbei.

Die Idee der romantischen Liebe ist noch nicht besonders alt – gerade mal ein paar hundert Jahre. Und noch viel jünger ist die Idee, dass romantische Verliebtheit tatsächlich ein gutes Kriterium ist, um einen Partner fürs Leben auszuwählen. Ein gutes Beispiel dafür, wie es noch vor relativ kurzer Zeit auch bei uns ganz anders ablief, ist die Geschichte meiner Urgroßeltern, die ich hier als Beispiel heranziehen möchte.

Es war einmal …

Mein Urgroßvater fand meine Urgroßmutter Anfang des 20. Jahrhunderts mittels einer Zeitungsannonce. Diese war so unromantisch, wie man sich das nur vorstellen kann: „*Katholischer Jungmann sucht anständiges und tüchtiges katholisches Mädchen zwecks Heirat*" soll dringestanden haben. Sie meldete sich, die beiden trafen sich und konnten sich anscheinend gut leiden. Sie war tatsächlich so tüchtig, anständig und katholisch wie er und die Ehe hielt ein Leben lang. Die beiden hatten acht Söhne und überstanden zusammen zwei Weltkriege.

Der ungeschriebene Vertrag, der die beiden zusammenhielt, war denkbar einfach und geradeheraus. Ihre Tüchtigkeit und Anständigkeit waren tatsächlich die wichtigsten Merkmale, da es ihnen ihre dringlichsten Bedürfnisse erfüllte: eine Familie zu gründen, die Bäckerei zu bewirtschaften und damit die Familie zu versorgen. Die Tatsache, dass beide katholisch waren, sorgte für ein enges, kompatibles Regelkorsett, in dem jeder wusste, was er zu tun und zu lassen hatte. Aus dieser kleinen Geschichte, wie sie vor hundert Jahren noch ganz normal war, können wir einiges über Beziehungen lernen – gerade weil es heute scheinbar so ganz anders läuft. Doch der Schein trügt. Manches läuft sicher ganz anders, doch vieles ist gleich geblieben. Zum Beispiel was Beziehungen eigentlich entstehen lässt.

Wie Beziehungen entstehen

Die Beziehung meiner Urgroßeltern war stabil und erfolgreich, da die Bedürfnisse der beiden gut zusammenpassten. Sie gaben einander das, was sie am dringlichsten brauchten — und vielleicht auch einiges mehr, wer weiß. Auch heute entstehen Beziehungen dadurch, dass Menschen sich gegenseitig Bedürfnisse erfüllen. Hierbei kann es sich um ganz einfache, geradezu banale Bedürfnisse handeln oder um hoch anspruchsvolle, sehr spezifische Anliegen. Je wichtiger und vielleicht auch spezieller die Bedürfnisse, die zwei Menschen sich erfüllen, desto wichtiger ist ihnen die Beziehung. Bei meinen Urgroßeltern war dieser Faktor gegeben: Sie erfüllten einander ganz existenzielle Bedürfnisse, indem sie gemeinsam ihren Lebensunterhalt bestritten und eine Familie versorgten. Damit war die Beziehung für beide von zentraler Bedeutung.

Doch auch weniger harmonische Beziehungen beruhen immer auf irgendeiner Bedürfniskompatibilität, also darauf, dass die Bedürfnisse von zwei oder mehr Menschen zusammenpassen wie die Teile eines Puzzles oder das berühmte Deckelchen auf sein Töpfchen. Jede einzelne Beziehung in unserem Leben beruht auf irgendeiner Bedürfniskompatibilität – die Beziehung zur Kassiererin an der Supermarktkasse genauso wie die Beziehung zu unseren Kindern.

Die Kassiererin an der Supermarktkasse hat das Bedürfnis, Geld zu verdienen. Dieses Bedürfnis erfüllt sie sich, indem sie einen Job im Supermarkt ausübt. Ich habe das Bedürfnis, Lebensmittel zu kaufen, wobei ich auf jemanden angewiesen bin, der kassiert und Lebensmittel in die Regale räumt. Unsere Kinder haben – neben vielen anderen Bedürfnissen – das dringende Bedürfnis, umsorgt zu werden. Ich habe – ebenso neben vielen anderen Bedürfnissen – den Wunsch, sie zu umsorgen. Diese Überlegung lässt sich für jede einzelne Beziehung in unserem Leben anstellen und immer werden wir feststellen, dass die Beziehung durch irgendeine Bedürfniskompatibilität zustande kommt. Übung 8, Bedürfnisse formen Beziehungen, ist eine Gelegenheit, das spielerisch zu erforschen.

Alles Ego oder was?

Manch einem mag es sehr egoistisch erscheinen, Beziehungen auf die gegenseitige Deckung von Bedürfnissen zu reduzieren. Es passt so gar nicht zu manch einem hehren Ideal, das wir über uns selbst und das Menschsein im Allgemeinen hegen. Dieser Eindruck relativiert sich, wenn klar wird, dass es sich bei Bedürfnissen um weit

ÜBUNG 8: Bedürfnisse formen Beziehungen

1. Auf einem Blatt Papier mache drei Spalten mit den Überschriften *„sehr wichtig"*, *„wichtig"* und *„nicht so wichtig"*.
2. Nun schreibe eine beliebige Auswahl von fünf bis zehn Beziehungen in diese drei Spalten, je nachdem wie wichtig diese sind. Meine Beziehung zur Kassiererin an der Supermarktkasse würde ich beispielsweise unter „nicht so wichtig" zuordnen, jene zu meinen Kindern hingegen unter „sehr wichtig".
3. Für jede Beziehung notiere nun spontan ein bis fünf Bedürfnisse, die für dich und für die andere Person durch eure Verbindung gestillt werden.
4. Wenn du magst, überlege außerdem, welche Bedürfnisse in der jeweiligen Beziehung vielleicht nicht gestillt werden, obwohl du oder die andere Person sich das wünschen würden.

mehr handelt als um den Wunsch, etwas zu bekommen, das wir haben wollen oder brauchen. Genauso wichtig sind jene Bedürfnisse, die man gemeinhin als altruistisch bezeichnet: etwa das Bedürfnis, unsere Gaben mit der Welt zu teilen, das Bedürfnis, für andere zu sorgen oder das Bedürfnis, einen Beitrag zu leisten.

Doch was ist mit der berühmten bedingungslosen Liebe, was mit dem selbstlosen Geben einer Mutter Teresa oder eines Mahatma Gandhi? Zu dem Thema der bedingungslosen Liebe kommen wir in Teil III noch. Was Mutter Teresa oder Mahatma Gandhi betrifft, die sich pausenlos und scheinbar unermüdlich für die Ärmsten der Armen eingesetzt und Unrecht bekämpft haben, so hatten beide das dringende Bedürfnis, auf dieser Welt eine Veränderung zu bewirken. Mutter Teresa hatte das Bedürfnis, die Not der Ärmsten zu lindern. Viele Arme hatten das dringende Bedürfnis, Linderung ihrer Not zu erfahren. Dadurch war eine klassische

Bedürfniskompatibilität gegeben – wodurch Beziehung entstand. Ihr Bedürfnis war kein egoistisches Bedürfnis – doch es war trotzdem ein Bedürfnis.

Das Geheimnis harmonischer Beziehungen

Je besser zwei Menschen in ihrem Bedürfnisprofil zueinanderpassen, desto harmonischer ist die Beziehung von Haus aus, ohne dass die beiden groß beziehungsfähig sein müssen. Das erklärt beispielsweise, warum manche Ehen über Jahrzehnte ungeheuer harmonisch sind, ohne dass man den beiden notwendigerweise große Sozialkompetenzen zuschreiben würde. Clevere Onlinedatingportale nutzen inzwischen ausgefeilte Fragebögen oder sogar Persönlichkeitsanalysen, um potenzielle Partner per Datencheck aufeinander abzustimmen – und zwar in einem Umfang, der nie zuvor in der Geschichte der Menschheit möglich war. Meine Urgroßeltern hatten diese Möglichkeit noch nicht, doch sie brauchten sie offenbar auch nicht. Durch ihre katholische Herkunft hatten meine Urgroßeltern sozusagen standardisierte Bedürfnisprofile, die perfekt zueinanderpassten: ein klares, aufeinander abgestimmtes Rollenverständnis von Mann und Frau, einen Wertekanon, der keine Fragen offenließ. Dadurch war die Beziehung harmonisch – auch wenn sie zwischen acht Söhnen, zwei Weltkriegen und einer eigenen Bäckerei vielleicht nie Gelegenheit hatten, darüber nachzudenken.

Wenn es funkt und kracht

Bei schwierigen oder spannungsgeladenen Beziehungen passen oft einige wichtige Bedürfnisse sehr gut zusammen und andere, schlimmstenfalls nicht minder wichtige Bedürfnisse, ganz und gar nicht. Ein klassisches Beispiel hierfür ist eine starke erotische Anziehung zwischen zwei Menschen, die in einer leidenschaftlich feurigen Sexualität wunderbar ausgelebt werden kann. Hier haben sich zwei Bedürfnisse gesucht und gefunden – er will sie, sie will ihn. Oder der Vollständigkeit halber: sie will sie oder er will ihn. So oder so: Alles ist super.

Zugleich haben die beiden vielleicht sehr unterschiedliche Bedürfnisse, was ihren Lebenswandel angeht oder ihre sonstige Beziehungsgestaltung. Sie ist eine emanzipierte, selbstbestimmte Frau, er wünscht sich jemanden, der ihm den Rücken freihält, während er seine Selbstständigkeit aufbaut. Sie wünscht sich eine Familie, er will noch warten – um nur zwei klassische Konfliktfelder zu nennen.

Aufgrund ihrer starken erotischen Anziehung können sie kaum voneinander lassen. Wegen ihrer sehr unterschiedlichen Bedürfnisse scheint eine gemeinsame Lebensgestaltung hingegen kaum möglich. In solch einer Konstellation ist eine leidenschaftliche Affäre vielleicht genau das Richtige, eine Heirat wäre wohl kaum von Erfolg gekrönt. Doch es ist nicht immer leicht, sich das einzugestehen und wirklich ehrlich miteinander zu sein – oder uns selbst gegenüber. Daher gibt es immer noch genug Paare, die sich genau von so einer Hormonwelle vor den Altar spülen lassen. Schließlich ist es ja das, was wir gelernt haben: Prickeln heißt, sie ist es! Tadaa!

Die Rolle der sozialen Kompetenz

Nun habe ich zwei Extreme skizziert. Auf der einen Seite die total harmonische Ehe, wo zwei Menschen eine dermaßen hohe Bedürfniskompatibilität haben, dass sie über Jahrzehnte glücklich und zufrieden zusammenleben können, ohne sich in endloser Nabelschau oder gar Paartherapie ergehen zu müssen. Auf der anderen Seite die konfliktgeladene Beziehung zwischen zwei Menschen, die sich zwar ein dringendes Bedürfnis erfüllen, jedoch in einem anderen Bereich so konträre Bedürfnisse haben, dass Beziehung erheblich erschwert wird. Solche Extreme sind hilfreich, um Grunddynamiken zu verdeutlichen, und ich kenne lebhafte Beispiele von beidem. Dennoch treten sie in den meisten Beziehungen wohl nicht in diesem Extrem auf – und das ist vermutlich auch gut so. In den meisten Beziehungen haben wir es mit einer Mischung aus Bedürfniskonflikt und -kompatibilität zu tun.

Je höher der Anteil der Kompatibilität und je wichtiger die Bedürfnisse, die kompatibel sind, desto stabiler und konfliktärmer ist logischerweise die Beziehung. Je höher der Anteil der Bedürfnisse, die nicht zusammenpassen, desto anspruchsvoller ist die Beziehung – und desto höher sind auch die Anforderungen an unsere Beziehungsfähigkeit. In der Praxis bedeutet dies schlicht und ergreifend, dass konträre Bedürfnisse in Beziehungen Zeit und Energie kosten. Diese Faustregel gilt für jede Art von Beziehung, privat wie beruflich. Sie gilt auch unabhängig davon, ob wir gut darin sind, konstruktiv mit diesen Unterschieden umzugehen oder nicht.

Wenn wir eine gut ausgebildete soziale Kompetenz haben, werden wir aktiv Zeit und Energie investieren, um gemeinsam verbindende Lösungen für unsere Unterschiede zu finden. Dadurch kann auch eine Beziehung mit großen Bedürfniskonflikten harmonisch sein, besonders wenn alle Beteiligten eine hohe Sozialkompetenz haben. Wenn es um unsere Sozialkompetenz weniger gut bestellt ist oder wir einfach keine Lust haben, diese Energie zu investieren, bekommen wir die Rechnung meist binnen kürzester Zeit in Form von eskalierenden Konflikten, die uns dann ganz unverhofft genau jene Aufmerksamkeit abverlangen, die wir ihnen vorenthalten wollen.

Wie viel Bedürfniskonflikt eine Beziehung verträgt, hängt also von zwei Faktoren ab: der Sozialkompetenz aller Beteiligten und ihrer Bereitschaft, Zeit und Energie in den konstruktiven Umgang mit ihren Unterschieden zu investieren. Auch hier gibt es kein Richtig oder Falsch, es ist eine Frage der Bedürfnisse. Der eine findet es aufregend, mit sehr unterschiedlichen Menschen in Beziehung zu sein, und investiert gerne das erforderliche Maß an Energie. Ein anderer wünscht sich vor allem stabile, harmonische Beziehungen, die ihm ein gutes Fundament für seine Lebensgestaltung bieten.

Was Beziehungen stabil macht

Als die Eltern einer Freundin sich Anfang der 1980er-Jahre scheiden ließen, wurden die beiden wie üblich vor Gericht gefragt, ob sie ihre Ehe für gescheitert hielten. Der Mutter erschien diese Frage nach mehreren im Großen und Ganzen sehr glücklichen Jahren absurd. Sie scheute sich daher nicht, den Richter zu korrigieren: *„Meine Ehe ist nicht gescheitert“*, stellte sie klar, *„sie ist vorbei.“* Die beiden wurden dennoch glücklich geschieden und blieben noch über Jahrzehnte in Kontakt – nicht zuletzt, weil sie gemeinsam ein Kind großzogen. Sie hatten nichts gegeneinander, sie hatten sich jedoch im Laufe ihrer Ehe dermaßen verändert, dass ihre Bedürfnisse nicht mehr zusammenpassten.

Wären sie in der Ehe geblieben, hätten sie lediglich einen Schein aufrechterhalten können. Wegen fehlender Bedürfniskompatibilität wäre keine wirkliche Beziehung mehr gegeben gewesen. Dadurch wäre es bei beiden über kurz oder lang zu massiven Defiziten gekommen. Genau jene Bedürfnisse, die üblicherweise von unseren engsten Beziehungen gedeckt werden, wären ins Leere gelaufen und hinter der schönen Fassade verkümmert.

Diese kleine Anekdote verdeutlicht für mich sehr schön, dass unser Denken und damit unsere Gesetze noch nicht mit den aktuellen Entwicklungen unserer Beziehungslandschaften aufgeschlossen haben. Die Beziehung meiner Urgroßeltern war sehr stabil, da ihre Weltanschauung und damit ihre Bedürfnisse sich über die Jahrzehnte nicht maßgeblich veränderten. Das war damals normal.

Heute ist es das ganz und gar nicht. Wir leben nicht nur immer länger, wir verändern uns auch im Laufe unseres Lebens viel häufiger und tiefgreifender, als dies früher der Fall war. Und sowie wir uns verändern, verändern sich auch unsere Bedürfnisse. Und sowie unsere Bedürfnisse sich verändern, verändert sich auch, mit wem wir wie zusammenpassen. In der Paarforschung spricht man daher von Lebensabschnittspartnern.[20] Doch eine *„Ehe auf Zeit"*, die sich nach einer bestimmten Anzahl von Jahren annullieren lässt, ohne dass diese Jahre daher geringschätzend als gescheitert abgetan werden müssen, gibt es laut meiner Recherche noch nicht. Lediglich die zunehmende rechtliche Gleichstellung eheähnlicher Partnerschaften – im englischsprachigen Raum auch als Common-Law Marriage bezeichnet – gehen in diese Richtung.

Doch auch wenn wir an dem traditionellen Modell der Ehe auf Lebenszeit festhalten wollen, tun wir gut daran, uns mit dem Thema Bedürfniskompatibilität zu befassen. Es kann ja tatsächlich so sein, dass zwei Menschen sich vor allem eine Bindung wünschen, die ein Leben lang hält, und dass diesem einen Bedürfnis alle anderen Bedürfnisse untergeordnet werden. Solange die beiden in diesem Punkt zusammenpassen und das für beide so wichtig ist, kann dies ausreichen, um eine Beziehung aufrechtzuerhalten.

Oft beobachtet man auch, dass zwei Menschen das übergeordnete Bedürfnis haben, ihre Kinder gemeinsam großzuziehen. Wenn sie sich darin einig sind und dieses Bedürfnis tatsächlich so zentral ist, dass alles andere hinten ansteht, wird auch dies ausreichen, um eine Beziehung aufrechtzuerhalten, bis die Kinder aus dem Haus sind. In beiden Fällen – der traditionellen Ehe, bis dass der Tod uns scheide, und der Verpflichtung, in einem Haushalt gemeinsam Kinder großzuziehen – tun sie jedoch gut daran, einander maximale Freiräume in all jenen Bereichen einzuräumen, in denen sie im Laufe der Zeit offenbar nicht mehr zusammenpassen.

Wie du dir das Leben einfach machen kannst

Wie zuvor bereits erwähnt, besteht das Geheimnis harmonischer Beziehungen vielfach darin, dass eine hohe Bedürfniskompatibilität zwischen den jeweiligen Personen besteht. Harmonische Beziehungen haben den großen Vorteil, dass sie wesentlich weniger anstrengend sind als konfliktgeladene. Es ist zwar möglich, auch mit großen Unterschieden oder scheinbaren Konflikten in unseren Bedürfnissen so respektvoll und gut umzugehen, dass die Beziehung dennoch harmonisch ist, es braucht jedoch unweigerlich wesentlich mehr Zeit und Energie, als wenn eine hohe Kompatibilität gegeben ist.

Eine der einfachsten Methoden, uns das Leben leichter zu machen, ist also unsere Beziehungen so auszuwählen, dass eine möglichst hohe Bedürfniskompatibilität gegeben ist. Dein Arbeitgeber liebt pünktliche, zuverlässige und akkurate Buchhaltertypen, während du dein kreatives Potenzial entfalten willst? Vielleicht nicht die beste Kombination. Dein Partner sieht das Leben als großes Abenteuer und einen Tag ohne Party als vergeudeten Tag, während du nach Selbstverwirklichung strebst? Solange ihr einander euer Ding machen lassen könnt, ohne einander zu verurteilen und noch genügend andere Bereiche habt, in denen ihr kompatibel genug seid, dass Beziehung bestehen bleibt, ist das kein Problem. Wenn ihr jedoch beide das dringende Bedürfnis habt, eure Abenteuerlust bzw. Selbstverwirklichung mit eurem Partner zu teilen, ist auch diese Kombination vielleicht nicht optimal.

Nun habe ich eine wahre Lobeshymne auf Beziehungen mit einer hohen Bedürfniskompatibilität gesungen. Und tatsächlich war es für mich in meinem Leben eine wichtige Entdeckung, dass Beziehungen einfach harmonisch sein können – und fertig. Herrlich!

Zugleich oder gerade deswegen möchte ich es nicht versäumen, auch die Vielfalt und Unterschiedlichkeit in Beziehungen zu würdigen. Konflikte sind befruchtend, wenn wir wissen, wie wir konstruktiv mit ihnen umgehen. Unterschiede beflügeln uns und wir können einander gerade in unserer Verschiedenheit wunderbar ergänzen. Ich sage *können*, denn oft ist es ein schmaler Grat zwischen einem ergänzenden Miteinander und einem nervenaufreibenden Kleinkrieg. Ob wir uns in einer Beziehung auf der einen oder auf der anderen Seite dieses schmalen Grats wiederfinden, ist einzig und allein eine Frage unserer sozialen Kompetenz. Da wir in den meisten Beziehungen mit solchen Unterschieden umzugehen haben, wird uns dieses Thema noch eine Weile beschäftigen. Doch als ersten unerlässlichen Schritt auf diesem Weg möchte ich dich – ja, genau dich – auffordern, innezuhalten und Verantwortung zu übernehmen.

Übernimm Verantwortung

Wahrscheinlich liest du diese Worte nicht gerne. Übernimm Verantwortung. Das ist so ähnlich wie: Werde erwachsen. Trotzdem muss es gesagt sein: Übernimm Verantwortung. Wofür? Für deine Beziehungen. Du hast sie gewählt und du wählst sie immer weiter. Egal ob es dir damit gut oder nicht gut geht, es ist deine Entscheidung. Steh dazu. Wenn du nicht weißt, warum du sie wählst und welche Bedürfnisse sie dir erfüllen, finde es heraus. Wenn du nur in der Beziehung bleibst, um gesellschaftliche Konventionen zu erfüllen, ist das auch ok, wenn das dein dringendes Bedürfnis ist. Du wirst darunter auch nicht leiden, solange du Verantwortung für deine Entscheidung übernimmst. Als erwachsene Menschen können wir auf vieles verzichten, wir haben das gelernt. Wir leiden nur dann darunter, wenn wir uns selbst und anderen eine Opfergeschichte darüber erzählen, also uns weigern, Verantwortung dafür zu übernehmen.

Und natürlich gibt es Bereiche, wo wir keine Wahl haben. Nicht jede Beziehung können wir so einfach wechseln wie unsere Versicherungspolice. Und wollen das womöglich auch gar nicht. Bestes Beispiel für Beziehungen, die wir auch heute nicht so mir nichts dir nichts austauschen können, sind jene zu unseren Verwandten. Auch wenn selbst hier sich viel getan hat.

Bestes Beispiel ist der bereits zuvor erwähnte Trend hin zu Wahlverwandten. In diesem Fall übernimmt ein Netzwerk enger

Freunde wichtige Funktionen im Leben eines Menschen, die früher klassischerweise leiblichen Familienmitgliedern vorbehalten waren. Auch das vermehrt auftretende Phänomen der Patchworkfamilien führt dazu, dass zuweilen nicht-leibliche Elternteile im Leben eines Heranwachsenden eine prägendere Rolle einnehmen als die biologischen Eltern.

Nichtdestotrotz bleibt die Verbindung zu den leiblichen Verwandten für die meisten Menschen von zentraler Bedeutung. Hier bemerken wir auch, dass es Verwandte gibt, mit denen wir ganz gut können, und jene, mit denen es gar nicht geht. Und das gilt für entferntere Verwandte wie Onkels, Tanten, Cousins und Cousinen genauso wie für ganz nahe – die eigenen Eltern und Kinder eingeschlossen.

Auch hier haben wir die Wahl, wie eng wir diese Beziehungen leben wollen. Und vielleicht genügen uns die Blutbande, um eine Beziehung zu pflegen, weil genau das unser Bedürfnis ist. Schwierig wird es dann, wenn wir hier versuchen, Bedürfnisse zu stillen, die hier nicht zu befriedigen sind. Sei es weil sie nicht den Bedürfnissen unserer Verwandten entsprechen oder sei es weil sie gar nicht fähig sind, mit uns das zu teilen, was wir uns wünschen. Hierbei kann es sich um Nähe, Unterstützung, finanzielle Sicherheit oder Kinderbetreuung handeln.

Begrenzte Kapazitäten

Wie wichtig es ist, für unsere Beziehungswahl Verantwortung zu übernehmen, wird vor allem dann deutlich, wenn wir uns vor Augen führen, dass unsere Beziehungskapazität begrenzt ist. Zum einen liegt das an der unumstößlichen Tatsache, dass der Tag nunmal nur vierundzwanzig Stunden hat. Beziehungen kosten Zeit, das Stillen von Bedürfnissen jeder Art ebenso.

Doch neben dem Zeitfaktor gibt es offenbar noch einen weiteren, der verhindert, dass wir mit einer unbegrenzten Anzahl von Personen enge Beziehungen eingehen können. Dieser zweite Faktor ist unsere begrenzte emotionale Kapazität, die Forscher belegen konnten. Du kannst ihr Experiment leicht nachvollziehen, indem du dir ein Blatt Papier zur Hand nimmst und eine Liste der Menschen erstellst, deren Tod dich emotional tief treffen würde.

Untersuchungen haben gezeigt, dass die meisten Menschen, wenn man sie auffordert, eine solche Liste zu schreiben, durchschnittlich zwölf Personen nennen, also irgendwo zwischen zehn und fünfzehn landen.[21] Das Fazit: Wir sind als Menschen nicht nur zeitlich begrenzt, sondern auch emotional. Es kostet uns Energie und emotionale Ressourcen, jemanden tief in unser Herz zu lassen, und wir können das nur für eine begrenzte Anzahl an Personen gleichzeitig.

Noch deutlicher machte diesen Aspekt eine britische Studie aus dem Jahr 2010. Unter der Leitung von Robin Dunbar an der Oxford University kam ein Forscherteam zu dem schockierenden Schluss, dass wir eine intime Paarbeziehung in der Regel mit dem Verlust zweier Freundschaften bezahlen. Sie stellten fest, dass die meisten Personen, die nicht in einer festen Paarbeziehung leben, fünf sehr nahe Beziehungen haben. Diese waren definiert als Menschen, die sie im Fall von emotionalen oder finanziellen Schwierigkeiten um Hilfe bitten würden.

Wenn jemand sich verliebt und eine neue Partnerschaft entsteht, reduziert sich die Anzahl der nahen Beziehungen auf vier –

wobei ein Platz von dem neuen Partner besetzt wird. Wir verlieren also de facto zwei andere, uns zuvor nahestehende Menschen oder haben sie zumindest nicht mehr in unserem engsten Kreis von Bezugspersonen.[22]

Nun kann diese Erkenntnis natürlich in zwei Richtungen wirken. Sie kann zum einen ein Gefühle von Mangel und Enge erzeugen, wenn ich plötzlich merke, dass meine Kapazität begrenzt ist. Sie kann aber auch dazu führen, dass ich meine eigene Kapazität und die anderer Menschen ganz neu würdige und wertschätze. Mich zum Beispiel hat diese Erkenntnis sehr entlastet, weil ich endlich verstanden habe, warum ich mit vielen Menschen in meinem Leben keine engeren Beziehungen lebe, obwohl ich sie sehr gerne mag.

Ich erzähle dir das alles natürlich in der Hoffnung, dass du ab sofort achtsamer mit deiner eigenen Beziehungskapazität und der anderer Menschen umgehst. Voraussetzung dafür ist ein Thema, das uns noch eine ganze Weile beschäftigen wird: der Respekt.

Die Herausforderung: Respekt

Vieles von dem, was ich in diesem Kapitel zu Papier gebracht habe, erscheint mir ehrlich gesagt banal. Es erscheint mir so banal, dass ich mich hin und wieder bei dem Gedanken ertappt habe, es einfach zu löschen. Ich habe es nicht getan, weil ich leider feststellen muss, dass Beziehungen heute tatsächlich an den einfachsten Dingen scheitern. Das ist unangenehm, aber wahr. Damit will ich nicht sagen, dass wir scheitern, weil wir nicht zusammenpassen. Wenn Bedürfnisse nicht zusammenpassen, ist das zunächst einfach ein Fakt und führt nicht automatisch zum Scheitern einer Beziehung.

Scheitern beginnt dort, wo Respekt aufhört – und genau darum ist es heute oft schlecht bestellt.

Wir sind es nicht gewöhnt und haben es auch nicht gelernt, unsere eigenen Bedürfnisse und die der anderen zu respektieren. Das führt dazu, dass wir – sobald Konflikte auftauchen oder sogar schon davor – versuchen herauszufinden, wessen Bedürfnis falsch ist. Idealerweise natürlich das des anderen. Oder – wenn wir konfliktscheu sind – automatisch das eigene, denn damit sind wir auf der sicheren Seite.

Ich werde auf das Thema Respekt und den Umgang mit unterschiedlichen Bedürfnissen im Laufe des Buches noch mehrmals zu sprechen kommen. An dieser Stelle möchte ich dich lediglich bit-

ÜBUNG 9: Respekt kann man lernen

Stell zwei Stühle gegenüber, nimm auf einem Platz. Auf den anderen platziere ein Blatt Papier, auf dem du ein Verhalten deines Partners oder einer anderen nahestehenden Person benennst, am besten so, dass du es von deinem Platz aus sehen kannst. Vielleicht hat dein Partner die Angewohnheit, regelmäßig mit seinen Freunden einen über den Durst zu trinken, um nur ein Beispiel zu nennen. Betrachte dieses Verhalten und versuche zu sehen, welches Bedürfnis hinter diesem stecken könnte. Es geht hier weniger um eine rationale Erklärung als um ein Erspüren. Wenn du den Eindruck hast, mit dem Bedürfnis in Kontakt zu sein, frage dich, versuche die Richtigkeit in diesem Bedürfnis zu erkennen. Was an diesem Bedürfnis ist – aus der Warte deines Gegenübers betrachtet – genau richtig, auch wenn es für dich ganz und gar nicht richtig ist?

Wende dich dann erst dir selbst zu. Mit welchem Bedürfnis von dir steht dieses Verhalten in Konflikt? Kannst du auch in deinem Bedürfnis die Schönheit und Richtigkeit erkennen? Nimm dir einen Moment zu erspüren, wie es sich in dir anfühlen würde, wenn beide Bedürfnisse gleich richtig, wertvoll und wichtig sind – aus der jeweiligen Warte betrachtet?

ten ehrlich zu überlegen, welche Bedürfnisse deines Partners oder anderer Menschen, mit denen du in Beziehung bist, du vielleicht sogar regelmäßig als falsch verurteilst. Gelingt es dir zu erkennen, dass dieses Bedürfnis einfach nicht zu deinem Bedürfnis passt, jedoch keines von beiden richtiger ist als das andere? Das wäre mal ein wunderbarer Startpunkt. Und natürlich gibt es auch eine Übung dazu.

Im nächsten Kapitel möchte ich tiefer in das Mysterium unserer Partnerwahl eintauchen. Denn auch wenn jeder vernünftige Mensch weiß, dass wir uns das Leben erheblich erleichtern können, wenn wir jemanden aussuchen, der gut zu uns passt – allzu oft tun wir es trotzdem nicht. Oder wir denken, wir tun es, nur um dann festzustellen, dass wir uns doch wieder Mr. Wrong nach dem gleichen Schema eingefangen haben. Was passiert also hinter den Kulissen? Warum sind wir – wenn wir schon unsere Eltern nicht unsere Partner aussuchen lassen – manchmal offenbar so unfassbar schlecht darin, selbst eine gute Wahl zu treffen?

REFLEXIONSFRAGEN

1. Welche Beziehungen in deinem Leben werden durch welche Bedürfnisse gebildet?
2. Dort wo deine Beziehungen harmonisch sind: Welche Bedürfnisse passen hier gut zusammen?
3. Dort wo deine Beziehungen konfliktgeladen oder schwierig sind: Welche Bedürfnisse passen hier nicht zusammen?

2 *Mysterium Partnerwahl*

Die Liebe, so heißt es oft, kann man nicht erklären. Hartnäckig hält sich daher die These von Amor und seinem berühmt berüchtigten Pfeil. Es scheint nach allem Für und Wider immer noch eine der schlüssigsten Erklärungen für das große Mysterium, warum um alles in der Welt wir uns in wen verlieben. Natürlich ist es nicht immer so, dass es irgendwie unpassend ist. Doch ich bin mir sicher: Wenn es dir nicht schon selbst passiert ist, kennst du bestimmt jemanden, wo alle Beteiligten in Reaktion auf die Partnerwahl nur verwundert den Kopf schütteln konnten. Was? Wieso denn gerade die? Was die wohl aneinander finden, die passen doch gar nicht zusammen?

Erst neulich habe ich folgenden Spruch auf einer Postkarte entdeckt: *„Amor, gib mir den Pfeil, ich mach das jetzt selber!"* Eigentlich eine nette Idee, fand ich. Wenn Amor seinen Job schon nach so dermaßen verqueren Kriterien ausführt, könnte man ihm doch eigentlich schlichtweg kündigen. Amor als Dienstleister, der seine Kundenorientierung dringend überprüfen sollte. Auf jeden Fall eine zeitgemäße Vorstellung, die das Machtgefälle zwischen uns und dem Knaben mit dem Pfeil verändern könnte.

Natürlich ist es nicht so einfach, Amor den Pfeil abzuluchsen. Erfolgversprechender scheint da die Strategie, den heranschwirrenden Pfeilen im letzten Moment auszuweichen oder ein permanentes *„heute geschlossen"*-Schild an unserem Herzen anzubringen, um Amor gar nicht erst auf dumme Gedanken zu bringen. Mir begegnen immer wieder Menschen, die letzteren Weg für sich gewählt haben, als sie feststellten, dass ihre Partnerwahl zuverlässig zu schwierigen Konstellationen führt.

Auch ich war mehr als einmal versucht, diesen Weg einzuschlagen. Heute bin ich froh, dass ich es nicht getan habe. Ich habe mich vielmehr entschlossen, der Sache auf den Grund zu gehen und zu erforschen, nach welcher Logik Amor seine Pfeile verschießt und ob ich diese nicht irgendwie beeinflussen könnte.

Heute muss ich zugeben, dass ich nach jahrelangem Erforschen des Themas Amors Tun durchaus eine gewisse Systematik zugestehen muss. Ich möchte sogar sagen, dass eine tiefe Weisheit darin steckt. So irrational, unwillkürlich und unvernünftig es zuweilen scheint, so logisch ist die Wahl unserer Partner, wenn wir es wagen, tiefer zu blicken, und uns der Frage stellen, was uns wirklich anzieht.

Was zieht mich WIRKLICH an?

Wahrscheinlich kennst du das Phänomen, wenn auch nicht unbedingt aus eigener Erfahrung: Auf den ersten und auch auf den zweiten Blick wirkt Schuft drei wie das genaue Gegenteil von Schuft eins und zwei. Puh! Endlich! Bei diesem Mann wird alles anders! Erst nach einer kleinen oder auch etwas größeren Weile stellt sich heraus, dass Nummer drei ganz ähnliche Wesenszüge aufweist wie Nummer eins und zwei. Verflixt!

Diese erstaunliche Tatsache stellt uns vor die Frage, was uns an einem Menschen eigentlich wirklich anzieht. Im Kapitel über Bedürfniskompatibilität bin ich darauf eingegangen, wie kompatible Bedürfnisse für eine harmonische Beziehung sorgen können. Doch inwieweit trägt diese an und für sich recht simple Feststellung, wenn es darum geht zu erklären, warum manche Menschen sich mit erstaunlicher Zuverlässigkeit Partner aussuchen, die nicht gut für sie sind? Um dieses Phänomen zu verstehen, müssen wir uns mit etwas befassen, das ich gerne mit dem zugegeben eher primitiven Begriff Beuteschema benenne.

Unser Beuteschema ist so etwas wie der Urtyp dessen, was uns attraktiv erscheint. Es ist die Antwort auf die Frage: Was macht mich eigentlich an? Was löst in mir dieses völlig unerklärliche Gefühl unwiderstehlicher, geradezu magischer Anziehung aus? Das interessante an unserem Beuteschema ist, dass unsere bewusste Vorstellung davon, was uns anziehen sollte und was es dann tatsächlich tut, oft Lichtjahre voneinander entfernt sind. So kann es gut sein, dass ich zwar bewusst der ganz vernünftigen Meinung bin, mir einen treuen, fürsorglichen, reifen und liebevollen Mann zu wünschen, in Realität jedoch feststellen muss, dass ich den Macho mit seinem pubertären Gehabe aus mir völlig unerklärlichen Gründen wesentlich attraktiver finde. Was steckt da dahinter? Genau, unser Beuteschema. Doch wie entsteht dieses?

Unser Beuteschema ist ein Spiegel unserer Seelenwelt und ja, auch unserer Bedürfnisse. Wenn unser eigenes Verhältnis zu unseren Bedürfnissen klar und gut ist, reflektieren diese sich klar in unserem Beuteschema. Wenn unser eigenes Verhältnis zu unseren Bedürfnissen jedoch verzerrt ist – etwa weil wir diese unterdrücken –, dann reflektieren diese sich auch entsprechend verzerrt in unserem Beuteschema.

Ein klassisches, heute weitverbreitetes Beispiel, sind sehr starke, selbstbestimmte Frauen, die peinlicherweise eine Schwäche für oben genannte Machos haben. Betrachten wir dieses Phänomen einmal genauer vor dem Hintergrund der Beuteschema-Thematik. Die klassische emanzipierte Frau von heute zeichnet sich dadurch aus, dass sie einen sehr ausgeprägten unabhängigen Teil hat, während ihr abhängiger Teil ein eher trauriges Dasein fristet. Für den hat es nämlich im Weltbild der klassischen Emanzipation keinen Platz. Da dieser jedoch nicht einfach verschwindet, nur weil er nicht mehr zu unserem Selbstbild passt, läuft es leider darauf hinaus, dass dieser unterdrückt wird.

Das Ergebnis ist, dass der eigene positive Bezug zu den verletzlichen, bedürftigen und damit auch wunderbar zarten Anteilen fehlt. Bedürfnisse, wie jenes nach Gehaltensein und Geborgenheit, suchen sich einen Weg in ein verzerrtes Beuteschema. Wo wir uns bei einem klaren Beuteschema wohl einen Mann mit echten Stärken aussuchen würden, sodass wir auch mal schwach sein können, suchen wir uns dann jemanden mit Pseudostärken. Der Machismo erfüllt dieses Schema perfekt: Er bringt unsere verborgenen Sehnsüchte nach Gehaltensein, nach Hingabe und vielleicht sogar Schwäche zum Schwingen, kann diese jedoch nicht positiv erfüllen, da auch seine Stärke nicht echt ist.

Umgekehrt gilt natürlich das Gleiche. Auch dem Macho fehlt der positive Bezug zu seiner Abhängigkeit, seiner Verletzlichkeit, seiner Schwäche, seiner Bedürftigkeit. Die scheinbar starke Frau verspricht Geborgenheit und Fürsorge. Die tatsächliche Erfahrung ist jedoch dann eher jene einer Furie, die alles andere als liebevoll mit den Schwächen ihres gestürzten Prinzen umgeht. Wie könnte sie auch? Schließlich fehlt ihr doch der positive Bezug zu den eigenen Schwächen.

Auch hier habe ich mich bewusst wieder auf Extreme und Klischeebilder gestützt. Die gleichen Mechanismen gelten jedoch auch für weniger dramatische Beispiele: Wir wünschen uns eine heile Welt, in der alles so ist, wie es sein sollte, verleugnen jedoch, dass wir selbst gar nicht in dieses Schema passen? Das ist ein ziemlich gutes Rezept dafür, dass unser Partner uns belügt, wenn seine Bedürfnisse plötzlich nicht mehr in das Schema eines treuen Ehemannes passen. Schließlich haben wir uns selbst ja die ganze Zeit belogen, was unsere wahren Bedürfnisse betrifft.

Oder: Wir haben eine nicht besonders hohe Meinung von uns selbst und wünschen uns, dass unser Partner das genau anders sieht? Hier ist die Wahrscheinlichkeit hoch, dass er über kurz oder lang auch eine nicht besonders gute Meinung von uns haben wird – außer es gelingt uns, eine liebevolle Haltung gegenüber uns selbst und unseren Unzulänglichkeiten zu entwickeln. Dann wird unser Beuteschema über kurz oder lang auch das reflektieren.

Oder: Wir haben wenig Wertschätzung für unsere Zeit, Hingabe, Zuwendung und andere Gaben, die wir anderen Menschen zukommen lassen? Vermutlich werden auch andere nicht besonders achtsam damit umgehen und vieles für selbstverständlich nehmen. Wir wünschen uns mehr Gehör in unseren Beziehungen. Sind wir denn überhaupt selbst der Meinung, dass wir etwas Wichtiges zu sagen haben? Ich wünsche mir Aufrichtigkeit und Ehrlichkeit in allen Bereichen? Bin ich denn fähig, diese Aufrichtigkeit auch auszuhalten? Ich wünsche mir eine freudvolle Annahme meiner Sexualität – wie steht es mit meiner eigenen Annahme?

ÜBUNG 10: Eine Karte deiner Beziehungslandschaft

Für diese Übung benötigst du zwei Blatt Papier und einen Stift. Wenn du magst, kannst du auch verschiedenfarbige Buntstifte verwenden. Lege das erste Blatt vor dich auf den Tisch. Das ist der Raum von Beziehung in deinem Leben. Nimm dir einen Moment, um die wichtigste Beziehung oder die wichtigsten Beziehungen in deinem Leben zu identifizieren. Stelle diese dann auf dem Papier in Form eines Kreises dar. Je wichtiger die Beziehung bzw. je mehr Raum sie in deinem Leben einnimmt, desto größer ist der Kreis.

Gehe dann zu den Beziehungen über, die genauso wichtig oder fast genauso wichtig sind wie die erste, und stelle auch sie in Form von Kreisen dar. Die Kreise können sich überschneiden, wenn die Beziehungen einen gemeinsamen Raum einnehmen, wie es zum Beispiel bei der Beziehung zu dem Partner und den gemeinsamen Kindern der Fall ist. Wenn es Beziehungen sind, die keine Überschneidungen haben, sollten auch die Kreise auf dem Papier sich nicht überschneiden, wie etwa jene zu Arbeitskollegen und jene zu unserem Partner. Zuletzt kannst du noch Beziehungen darstellen, die vielleicht nur die Größe eines kleinen Kringels oder eines Punktes in deiner Beziehungslandschaft haben. Ob du die einzelnen Kreise, Kringel und Punkte beschriften magst oder bunt malen magst, ist dir überlassen. Mache keine Doktorarbeit daraus. Lass dich vielmehr von deiner Intuition leiten und male die Kreise einfach spontan so groß, wie es eben kommt, und positioniere sie ebenso spielerisch. Wenn du fertig bist, nimm dir etwas Zeit, um dein Diagramm zu reflektieren. Wie ausgewogen ist es? Wie viel Raum nehmen bestimmte Beziehungen ein und wie viel Raum ist dadurch für andere? Wenn eine Beziehung fast den ganzen Raum einnimmt, ist das gut für dich und diese Beziehung? Oder gibt es überhaupt wenige Beziehungen und müsstest du noch einen große Phantomkreis einzeichnen, der jene fiktive Beziehung repräsentiert, die du zwar nicht hast, nach der du dich aber sehnst? Wie könnte ein Beziehungsdiagramm aussehen, das in Balance ist? Hierfür kannst du nun das zweite Blatt verwenden. Zeichne das Beziehungsdiagramm neu und gib hier nicht den Status Quo wieder, sondern den Zustand, den du als ausgewogen, gesund und nährend empfinden würdest. Vielleicht musst du auch hier fiktive Beziehungen einzeichnen, damit dein Diagramm ausgewogen wird. Mache auch hier keine Doktorarbeit daraus, sondern nimm es als Spiel, das dir helfen kann, manches in deinem Leben klarer zu sehen.

Diese Liste ließe sich endlos fortsetzen. Doch viel interessanter ist es, sich auf Expedition in das eigene Schattenreich zu begeben und die Kartografie unserer Beziehungslandschaften zur Orientierung mitzunehmen. Das wird keine Kaffeefahrt werden, doch es wird sich lohnen, versprochen. Übung 10, Eine Karte deiner Beziehungslandschaft, in diesem Kapitel und im nächsten Kapitel Übung 11, Skizziere deine Bedürfnislandschaft, können ein guter Einstieg in diesen Prozess sein.

Beziehung & Schattenarbeit

Wenn unsere Beziehungen Spiegel unserer Seelenwelt sind, dann ist nichts besser dazu geeignet, uns mit uns selbst vertraut zu machen, als unsere Mitmenschen. In ihnen erkennen wir uns selbst, wenn wir bereit dazu sind – und vor allem haben wir durch sie auch die Gelegenheit, jene Anteile in uns kennenzulernen, die uns sonst verborgen bleiben. Daher sind Beziehungen – sowohl nahe als auch weniger nahe – eine wunderbare Einladung, sich mit den eigenen Schatten auseinanderzusetzen.

Meiner Erfahrung nach kann dieses Phänomen auf eine einfache Formel reduziert werden: Je harmonischer, erfüllender und reicher unsere Beziehungen in Summe sind, desto klarer, verbundener und nährender ist unsere Beziehung mit uns selbst, also unser Innenleben. Störungen in unseren Beziehungen mit anderen sind Ausdruck von unerlösten Aspekten unserer Beziehung mit uns selbst. Unsere äußere Beziehungslandschaft ist damit ein perfekter Spiegel unserer inneren Bedürfnislandschaft. Doch bedeutet das, dass all meine Beziehungsprobleme allein meine Schuld sind und nichts mit meinem Partner zu tun haben?

Liegt wirklich alles nur an mir?

Es gibt Menschen, die behaupten allen Ernstes, es sei egal, wen man heirate. Ich persönliche finde diese Idee noch viel erschreckender als die Aussicht, meine Eltern und vielleicht noch ein zwielichtiger Astrologe würden mir meinen Mann fürs Leben aussuchen. Doch ich kann verstehen, warum es wichtig war, diese Position mal in dieser Radikalität zu vertreten – und weshalb Bücher mit diesem Titel sich lange in den Bestsellerlisten halten konnten.[23] Sie füllten eine Lücke in unserem gemeinsamen Verständnis von Liebe, Ehe und Partnerschaft. Sie machten uns darauf aufmerksam, dass der Partnerwechsel unsere Beziehungsprobleme nicht lösen wird, wenn in uns alles beim Alten bleibt.

Wer jedoch versucht, diese Theorie bis in letzter Konsequenz in die Tat umzusetzen – oder Gelegenheit hat, Freunde und Bekannte dabei zu beobachten –, bemerkt auch hier Lücken. Leider ist es nämlich nicht so, dass meine geheilte Beziehung zu mir selbst den Frosch auf magische Weise zu einem Prinzen werden lässt. Manch ein Frosch möchte sich nämlich gar nicht wandeln, was ja mit Sicherheit sein gutes Recht ist. Daher ist es oft so, dass meine geheilte Beziehung zu mir selbst vielmehr dazu führt, dass ich den Frosch als solchen erkenne und vor die Tür setze – was ja auch einen nicht zu unterschätzenden Wert hat.

Um also auf oben gestellte Frage einzugehen, ob alles nur an dir liegt: ja und nein. Es liegt an dir, wen du dir aussuchst, und es liegt an dir, bei wem du bleibst. Die Idee, dass du deine Beziehungsprobleme einzig und allein in dir lösen kannst, ist jedoch völlig fehlgeleitet. Das würde nämlich bedeuten, dass dein Innenleben eine Art Fernbedienung für deinen Partner (und je nach

Auslegung der Theorie auch den Rest des Universums) ist. Das mag zwar verlockend erscheinen – fast so verlockend, wie wenn der andere an allem schuld ist –, entspricht jedoch nicht meinen Beobachtungen zur Beschaffenheit des Universums im Allgemeinen und zwischenmenschlicher Beziehungen im Besonderen.

Beim nächsten Mann wird alles anders?

Der Gegenentwurf zu der These, dass alles an mir liegt, ist die Idee, dass alles an meinem Partner liegt. Und es wäre doch wirklich praktisch, wenn wir einfach nur den Partner wechseln müssten, um unsere Beziehungsprobleme loszuwerden. Diese Idee ist ja wirklich sehr weitverbreitet – und sie besitzt, genau wie die Idee, dass alles nur an mir liegt, auch einen wahren Kern. Tatsächlich ist es eine ganz wichtige Entscheidung, mit dem wir eine Beziehung eingehen und halten. Liebe mag zwar bedingungslos sein, doch Beziehung ist immer bedingt. Beides wird noch in Teil III Thema sein.

Wer schon ein paar Runden auf dem Beziehungskarussell hinter sich hat – oder die Gelegenheit hatte, Freunde und Bekannte bei selbigem zu beobachten –, wird sicher festgestellt haben, dass beim nächsten Mann nicht unbedingt alles anders wird. Im Gegenteil, es ist geradezu faszinierend, bei uns selbst und anderen den roten Faden zu sehen, der sich durch eine Abfolge von Partnern zieht, und mit welcher Treffsicherheit wir diesem treu bleiben. Wir scheinen hier eine Konsequenz an den Tag zu legen, von der wir in manch anderem Bereich nur träumen können.

Doch wozu sind all diese Überlegungen gut? Was machen wir mit der Erkenntnis, dass wir einerseits ein Beuteschema haben, dem wir erstaunlich konsequent folgen, und andererseits sehr wohl Verantwortung haben, unsere Partner bewusst zu wählen? Wie können wir die Erkenntnis, dass unser Inneres das Äußere reflektiert, nutzen, um Veränderung in unsere Partnerwahl und damit Beziehungslandschaften zu bringen?

Ausstieg aus dem Mangelkrater

Schwierige oder fehlende Beziehungen tun weh. So richtig. Neben den emotionalen Schwierigkeiten – denen ich in Teil III ein eigenes Kapitel widme – sind es vor allem die tiefen Defizite oder Mangellöcher, die sie in uns entstehen lassen, die uns das Leben schwer machen. Wie riesige Krater klaffen sie in unserem Inneren auf und wir haben unsere liebe Mühe, sie zu umschiffen oder uns von der Tatsache abzulenken, dass wir mal wieder mitten hineingetappt sind.

Egal ob es sich um kleine oder große Mangelkrater handelt, die Frage, wie wir diese Situation langfristig verändern können, treibt uns alle um. Ich habe es vorher schon gesagt: der Frosch wird nicht zum Prinzen, nur weil ich meine innere Prinzessin wach geküsst habe. Ebenso wenig kann ich meine innere Prinzessin befreien, indem ich den Frosch abserviere, um mir einen neuen Prinzen zu suchen. Was also dann?

Um diese Frage zu beantworten, möchte ich ein Bild aus dem Sport verwenden, und zwar vom Sportklettern. Beim sogenannten Kaminklettern – einer bestimmten Klettertechnik – arbeitet man sich mit Händen und Füßen zwischen zwei Felswänden nach oben, ebenso als würde man die Innenseite eines Kamins emporklettern, daher die Bezeichnung.

Es liegt in der Natur der Sache, dass hierbei ziemlich systematisch vorgegangen wird: Erst wird der rechte Fuß auf einen Tritt in Kniehöhe auf der rechten Seite gesetzt, dann wird der linke an der linken Seite nachgezogen, während die Hände einem ähnlichen Schema folgen. Manchmal scheint es verlockend, zweimal den linken Fuß zu setzen, ohne rechts nachzuziehen, da sich dort die besseren Tritte befinden, doch man merkt schnell, dass man so nicht weiterkommt: Es würde eine solche Schieflage entstehen, dass man binnen kürzester Zeit buchstäblich in den Seilen hinge. Also auch wenn es auf der rechten Seite gerade keinen wirklich passablen Tritt gibt, sucht man sich irgendeine kleine Ritze, in der die Spitze des Kletterschuhs etwas Halt finden kann. Und erst dann kann der linke Fuß auf den nächsten Tritt gesetzt werden.

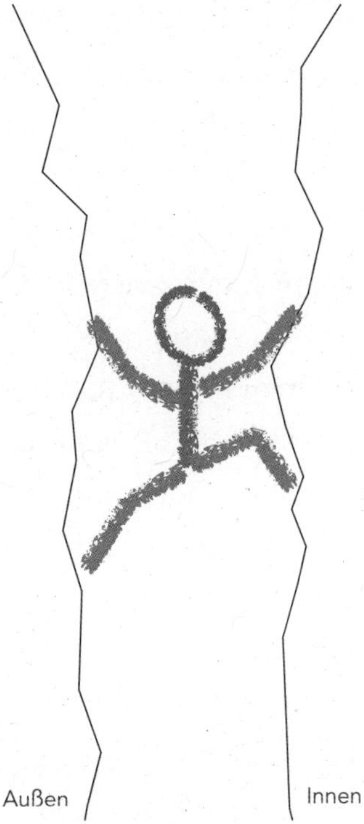

Genauso verhält es sich mit der Wandlung unseres Beuteschemas – also dem, was unserer Partnerwahl zugrunde liegt – oder jedes anderen ungesunden Beziehungsmusters. Dieser Wandel kann sich weder rein im Inneren vollziehen, noch allein im Außen. Gerade weil Innen und Außen sich wie die beiden Felswände des Kamins spiegeln, müssen auch unsere Schritte zur Veränderung eines ungesunden Beziehungsmusters sich innen wie außen vollziehen. Jeder Versuch, ein Muster nur im Innen oder nur im Außen zu lösen, gleicht dem absurden Ansinnen, den Kamin emporzusteigen, indem nur ein Fuß sich immer höhere Tritte sucht, während der andere sich nicht von der Stelle rührt.

Wie sieht so eine Veränderung bei einem konkreten Beispiel aus? Greifen wir hierfür noch einmal ein Klischeebild auf: Eine Frau angelt sich nach einer schwierigen Trennung von einem gewalttätigen Alkoholiker mit hoher Wahrscheinlichkeit und erstaunlicher Treffsicherheit binnen kürzester Zeit wieder einen gewalttätigen Alkoholiker. Der naheliegende Schritt ist natürlich, auch diesen Schuft so schnell wie möglich loszuwerden, um sich etwas Besseres zu suchen. Er ist ein Schuft. Sie hat etwas Besseres verdient. Endlich verlässt sie ihn. Muss sie halt das nächste Mal besser hinsehen.

Wenn dann allerdings Schuft zwei und vielleicht irgendwann sogar Schuft drei entsprechend abserviert wurden, kommt langsam der Verdacht auf: Es liegt doch an mir. Ich muss mich ändern. Wenn es blöd läuft, könnte diese Erkenntnis dazu führen, dass Schuft vier nicht mehr abserviert wird, sondern dass unsere Beispielfrau in der Beziehung ausharrt. Vielleicht wird sie sich selbst analysieren und mit ihrem inneren Kind reden, während er weiterhin das tut, was auch schon Schuft eins bis drei mit großer Zuverlässigkeit getan haben: trinken und prügeln. Die Wahrscheinlichkeit, dass ihre liebevolle Zuwendung zu ihrem inneren Kind daran irgendetwas ändert; ist gering. Vermutlich bekommt er davon gar nichts mit.

Wenn wir nun unser Bild vom Kaminklettern noch einmal herholen, können wir sehen, dass weder das Abservieren noch die Auseinandersetzung mit sich selbst an und für sich falsch sind. Was fehlt, ist die Kombination beider Schritte. Es braucht zum einen die Auseinandersetzung mit sich selbst, um zu sehen, was in unserer Beispielfrau so eine Aggressivität und Lieblosigkeit immer wieder sucht. Wo ist sie sich selbst gegenüber lieblos und zutiefst von ihrer eigenen Wertlosigkeit überzeugt? Wo glaubt sie, Aufmerksamkeit und Zuwendung nur in Form von Gewalt verdient zu haben – oder Zärtlichkeit nur annehmen zu dürfen, wenn sie durch Erniedrigung ausgeglichen wird?

Und es braucht den Schritt im Außen, sich davon abzugrenzen. Das kann eine klare Ansage sein, dass sie so nicht behandelt werden möchte. Untermauert von einem entsprechenden inneren Schritt, hat dies vielleicht zum ersten Mal eine wirkliche Kraft. Doch es kann auch ein Umzug ins Frauenhaus sein, eine Anzeige bei der Polizei oder ähnlich drastische Maßnahmen, die eindeutige Zeichen setzen. Und dann braucht es wieder die Reflexion im Inneren, gefolgt von einer weiteren Abgrenzung im Außen und so fort: rechts – links, innen – außen.

Wenn diese beiden Schritte sich konsequent abwechseln bzw. spiegeln, wird unsere Beispielfrau sich Stück für Stück aus ihrem Mangelkrater herausarbeiten können. Je höher sie steigt, desto näher kommt sie der Sonne ihrer Bedürfniserfüllung. Schritt für Schritt heilt sie nicht nur die Beziehung zu sich selbst, sondern sorgt auch konsequent im Außen dafür, dass dieses sich im Akkord mit ihrer inneren Entwicklung bewegt.

Bedeutet das zwangsläufig, dass sie Schuft vier observieren muss? Nein, natürlich nicht. Es kann auch sein, dass genau dieser Schuft ihrer Aufforderung folgt und sich auf dem Weg aus seinem eigenen Mangelkrater macht, um ihr dann außerhalb ihrer zerstörerischen Beziehungsmuster begegnen zu können. Doch ob dies geschieht, hat unsere Frau nicht in der Hand. Sie kann nur immer wieder für das einstehen, was ihr wichtig ist, und dafür sorgen, dass im Inneren parallel die entsprechenden Schritte gegangen werden.

Nun habe ich auch hier wieder bewusst ein extremes Beispiel gewählt, doch der gleiche Mechanismus funktioniert natürlich auch bei weit weniger dramatischen Beziehungsmustern. Vielleicht gehörst du zu jenen Menschen, die ihrem Partner all ihre Liebe und Hingabe schenken, jedoch selten die Würdigung zurückbekommen, die sie sich wünschen. Der Grundsatz, behandle andere so, wie du selbst behandelt werden möchtest, scheint hier nicht zu funktionieren. Er müsste wohl dringend ergänzt werden mit: Behandle dich selbst so, wie du von anderen behandelt werden möchtest, und stehe dafür auch ein.

All unsere Beziehungen sind Spiegel unserer Beziehung zu uns selbst. Wenn wir mit irgendeinem Aspekt unserer Beziehungen unzufrieden sind – etwa weil wir uns mehr Wertschätzung, Zuwendung, Intimität, Sexualität, Aufrichtigkeit oder was auch immer wünschen –, tun wir gut daran, zunächst diesen Aspekt in der Beziehung zu uns selbst unter die Lupe zu nehmen.

Ich wünsche mir, in meiner Sexualität lustvoll angenommen zu werden. Wie steht es mit meiner eigenen lustvollen Annahme meiner Sexualität? Ich wünsche mir mehr Anerkennung oder Wertschätzung für meinen Beitrag in der Beziehung. Wie ist es um meine eigene Anerkennung oder Wertschätzung mir selbst gegenüber bestellt? Ich frage mich, warum ich immer wieder in Beziehungen angelogen werde? Wie aufrichtig bin ich denn mir selbst gegenüber – ehrlich gesagt?

Erst wenn dieser wichtige Schritt im Inneren gemacht wurde, ist die andere Seite dran: Wie können wir unser Bedürfnis zum Ausdruck bringen? Wo gilt es, für uns einzustehen und die fehlende Wertschätzung, Aufrichtigkeit, Sinnlichkeit auch im Außen einzufordern?

In den meisten Fällen, wenn es sich um wirklich hartnäckige Beziehungsmuster handelt, ist es jedoch nicht so, dass ich mal eben meine Unaufrichtigkeit mir selbst gegenüber ansehe, dann meinem Traumprinzen sage, er solle ab jetzt bitteschön die Wahrheit sagen, und dann ist das Thema gegessen. Vielmehr ist es auch hier wie beim Klettern: Es braucht viele kleinere und größere Schritte bzw. Züge, bis wir aus unserem Mangelkrater herausgeklettert sind. Es wird uns Zug um Zug gelingen, mit uns selbst immer ehrlicher zu sein, und in gleichem Maße wird es uns gelingen, auch im Außen Beziehungen so zu gestalten, dass sie diese wachsende Ehrlichkeit reflektieren.

Ich habe daher bei mir selbst und anderen beobachtet, dass Beziehungsmuster sich trotz unserer Auseinandersetzung mit uns selbst wiederholen. Wenn wir genau hinsehen, lässt sich jedoch eine schrittweise Verbesserung feststellen – eben in dem Maße, wie auch die inneren Schritte getan wurden, denn das Außen ist ja der Spiegel des Inneren.

Von der Sehnsucht zur gelebten Beziehung

Wenn wir verstanden haben, wie das Spiel läuft, können wir uns mit Geduld, Ausdauer und Beharrlichkeit an den Ausstieg aus unseren Mangelkratern machen. Voraussetzung dafür ist jedoch, dass wir uns zugleich auf eine Reise zu uns selbst machen. Denn nur wenn wir unsere wirklichen Bedürfnisse kennenlernen, haben wir eine Chance, unsere Beziehungen so zu gestalten, dass sie diesen gerecht werden. Je mehr wir uns jedoch mit unseren Bedürfnissen befassen, desto deutlicher wird, dass die Frage, was wir *wirklich* wollen, gar nicht so leicht zu beantworten ist. Sie liegt jedoch im Kern einer neuen Beziehungskultur und einem neuen Verbundensein mit der Welt, weshalb ich diesem Thema das nächste Kapitel gewidmet habe.

REFLEXIONSFRAGEN

1. Gibt es Beziehungen, in denen ich nicht so behandelt werde, wie ich mir das wünsche?
2. Wo behandle ich mich selbst so, wie ich NICHT gerne von anderen behandelt werde?
3. Wie kann ich meine Haltung mir selbst gegenüber so verändern, dass sie dem entspricht, wie ich von anderen behandelt werden möchte?

3 Was will ich eigentlich wirklich?

Unser Beuteschema reflektiert unsere eigene Beziehung zu uns selbst und vor allem zu unseren Bedürfnissen. Das alte Beziehungsparadigma, das auf künstlichen Machtgefällen beruhte, ließ uns wenig Gelegenheit, uns mit unseren Bedürfnissen zu befassen. Wir waren viel zu sehr damit beschäftigt, unsere Position zu definieren und zu halten. Bedürfnisse waren in diesem Szenario gefährliche Störfaktoren, die jederzeit einen wunden Punkt in uns offenlegen konnten, der dann gegen uns verwendet werden konnte. Wie in Teil I bereits erläutert, waren Bedürfnisse Machtpotenziale – und zwar für die anderen.

Wie anfangs ausführlich beschrieben, kommen wir alle aus Beziehungsgefügen, die mehr oder weniger klar hierarchisch strukturiert waren. Selbst wenn wir bereits einer Generation angehören, deren Eltern das hierarchische Machtgefüge ablehnten, die Wahrscheinlichkeit, dass sie dennoch in Konfliktsituationen nichts besseres an der Hand hatten als die gute alte Machtkarte, ist hoch. Und wenn es nicht unsere Eltern waren, dann waren es vermutlich Erzieher oder Lehrer, denen der Zeigefinger immer wieder emporschnellte.

Da in hierarchischen Machtgefällen immer einer sagt, wo es langgeht, und die Möglichkeit hat, seine Bedürfnisse durchzusetzen, lernt der Untergeordnete schon sehr früh, sich von den eigenen Bedürfnissen zu entfremden. Für unsere Eltern und Lehrer waren unsere Bedürfnisse oft etwas Bedrohliches, Feindliches, etwas, das am besten bereits im Keim erstickt wird, damit wir keine Flausen in den Kopf bekämen. Natürlich nicht alle Bedürfnisse. Jene, die konform mit den Bedürfnissen oder Vorstellungen des Höhergestellten sind, stellen natürlich kein Problem dar. Im Gegenteil. Doch all jene Bedürfnisse, die scheinbar oder tatsächlich im Widerspruch zu jenen unserer Eltern oder den Moralvorstellungen der Gesellschaft standen, waren definitiv ein Problem. Ließ man diese Art von Bedürfnis erst zu weit an die Oberfläche kommen, bedeutete dies unweigerlich Konflikt. Und Umgang mit Konflikt bedeutet in hierarchischen Machtkonstellationen klassischerweise irgendeine Form der Gewaltanwendung – und sei es *„nur"* emotionale oder psychische Gewalt.

Diese Gewaltanwendung, um Interessen durchzusetzen, ist übrigens in keiner Weise böse, auch wenn es zweifellos so wirkt. Es ist einfach die Strategie, die wir gelernt haben, um mit dieser Art von Situation umzugehen. Meistens entspringt sie einer Hilflosigkeit, einem Unvermögen und einem Unwissen, dass es andere Wege gibt. Das ändert jedoch nichts an der Tatsache, dass diese Form des Konfliktumgangs wehtut – und zwar allen Beteiligten.

Doch zurück zu uns und was es mit uns gemacht hat: Es hat uns unseren Bedürfnissen entfremdet. Wir haben verlernt, unsere Bedürfnisse wahrzunehmen, vor allem wenn sie nicht mit jenen anderer Personen konform sind oder von gesellschaftlichen Normen abweichen. Das führt dazu, dass wir unsere Bedürfnisse entweder ausblenden oder nur zulassen, wenn wir unmittelbar die Möglichkeit sehen, deren Erfüllung auch ohne Zustimmung des anderen voranzutreiben.

Da es keinen Raum für Ungewissheit gab, hatten unsere Bedürfnisse viel zu wenig Raum, um sich zu entfalten. Oft blieben nur Sekundenbruchteile, um abzuwägen, ob ein Bedürfnis bereits im Keim erstickt oder der Anspruch darauf durchgesetzt werden kann. Dieses Klima verhindert, dass Bedürfnisse einen Entwicklungsprozess durchlaufen, der jedoch essenziell ist, wenn wir mit ihnen einen gesunden, konstruktiven und letztendlich auch erfüllenden Umgang pflegen wollen.

Das Ergebnis sind im Außen die zuvor beschriebenen Machtkämpfe einerseits und eine unüberschaubare Vielzahl zusammengeknautschter, nicht ausgepackter, nie genauer inspizierter Bedürfnisse in unserem Inneren andererseits. Dieses innere Kuddelmuddel reflektiert sich direkt in unserem Beuteschema und damit in unseren Beziehungslandschaften. Wollen wir diese bereinigen, kommen wir nicht umhin, hier Ordnung zu schaffen, wodurch Raum für einen ganz natürlichen Entwicklungsprozess von Bedürfnissen entsteht. Ich möchte diesen Prozess hier beschreiben, um dir einen Spiegel anzubieten, in dem du dich selbst und deine innere Bedürfnislandschaft inspizieren kannst.

Die Evolution von Bedürfnissen

Bedürfnisse durchlaufen in uns einen Entwicklungsprozess – von leisen Ahnungen und dunklen Sehnsüchten hin zu reifen, voll entfalteten Bedürfnissen. Diese Evolution erstens zu verstehen und

zweitens bewusst zu begleiten ist essenziell, wenn wir einen neuen Umgang mit unseren Bedürfnissen entwickeln wollen. Indem ich diesen Entwicklungsprozess – oder diese Evolution – hier Phase für Phase skizziere, möchte ich dir eine Landkarte an die Hand geben, die dich bei der Erforschung und Urbarmachung deiner Bedürfnislandschaft begleiten kann. Denn indem wir lernen, den natürlichen Entwicklungsprozess von Bedürfnissen zuzulassen, können wir Bedürfnisse wieder als das erkennen, was sie eigentlich sind: reines Potenzial.

Unbekannt – kollektives Unbewusstes

Tief in jedem von uns gibt es eine mysteriöse Bewusstseinsschicht, die unserem bewussten Verstand nicht zugänglich ist, deren Existenz wir jedoch erahnen können, wenn wir uns tief genug in uns hineinsinken lassen. Diesen mysteriösen Ort in uns nenne ich gerne „*Ursuppe*", da ich ihn als zutiefst schöpferisch erlebe und zugleich völlig undurchdringlich. In ihm und aus ihm entsteht das, was wir gemeinhin als unseren Willen bezeichnen. Schopenhauer soll einmal gesagt haben: „*Ein Mensch kann zwar tun, was er will, aber er kann nicht wollen, was er will.*"[24] Meines Erachtens bezog er sich damit auf diese Ursuppe, aus der Bedürfnisse, Wünsche, Sehnsüchte, Impulse und Intuitionen aufsteigen wie Dampfblasen aus der flüssigen Lava eines aktiven Vulkans.

Weniger philosophisch illustriert ein faszinierendes und viel diskutiertes wissenschaftliches Experiment dieses Phänomen. In der Versuchsanordnung wurden Probanden vor einer Uhr platziert und gebeten, ab und zu das Handgelenk zu bewegen – so wie es ihnen gerade einfiel. Durch den Blick auf die Uhr mit Sekundenzeiger konnte der Proband sich merken, wann er den Entschluss gefasst hatte, das Handgelenk zu bewegen. Zugleich war der Kopf der Versuchsperson komplett verkabelt, sodass Wissenschaftler die Gehirnaktivität während des Versuches messen konnten. Hierbei beobachteten sie etwas Bemerkenswertes, um nicht zu sagen eigentlich Unfassbares: Unweigerlich war schon vor dem bewusst gefassten Entschluss, den Finger zu heben, eine Aktivität in jenem Hirnareal zu verzeichnen, das die Bewegung initiiert. Mit anderen Worten: Der Körper wusste, dass eine Bewegung erfolgen würde, bevor die bewusste Entscheidung getroffen wurde, besagte Bewegung auszuführen![25]

Dieses Experiment wurde bereits Ende der 1970er-Jahre von dem Psychologen Benjamin Libet durchgeführt und führte seitdem zu mächtigen Spekulationen zum Thema Willensfreiheit. Knapp dreißig Jahre später wurde es von einem deutsch-britischen Professor namens John-Dylan Haynes am Leipziger Max-Planck-Institut für Kognitions- und Neurowissenschaften mit modernen Instrumenten und einer verbesserten Versuchsanordnung erneut durchgeführt. Die Ergebnisse seiner Untersuchungen waren jedoch nicht gerade beruhigend. Waren es mit

Libets vergleichsweise einfachen EEG-Messungen noch 500 ms gewesen, die eine Bewegungsvorbereitung von der bewussten Entschlussfassung trennte, so konnte Haynes mit seinem Kernspintomografen bereits ganze zehn Sekunden vor der bewussten Entscheidung eine Aktivität im Gehirn feststellen, die der Bewegungsvorbereitung zuzuordnen ist. Zehn Sekunden! Das ist echt lang!

Diese Beobachtung wirft natürlich eine Menge spannender Fragen auf, allen voran: Wer entscheidet eigentlich? Oder, anders ausgedrückt: Wo kommen unsere Handlungsimpulse eigentlich her? Das Libetexperiment wurde im Laufe der Zeit auf unterschiedliche Weisen ausgelegt, nicht zuletzt von Libet selbst.

Die erste, zunächst naheliegendste Interpretation ist wohl jene, dass unser freier Wille eine Illusion ist. Wir denken, dass wir die Wahl haben, wann wir das Handgelenk heben, obwohl das eigentlich gar nicht so ist. Die Maschinerie unseres Gehirns hat sich längst in Gang gesetzt, um das Handgelenk zu bewegen, und erst im Nachhinein – laut Haynes ganze zehn Sekunden später – tun wir so, als würden wir das jetzt entscheiden. Libet selbst deutete seine Ergebnisse zunächst so.

Doch schon bald entschied er sich für eine andere Auslegung. Die Bewegungsvorbereitung, die im Gehirn registriert wurde, sei nichts weiter als ein Bewegungspotenzial. Wir hätten immer noch die Wahl, ob wir diesem Bewegungspotenzial freien Lauf lassen oder nicht. Diese These konnte bislang weder bewiesen noch widerlegt werden, deckt sich jedoch mit dem, was Schopenhauer in seinem eingangs zitierten Ausspruch so schön auf den Punkt gebracht hat. Der Wille, der Impuls oder eben auch das Bedürfnis taucht von irgendwo auf, ob wir diesem nachgeben und es in Handlung umsetzen, ist jedoch unsere Entscheidung.

Professor Haynes findet die Frage, ob ich oder mein Gehirn entscheidet, übrigens fehl am Platze. Er betont, dass es keine Trennung zwischen mir und meinem Gehirn gibt, da mein Gehirn ja ein Teil von mir ist. Er verwendet das Bild eines Eisberges, um aufzuzeigen, dass eben weite Teile unserer Gehirnaktivität – wie eben auch die Bereitstellung eines Bewegungspotenzials – unbewusst oder unter der Wasseroberfläche ablaufen. Das ändert jedoch nichts an der Tatsache, dass sich diese Prozesse in uns abspielen und zu uns gehören.

Doch zurück zur Ursuppe unserer Bedürfnisse. Wo kommen Bedürfnisse her? Zum einen mit Sicherheit aus einem akuten Mangel an etwas. Wenn ich nichts zu Essen habe, entsteht das Bedürfnis nach Nahrung. Wenn ich keinen trockenen Platz zum Schlafen habe, jener nach einem Unterschlupf und so weiter. Doch wenn wir die unteren Stufen der Maslowschen Pyramide hinter uns gelassen haben, werden unsere Bedürfnisse ungleich komplexer und vielfältiger. So bedeutet soziale Anerkennung für jeden etwas anderes, genau wie Sinnstiftung. Und während es dem einen schlaflose Nächte bereitet, dass er seine Lebensaufgabe noch nicht gefunden hat, ist der andere völlig zufrieden in einem sicheren Bürojob mit mäßigen Aufstiegschancen. Doch es gibt diese gravierenden Unterschiede nicht nur zwischen Menschen – auch jeder Einzelne durchläuft in seinem Leben viele Entwicklungs- und Entfaltungsphasen, die mit ganz unterschiedlichen Bedürfnissen einhergehen. Wo kommen sie her? Es ist ähnlich mysteriös wie die Frage, wo die Bewegungsimpulse im Libetexperiment ihren

Usprung haben. Wenn wir ehrlich sind, wissen wir es nicht. Es gehört zu den ganz großen Geheimnissen des Lebens, die wir vielleicht nie lüften werden, auch wenn wir uns viele schöne Geschichten dazu erzählen können.

Was wir jedoch lüften können, ist der Weg, den eine Bedürfnisblase nimmt, wenn sie aus den Tiefen unseres Bewusstseins aufzusteigen versucht. Wir können beobachten, dass sie verschiedene Phasen durchläuft, ehe sie zu einem starken, klaren Bedürfnis wird. Je nachdem, wie wir mit dieser aufsteigenden Bedürfnisblase umgehen, realisiert sich ihr Potenzial oder wird zu einem Hemmschuh in unserem Leben.

Ausgeblendete Bedürfnisse – „*Das gibt es nicht!*"

Phase eins, nachdem die Blase in Erscheinung getreten ist, befindet sich immer noch im Unbewussten, also unter der Wasseroberfläche. Für mich bringt die Aussage „*Das gibt es nicht*" unser Verhältnis zu diesem Bereich in uns am besten auf den Punkt. Er ist komplett ausgeblendet, beginnt jedoch irgendwo tief in uns zu rumoren.

Sigmund Freud echauffierte im 19. Jahrhundert die gesamte Wiener Gesellschaft mit der skandalösen Behauptung, der Mensch hätte ein Unterbewusstsein. Noch skandalöser wurde seine Behauptung durch die Feststellung, dass dieses angebliche Unterbewusstsein seiner Patienten voll von lüsternen, erotischen Fantasien war – also genau dem, womit niemand auch nur annähernd identifiziert sein wollte.

Dies führte Freud zu der Annahme, dass diese Triebimpulse natürlicherweise von uns Menschen dort in Schach gehalten werden. Der Vergleich mit anderen Kulturen bringt hier jedoch interessante

Erkenntnisse. So beobachteten Anthropologen, dass das Unterbewusstsein von Menschen, die in Stammeskulturen leben, oft mit ganz anderen Inhalten beschäftigt ist. In einem Umfeld, wo willige Sexualpartner gemeinhin leicht zu finden sind, es jedoch immer wieder zu Nahrungsknappheit kommt, tauchen Bilder von Völlerei und Festgelagen aus dem Unterbewusstsein aus. Sexualität ist hier gar kein Thema.[26]

Doch unabhängig davon, was sich da nun abspielt – ob es Bilder von sexuellen Orgien, Visionen der Völlerei oder Unterwerfungsfantasien sind –, interessant ist vor allem, wie diese Ebenen von Bedürfnissen sich in unserem Leben zeigen. Freud beschrieb hier als erster das Phänomen der Projektion. Er erkannte, dass die Inhalte dieser ausgeblendeten Ebene durch Projektionen auf andere in Erscheinung treten. Das bedeutet, dass wir unsere ausgeblendeten Bedürfnisse, wenn überhaupt, an anderen wahrnehmen. Oft regen wir uns sogar mit Fleiß darüber auf, wie lüstern, maßlos, egozentrisch oder was weiß ich diese anderen Menschen sind.

Ich habe es mir seit einigen Jahren zur Angewohnheit gemacht, jene Wesenszüge oder Gewohnheiten, die ich bei anderen heftig ablehne, unter die Lupe zu nehmen und mich beherzt zu fragen, ob ich nicht selbst gerne ein kleines bisschen so wäre. Das Ergebnis ist oft ganz erstaunlich. Eines meiner liebsten Beispiele ist Unpünktlichkeit – ein Wesenszug, der mich früher bei anderen Menschen auf die Palme bringen konnte. Selbstredend suchte ich mir mit Vorliebe Partner, die es mit der Pünktlichkeit – milde ausgedrückt – nicht so genau nahmen. Ungeschlagener Rekordhalter war ein Mann, bei dem eine eineinhalbstündige Verspätung zu einer Verabredung ungelogen noch ausgesprochen pünktlich war.

Als ich mir schließlich die – alles andere als angenehme – Frage stellte, ob ich nicht auch gerne ein kleines bisschen so wäre, erntete ich natürlich zunächst ein inbrünstiges *„Natürlich nicht!"*. Doch als ich weiter nachforschte, entdeckte ich, dass es mir tatsächlich enorm guttut, es in manchen Situationen und Lebensbereichen etwas lockerer anzugehen.

Ich betrachte Pünktlichkeit zwar immer noch als Tugend, doch nicht mehr als die höchste Tugend. Mindestens genauso wertvoll ist die Fähigkeit, das Leben zu nehmen, wie es kommt, und mit dem Fluss zu gehen – was gelegentlich bedeuten kann, dass ich mal ein bisschen später komme. Herrlich! Und natürlich war es genau diese Qualität, die mich an Männern wie meinem Rekordhalter eigentlich angezogen hat: die Fähigkeit, das Leben locker zu nehmen. Seit ich das in mir entdeckt habe – dieses verborgene Bedürfnis sozusagen befreit habe –, fällt es mir gar nicht mehr wirklich auf, ob jetzt jemand sehr unpünktlich ist oder nicht, es ist nicht mehr so wichtig. Und ich muss mir auch nicht mehr Partner suchen, die konsequent zu spät kommen. Doch das war ein Prozess. Die nächste Stufe in diesem Prozess ist jene der unterdrückten Bedürfnisse, auf die ich nun zu sprechen komme.

Unterdrückte Bedürfnisse – *„Das darf nicht sein!"*

Je nachdem, wie gut unsere Abwehrmechanismen sind, steigen mehr oder weniger Bedürfnisblasen aus dem Bereich des Ausgeblendeten in jenen des Unterdrückten auf. Der Unterschied scheint zunächst subtil, ist jedoch ausschlaggebend. Ausgeblendet bedeutet eben, dass es das gar nicht gibt. Unterdrückt bedeutet, dass es beginnt, sich in den Bereich des Halbbewussten hochzuschieben. Die

Grundaussage hier bedeutet *„Das darf nicht sein"* – womit ich ja indirekt schon anerkannt habe, dass es ist.

Dieser Bereich liegt teilweise unter der Wasseroberfläche, doch schon dort, wo noch vereinzelte Sonnenstrahlen es ermöglichen, einen Blick auf all das zu erhaschen, was dort angesiedelt ist. Hier beginnen die Bedürfnisblasen aufzusteigen und den Bereich des Unbewussten hinter sich zu lassen. Wenn wir wollen, können wir uns auf diesen Bereich einstimmen und wahrnehmen, was sich dort bewegt. Was sind die Bedürfnisse oder Sehnsüchte, die in mir aufsteigen, die ich aber gar nicht wahrhaben möchte? Diese Fragestellung kann Angst machen. Wir begegnen neuen, bislang unbekannten Bereichen in uns. Lassen wir uns darauf ein, wird eine neue Ebene in der Evolution der Bedürfnisse erreicht, was zu einer richtigen Identitätskrise führen kann.

Identitätskrise – *„Darf das sein?"*

Wenn wir an diesem Punkt zulassen, dass die Bedürfnisblasen weiter aufsteigen, bewegen sie sich schon bald in einem neuen Bereich. Um diesen Entwicklungsschritt zuzulassen, müssen wir unsere absolute Wertung und Ablehnung etwas lockern und uns zumindest für die Frage öffnen, ob das sein darf. Im Zuge dieser Auseinandersetzung kommt es zu einer Art Identitätskrise. Auf einmal sehne ich mich nach einer anderen Frau und ich war doch bislang immer der treue Ehemann! Darf das sein?

Es wäre verlockend, diese Frage einfach empathisch mit *„Ja!"* zu beantworten: *„Ja, natürlich darf das sein!"* Die Entwicklung der letzten Jahrzehnte war schließlich geprägt von einer immer weiter fortschreitenden Entfesselung unserer Bedürfnisse und Begierden.

Die Grenzen dessen, was als tabu betrachtet wird, werden immer weiter ausgeweitet, sodass zuweilen der Eindruck entsteht, dass wirklich alles sein darf. Doch bei genauerem Hinsehen erweist sich das als Trugschluss.

Ein gutes Beispiel hierfür findest sich im Bereich Sexualität. Hier erreichte die Entwicklung der Freizügigkeit in den 1970er-Jahren des vergangenen Jahrhunderts einen Höhepunkt. Ein rückblickend schockierender bis befremdlicher Ausdruck dieses Höhepunktes war etwa die ernsthafte Auseinandersetzung mit Pädophilie als legitimer Ausdruck menschlicher Sexualität in renommierten Medien. Heute wäre dies schon nicht mehr denkbar. Zugleich entsteht ein wachsendes Verständnis für Pädophile als Personen, die viel eher Unterstützung als Verurteilung brauchen, um mit ihrem Trieb umzugehen.

Dieses extreme Beispiel zeigt recht anschaulich, dass es nicht so einfach ist. Nicht jedes Bedürfnis will bejaht und ausagiert werden. Eine zweite wichtige Rolle spielt die Notwendigkeit, Bedürfnisse zu priorisieren, auf die ich später noch genauer eingehen werde. Doch was geschieht, wenn ich mich an diesem Punkt so weit mit einem Bedürfnis auseinandergesetzt habe, dass ich es mit Freuden auf die nächste Entwicklungsstufe entlasse und aller Welt verkünde: *„DAS DARF SEIN!“*?

Gewürdigtes Bedürfnis – *„Das darf sein!“*

Nach der Identitätskrise kommt der für mich schönste Teil der Evolutionsreise. Es ist der Moment, wo aus einem zaudernden, fragenden, unsicheren *„Will ich das wirklich?“* und *„Darf ich das wollen?“* ein wunderbar klares *„Genau das will ich!“* wird. Das kann manchmal Jahre dauern – mit Übung geht es jedoch schneller, versprochen.

Indem sich unser Bekenntnis zu unseren Bedürfnissen verändert, verändert sich unsere ganze Identität. Wenn ich mein Bedürfnis nach einer vollen, reichen, erfüllenden Sexualität ganz in mir zulasse, verändert dies mein Selbstverständnis als Frau – noch bevor ich irgendetwas in meinem Sexualleben verändert habe. Ich bin eine andere geworden, allein durch mein Bekenntnis, DAS zu wollen – was auch immer das ist.

Ich erlebe es immer wieder, dass Menschen diesen letzten Schritt in der Evolution der Bedürfnisse nicht vollziehen, weil sie meinen, sie dürften dieses oder jenes gar nicht wollen. Bei mir war das beispielsweise der Wunsch nach einem Partner, der voll und ganz gemeinsam mit mir die Verantwortung für meine Kinder trägt. Allein das zu denken war für mich lange tabu. Wie konnte ich mir so etwas wünschen? In einer Welt, wo Kinder vor allem als Belastung und Zumutung gesehen werden! In einer Welt, wo schon viele leibliche Väter – und zuweilen auch Mütter – ihre Verantwortung nur sehr unvollständig wahrnehmen!

Bei einem guten Freund von mir war es der Wunsch, nach einem persönlichen Assistenten, der nach genau dem gleichen Zeitplan arbeitete wie er selbst. Bei vielen Menschen ist es der Wunsch nach einem liebevollen Partner oder einem erfüllenden Beruf, von dem sie auch gut leben können. Was auch immer es ist, solange wir dieses Bedürfnis nicht voll zu uns nehmen und von jeder Pore unseres Wesens strahlen lassen, kommunizieren wir das Zerrbild dieses Bedürfnisses nach außen. Und wir übersehen komplett die Tatsache, dass es bei all den vielen Milliarden Menschen auf dieser Welt bestimmt ein paar Tausend gibt, die genau das Deckelchen zu unserem Bedürfnistöpfchen in sich tragen. Schlimmer noch: Wir binden Menschen in Beziehungen ein, die eigentlich etwas anderes suchen, und verhindern damit, dass sie das echte Gegenstück zu ihren Bedürfnissen finden.

Ein kontinuierlicher Prozess

Die Evolution der Bedürfnisse ist nicht etwas, das sich einmal vollzieht und dann abgeschlossen ist. Vielmehr handelt es sich hier um einen kontinuierlichen Prozess, der idealerweise nie aufhört. Wie alles auf der Welt sind auch unsere Bedürfnisse und damit unsere Identität einem kontinuierlichen Prozess des Werdens und Vergehens unterworfen. Ich habe ganz ehrlich und aufrichtig keine Ahnung, welche Bedürfnisse morgen oder übermorgen in mir oder meinem Partner oder anderen wichtigen Menschen in meinem Leben auftauchen werden. Früher hätte mich das extrem beunruhigt. Heute sehe ich dem mit einer Mischung aus freudiger Erregung und großer Gelassenheit entgegen. Freudige Erregung, weil ich weiß, dass jedes Bedürfnis, das auftaucht, eine neue Spielweise meines Wesens oder der Menschen, die ich liebe, offenbart. Gelassenheit, weil ich weiß, dass nicht jedes Bedürfnis gelebt werden möchte. Wie immer im Leben ist es ein ständiges Abwägen von Prioritäten – egal ob ich jetzt alleine entscheide oder gemeinsam mit anderen. Das gibt mir und den Menschen, die mir lieb sind, die Möglichkeit, immer wieder neu hinzugucken und einen guten Weg zu finden, wie auch immer der aussehen wird.

Hin und wieder werde ich gefragt, wie das denn zum Beispiel aussehen würde, wenn mein Partner plötzlich das Bedürfnis in sich

ÜBUNG 11: Skizziere deine Bedürfnislandschaft

1. Nimm ein neues Blatt Papier im Hochformat und teile es mit einem Querstrich in zwei Hälften. Dies ist die Trennlinie zwischen den bewussten und den unbewussten Bereichen in dir. Wenn du magst, kannst du oberhalb der Linie *„bewusst"* schreiben und unterhalb *„unterbewusst"*.
2. Teile nun die beiden Bereiche noch einmal durch je einen Querstrich, sodass insgesamt vier Felder entstehen. Beschrifte diese nun von oben nach unten mit den Bezeichnungen *„Gewürdigtes Bedürfnis"*, *„Identitätskrise"*, *„unterdrückt"* und *„ausgeblendet"*. Die Ursuppe lassen wir für diese Übung weg.
3. Beginne ganz oben und schreibe in dieses Feld bunt durcheinander, was dir gerade einfällt auf die Frage: *„Welche meiner Bedürfnisse machen mir Freude?"* oder *„Zu welchen Bedürfnissen in mir kann ich voll und ganz Ja sagen?"*.
4. Wende dich dann dem zweiten Feld zu: Identitätskrise. Schreibe hier alles hinein, was dir spontan auf die Frage einfällt: *„Was traue ich mich gar nicht richtig, mir zu wünschen?"* oder *„Welche Bedürfnisse lösen Angst, Wut, Trauer oder Scham in mir aus, wenn ich sie in mir selbst entdecke?"*.
5. Im dritten Feld begeben wir uns in den Bereich des Unterbewussten. Hier wird es also schon schwieriger. Da dieser Bereich jedoch noch recht nah an unserem bewussten Teil liegt, können wir hin und wieder einen Blick auf ihn erhaschen, wenn wir wirklich wollen. Mir gelingt das am besten, wenn ich die Augen schließe, bewusst meinen Solarplexus entspanne und tief durchatme. Wenn ich dann ganz still werde und mit meiner Aufmerksamkeit auf meinem Solarplexus bleibe, dann kann ich dort manchmal das Aufsteigen einer Bedürfnisblase beobachten. Da tauchen dann Sachen auf, die ich nie in mir vermutet hätte. Probier es doch mal aus. Beginne den Satz *„Ich wünsche mir…"* und gucke, was dein Bauch sagt. Und egal, was es ist, schreib es unzensiert auf. Mach das so oft du magst und nimm es nicht zu ernst. Da kann alles Mögliche auftauchen, vor allem wenn wir uns das nicht allzu oft fragen.
6. Und nun geht's ans Eingemachte: unsere unterdrückten Bedürfnisse. Wie gesagt: Die erwischen wir eigentlich nur, wenn wir uns auf frischer

Tat ertappen, wie wir sie anderen in die Schuhe schieben. Und das ist gar nicht so einfach, schließlich setzt es voraus, dass wir uns selbst bei einem Betrug überführen. Aber wir können es ja mal probieren.

7. Such dir einen Menschen aus, der dich aufregt. Das kann ein Wildfremder in der U-Bahn sein, jemand aus einer Fernsehserie oder jemand, der dir ganz nahesteht. Es kann jemand sein, der dich nur ein bisschen aufregt bzw. nervt, oder jemand, der dir total die Knöpfe drückt – wobei die Übung in letzterem Fall deutlich schwieriger ist.
8. Frage dich: *„Was regt mich an diesem Menschen auf, was finde ich unmöglich an ihm?"* Bemühe dich in deiner Antwort um Präzision, versuche zum Kern deines Unbehagens vorzudringen. Mache dir in dem vierten Feld Notizen dazu.
9. Nachdem du dir ein paar Punkte notiert hast, frage dich: *„Welches Bedürfnis lebt dieser Mensch durch dieses Verhalten aus?"* und mache dir auch dazu Notizen.
10. Beobachte, was dabei in dir geschieht. Wenn du ein bisschen wie ich bist, wirst du bemerken, wie es in deinen Eingeweiden rumort, als hättest du eine Schlange verschluckt. Es ist einfach so unangenehm, sich das überhaupt anzugucken, oder?
11. Ok, jetzt kommt der schwierigste Schritt: Was hat das mit dir zu tun? Was wäre, wenn du diese Bedürfnisse, die dieser Mensch auslebt, auch hättest? Ich sage nicht, dass es so ist. Doch etwas in dir beschäftigt sich damit, weshalb ich dich nun zu der Frage einladen möchte: *„Was wäre wenn?"* Verbringe einfach ein bisschen Zeit damit.
12. So, das war jetzt mal eine Einführung in die Kartografie deiner Bedürfnislandschaft. Wenn du magst, kannst du dir ein ganzes Poster dazu malen oder für jeden einzelnen Bereich ein eigenes Papier an die Wand hängen. Du kannst für jene Bedürfnisse, die dich gerade beschäftigen, kleine Fähnchen basteln und von einem Feld in das andere bewegen, wie bei einem Eroberungsfeldzug, je nachdem wo du es gerade in dir lokalisierst. Du siehst, deiner Kreativität und Fantasie sind keine Grenzen gesetzt. Du kannst natürlich auch einfach die hier beschriebene Übung von Zeit zu Zeit wiederholen und sei es nur vor deinem inneren Auge. Denn eines ist klar: Allein indem du diese Übung gemacht hast, haben sich einzelne Bedürfnisse schon wieder verschoben.

entdecken würde, mit jemand anderem Sex zu haben. Dieses ist ja eines der Bedürfnisse, das in Beziehungen heute am meisten tabuisiert wird. Ich weiß heute aus Erfahrung, dass weder meine eigenen Bedürfnisse noch die meines Partners eine Bedrohung für mich oder die Beziehung sind – sexuelle Wünsche eingeschlossen. Viel beunruhigender finde ich es, wenn Bedürfnisse unterdrückt und ausgeblendet werden, denn dann entwickeln sie eine dunkle Macht, die uns von uns selbst und einander entfremdet, uns im Extremfall sogar lügen und betrügen lässt, obwohl die Liebe groß und stark ist.

Um dem vorzubeugen, habe ich Übung 11 notiert, Skizziere deine Bedürfnislandschaft, durch die du die Evolution der Bedürfnisse in dir verfolgen kannst und dir ein Stück bewusster machen kannst. Damit die so entdeckten Bedürfnisse in einer Beziehung dann einen guten, gesunden Platz haben, ohne ausgeblendet zu werden oder die Beziehung zu sprengen, ist es hilfreich, genau zu betrachten, wo wir uns eigentlich begegnen. Das ist das Thema des nächsten Kapitels.

REFLEXIONSFRAGEN

1. Welche Bedürfnisse in dir warten nur darauf, von dir bejaht und gefeiert zu werden?
2. Welche Bedürfnisse in dir oder in einer Person, die dir nahesteht, empfindest du als Bedrohung?
3. Welche Bedürfnisse schlummern an der Schwelle zu deinem Bewusstsein und könnten vielleicht in die nächste Evolutionsstufe eingeladen werden, indem du sie zur Kenntnis nimmst?

4 Wo begegnen wir uns?

Viele Menschen wünschen sich mehr Intimität und echten Kontakt in ihrem Leben. Oft wird diese Sehnsucht nach echtem Kontakt mit der Sehnsucht nach Sex verwechselt. Doch das Thema Intimität geht bei Männern und bei Frauen weit über Sexualität hinaus und kann in jedem Lebensbereich eine Rolle spielen. Tatsächlich können wir Sex haben, ohne wirklich miteinander intim zu sein, also echten Kontakt zu haben. Im Umkehrschluss können wir mit Menschen echten Kontakt erleben, ohne dass Sexualität irgendeine Rolle spielt. Und natürlich ist es besonders schön, wenn beides zusammenkommt. Doch wie entsteht Intimität eigentlich? Was ist der Nährboden, auf dem echter Kontakt möglich wird, und was sind die Faktoren, die diesen unterbinden?

Die bislang einfachste und schlüssigste Erklärung ist mir bislang anhand eines Modells gelungen, das von verschiedenen Persönlichkeitsschichten ausgeht. Diese Schichten, gleich Zwiebelschalen, schützen uns in der Interaktion mit anderen Menschen und sorgen dafür, dass unsere Verletzlichkeit nicht so ohne Weiteres freigelegt wird. Somit haben diese Schichten eine ganz wichtige Funktion. Problematisch wird die ganze Sache erst dann, wenn es uns nicht mehr gelingt, Menschen auch ohne diese Schichten zu begegnen. Dann vereinsamen wir und erfahren auf der zwischenmenschlichen Ebene einen echten Mangel – und das vielleicht, obwohl wir ständig von Leuten umgeben sind.

Persönlichkeitsschichten

Bevor wir uns also genauer mit der Frage nach Intimität befassen, möchte ich das Modell der Persönlichkeitsschichten kurz vorstellen.

Modell der Persönlichkeitsschichten

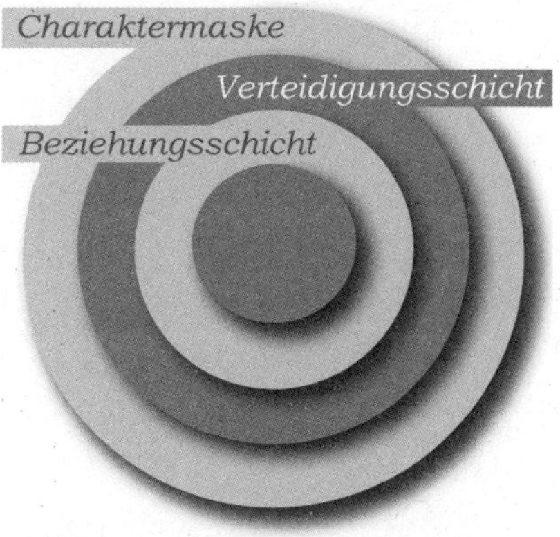

1. Die Charaktermaske

Die äußerste Schicht in diesem Modell ist die sogenannte Charaktermaske. Ich vergleiche sie gerne mit einer Teflonschicht, an der nichts so ohne Weiteres hängen bleibt. Unter dem Schutz dieser Charaktermaske bewältigen wir die meisten Alltagssituationen. Im Smalltalk-Modus kommen uns mit der Kassiererin an der Supermarktkasse, dem Kollegen an der Kaffeemaschine oder dem Kunden am Telefon nette Nichtigkeiten völlig zwanglos über die Lippen. Wir bewegen uns auf sicherem Terrain und würden nicht im Traum daran denken, mit irgendeiner Äußerung für Kontroversen zu sorgen.

Sagt unser Gegenüber etwas, das wir ganz anders sehen, hüten wir uns in der Regel, das auch kundzutun. Sinn und Zweck dieser Art der Konversation ist schließlich nicht ein echter Austausch. Es geht vielmehr darum, sich selbst und den anderen in Sicherheit zu wiegen, indem gewissen Formen Genüge getan wird.

2. Die Verteidigungsschicht

Die nächste Schicht nach der Charaktermaske ist die sogenannte Verteidigungsschicht. Wie der Name schon sagt, geht es hier vor allem darum, uns selbst, unseren Standpunkt und unsere Bedürfnisse zu verteidigen. Der ihr zugehörige Kommunikationsmodus ist die Diskussion, auf den ich in Teil III im Kapitel über Kommunikation noch genauer eingehen werde.

Grundmerkmal dieser Schicht ist es, dass wir sehr wohl bereit sind, Unterschiede in den Sichtweisen anzusprechen und dann auch darüber zu streiten. Das hat den großen Vorteil, dass wir wesentlich aufrichtiger sind als noch in der Charaktermaske. Der große Nachteil liegt darin, dass wir häufig auch sehr verletzend werden und in diesem Modus schlecht zuhören können. Die Verteidigungsschicht kann einem Panzer gleichen und eine große Härte ausstrahlen. Wenn wir uns primär in dieser Schicht begegnen, ist das sehr zermürbend und aufreibend für unsere Beziehungen.

3. Die Bedürfnis- oder Beziehungsschicht

Die nächste Schicht, wenn wir die Verteidigungsschicht hinter uns gelassen haben, ist die Bedürfnis- oder Beziehungsschicht. Hier begegnen wir einander offen und auch verletzlich. Wir zeigen uns mit unseren Bedürfnissen und auch mit den Fragen, die uns im Innersten bewegen. In dieser Schicht ist es kein Problem, wenn wir uns in manchen Belangen unsicher sind oder Zweifel hegen. Hier sind wir weich, können gut Verbindung mit anderen aufbauen und uns von ihnen berühren lassen. Auch halb fertige Gedanken und Ahnungen oder Sehnsüchte, von denen ich selbst noch nicht weiß, ob ich sie ausleben möchte, können hier geteilt werden. Die dazugehörige

Kommunikationsform ist der Dialog, was auch später noch Thema sein wird.

4. Unser Innerstes

Noch tiefer als die Bedürfnis- oder Beziehungsschicht liegt unser innerster Kern. Dieser Bereich hat viele verschiedene Namen: Christen nennen ihn die Seele, Buddhisten die Leere, Quäker das innere Licht. Wie wir ihn nennen, ist nicht so wichtig und es gilt auch gar nicht, diesen Kern zu verstehen oder zu begreifen. Erfahrbar wird er in der Meditation, der tiefen Kontemplation oder auch in schöpferischen Momenten.

Gerade in jüngster Zeit entdecken immer mehr Menschen, ungeachtet ihrer religiösen Prägung, wie nährend es ist, mit diesem Innersten den Kontakt zu pflegen. Hier herrscht Ruhe, Frieden, Harmonie und Einigkeit mit sich und der Welt. Alles, was uns in den anderen Schichten noch beschäftigte, fällt von uns ab, offenbart sich als nichtig und klein. Viele Menschen suchen daher auch in diesem Innersten eine Lösung ihrer zwischenmenschlichen Probleme. Leider zeigt sich immer wieder, dass wir hier zwar rasten und uns orientieren können, Beziehung jedoch hier nicht stattfindet. Es ist ein beziehungsloser Raum in dem wir die Einheit aller Dinge und Wesen erfahren können. Gerade deshalb können wir hier nicht erfahren, was es bedeutet, in der Dualität mit einem anderen Menschen in Beziehung zu sein.

Wie Intimität entsteht oder verhindert wird

Wenn wir oben skizziertes Modell der Persönlichkeitsschichten betrachten, wird schnell offensichtlich, wo Intimität möglich ist.

Genauso wird deutlich, auf welche Weise Intimität verhindert oder zerstört wird. Im Folgenden möchte ich anhand der einzelnen Schichten darstellen, wie die Mechanismen funktionieren, die hier Intimität verhindern, und wie wir von dort wieder Intimität herstellen können.

1. Pseudoharmonie (Charaktermaske)

In der Charaktermaske geschieht keine Intimität, weil keine wirkliche Begegnung, geschweige denn Nähe passiert. Hier begegnen wir uns in einer Pseudoharmonie, die zwar in oberflächlichen Beziehungen eine wichtige Funktion hat, in nahen Beziehungen jedoch nur bedingt etwas verloren hat. Klar kann auch mit dem Partner mal ein oberflächlicher Plausch ganz nett sein. Problematisch wird diese Begegnungsform, wenn sie zur Beziehungsform wird. Sie wird zur Flucht. Paare oder Kollegen ziehen sich dann auf diese Ebene zurück, wenn sie keine guten Mechanismen entwickelt haben, um mit Differenzen konstruktiv umzugehen. Das Ergebnis ist eine oberflächliche Harmonie, unter der jedoch das Bedürfnis nach wirklichem Kontakt auf der Strecke bleibt.

Paare, die sich sehr lange und zuverlässig hier bewegt haben, bemerken oft erst nach Jahren oder Jahrzehnten, dass sie nichts mehr verbindet. Bekannte und Freunde fallen dann aus allen Wolken, denn es war doch immer alles so harmonisch!

Wege aus der Pseudoharmonie führen unglücklicherweise immer durch die Konfliktbereitschaft, weshalb sie wenig beliebt sind. Doch die Bereitschaft, auch mal anderer Meinung zu sein, Bedürfnisse zu haben, die nicht in das gewohnte Schema passen, und Fragen zu stellen, die nicht sofort beantwortet werden können, sind ausschlaggebend, um den ersten Schritt aus der Lähmung einer Pseudoharmonie zu wagen. Dieser Schritt wird oft gemieden, denn die Gefahr, in der Verteidigungsschicht zu landen, ist groß. Und dort erwartet uns Krieg.

2. Sieg oder Niederlage (Verteidigungsschicht)

Es ist paradox: Man macht einen Schritt aufeinander zu, doch es fühlt sich eher so an, als würde man sich entfernen. Auf einmal ist man ganz unterschiedlicher Ansicht und der andere ist fremd, sein Standpunkt unverständlich.

Tatsächlich wurde der entscheidende Schritt aus der Zuschauertribüne in die Arena gewagt. Man verlässt den Halbschatten, der einen auf der Zuschauertribüne noch wohlig umhüllte und die eigenen Konturen verschwimmen ließ. Man zeigt sich und bezieht Position: Hier bin ich, das ist mein Begehr, so sehe ich die Welt!

Durch diesen Schritt, durch diese Positionierung machen wir uns sichtbar und auch angreifbar. Wie wird der andere auf unsere Positionierung reagieren? Wird er kämpfen? Sich unterwerfen? Uns argwöhnisch oder geringschätzend beäugen? Sich selbst in die Schatten zurückziehen oder noch einen Schritt mehr ins Licht machen?

Verharren wir bei unserer Begegnung in der Verteidigungsschicht, begegnen wir der Andersartigkeit unseres Gegenübers mit Feindseligkeit und Ablehnung statt mit Neugier und Offenheit. Die Angst vor dem Unbekannten wird gemieden, die Wut hat uns im Griff. Etwas in uns sagt: „*Ich oder er – beide können nicht recht haben.*" Sind die Waffen erst gewählt – Worte oder Schweigen, Taten oder Gesten –, nimmt der Kampf unweigerlich seinen Lauf. Denn das, was anders ist, ist hier eine Bedrohung und kann unmöglich einfach so stehen gelassen werden. Mit allen Mitteln versuchen wir, den anderen aus dem Gleichgewicht zu bringen, in der Hoffnung, den Sieg davonzutragen. Gelingt uns dies, bemerken wir oft zu spät, dass wir das Kind mit dem Bade ausgeschüttet haben, denn kaum ist die Gefahr durch den anderen gebannt, bemerken wir, dass auch die Gelegenheit zu wirklicher Begegnung oder Intimität erfolgreich eliminiert wurde.

Doch was ist die Alternative? Bleiben wir bei unserem Bild der Arena: Wenn beide den Schritt aus der Zuschauertribüne in den Mittelpunkt ihrer Beziehungsbühne gewagt haben, besteht der nächste Schritt darin, sich bei Licht zu betrachten. Wer ist dieser Mensch, der mir da gegenüber steht? Wer ist er jetzt gerade, in diesem Moment? Was ist sein Begehr, worum geht es ihm? Wie kann ich ihm zeigen, wer ich bin und worum es mir geht? Mit anderen Worten: Wir tun gut daran, die Waffen abzulegen und einander mit einer fragenden, offenen Haltung zu begegnen. Und wir tun gut daran, unsere Gegenüber aufzufordern und einzuladen, es uns gleichzutun. Wenn uns dies gelingt, haben wir den entscheidenden Schritt aus der Verteidigungsschicht in die Bedürfnis- oder Beziehungsschicht gemacht.

3. Stirb und Werde (Beziehungsschicht)

Es ist diese Bedürfnis- oder Beziehungsschicht, wo wir einander weich und verletzlich, bedürftig und auch fragend begegnen können, wo sich der Raum wirklicher Intimität öffnet. Aus der Kampfarena wird eine Tanzfläche, aus Konflikten wird Potenzial. Potenzial für was? Einander näher kennenzulernen, unsere Liebesfähigkeit zu entwickeln, kreativ zu werden und ja: auch Potenzial für Veränderung und damit für einen gemeinsamen Entwicklungsweg.

Eine Begegnung in diesem Raum ist unglaublich aufregend, denn hier begegnen wir uns selbst und einander immer wieder neu. Die Qualität der Angst, die wir in der Verteidigungsschicht noch strikt gemieden haben, verändert sich: Sie wandelt sich in pure Aufregung. Wie wird der andere reagieren, jetzt, wo ich mich zeige? Was werde ich an ihm entdecken, nun, wo er sich zeigt? Wie kompatibel ist das, was sich in mir zeigt, mit dem, was sich in meinem Gegenüber offenbart? Und schließlich: Wie wird es uns gelingen, gemeinsam eine Lösung zu finden für jene Teile, die offenbar nicht zusammenpassen? Und sei es, dass wir gemeinsam Frieden damit schließen, dass gerade keine Antwort da ist und wir nur mit der Frage verharren können?

Es liegt auf der Hand, dass sich dieser Tanz nur in einem sicheren Rahmen offenbaren kann. Das Tanzparkett unserer Beziehungen braucht ein solides Fundament, damit diese Art des gemeinsamen Forschens möglich wird. In Teil III werde ich genauer darauf eingehen, wie dieses entsteht und gepflegt wird.

4. Nicht-Begegnung (unser Innerstes)

Zuletzt möchte ich noch auf die Möglichkeit der Nicht-Begegnung eingehen, die sich ergibt, wenn wir uns in unser Innerstes zurückziehen, in diesen Ort des Friedens und All-Eins-Seins. Ich habe lange gebraucht, um zu verstehen, dass dieser Raum zwar ganz wunderbar ist, Beziehung sich jedoch woanders abspielt. So kann ich diesen Raum zwar wunderbar aufsuchen, um mich von den Strapazen eines besonders anspruchsvollen Beziehungswalzers oder einer nicht minder anstrengenden Schlacht zu erholen. Ich kann meine Beziehungsprobleme jedoch hier nicht lösen. Die einzig hilfreiche Erkenntnis, die ich hier gewinnen kann, ist, dass alle und niemand recht haben – was auch sehr wertvoll ist. Doch was wir mit dieser Erkenntnis machen und ob wir nun nach Mallorca oder Rimini in Urlaub fahren, ist damit nicht geklärt. Das kann sich nur auflösen, wenn wir diese Erkenntnis nutzen, um uns erneut auf die Ebene der Beziehung zu begeben.

Viele Menschen, die Erfahrungen mit dieser inneren Insel der Seligkeit in uns haben, verwechseln die formlose Verschmelzung, die hier erfahrbar ist, mit wirklicher Intimität. Sie sind sogar der Meinung, dass dies wirkliche Begegnung sei. Ich hingegen vertrete die Meinung, dass hier überhaupt keine Begegnung und somit auch keine Intimität geschieht. Es geschieht Verschmelzung, was eine wunderbare Erfahrung sein kann. Sie hilft uns zu verstehen, dass wir jenseits von unseren Unterschieden eins sind. Das kann unsere Unterschiede relativieren und uns eine andere Perspektive auf sie vermitteln. Es löst unsere Unterschiede sowie die Schwierigkeiten und Konflikte, die sich aus diesen ergeben, jedoch mitnichten auf. Diese Erfahrung haben unzählige Heilsuchende gemacht, die nach einer mystischen, meditativen oder sonstigen spirituellen Erfahrung wieder relativ unsanft auf dem Boden der Dualität gelandet sind, nur um festzustellen, dass es oben und unten, rechts und links, ich und du auf dieser Ebene eben immer noch gibt.

Wirkliche Intimität, wie ich sie verstehe, ist nur innerhalb dieser Dualität erfahrbar bzw. sie ist die Erfahrung, die aus Dualität Polarität werden lässt. Das mag sich nach philosophischer Haarspalterei anhören, hat jedoch eine ganz praktische Relevanz: In der Dualität sind Gegensätze voneinander getrennt auftretende Phänomene. Schwarz und Weiß sind Feinde, wie unzählige Hollywoodschinken nicht müde werden, uns zu verklickern. In der Polarität hingegen sind Gegensätze verbunden und bedingen einander. Schwarz ist in dieser Betrachtungsweise nicht das Gegenteil und somit der Feind von Weiß, sondern Schwarz bedingt Weiß, es ist sein Gegenstück. Diese Erfahrung kann ich jedoch nur machen, wenn ich mich aus der transzendenten Ebene der Nicht-Erfahrung zurück auf das Parkett des Beziehungstangos begebe und dort meinem Partner die Hand reiche.

Intimität jenseits der Paarbeziehung

Bislang bin ich – wie so oft – in meinen Ausführungen vor allem auf die klassische Paarbeziehung eingegangen. Viele Dynamiken kennen wir eben von dort und erkennen sie daher leicht wieder, wenn sie anhand der Paarbeziehung erläutert werden. Doch gerade beim Thema Intimität möchte ich es nicht versäumen, auch auf andere Beziehungsformen wie Arbeitsbeziehungen oder Freundschaften einzugehen. Wenn wir den Begriff Intimität nämlich aus dem sexuellen Kontext befreien und neu definieren – als wirkliche, verbindende Begegnung zwischen zwei Menschen, wie sie sind, mit ihren Gemeinsamkeiten und Unterschieden –, bemerken wir, dass diese nicht nur in Paarbeziehungen einen wichtigen Stellenwert hat oder haben sollte.

So ist für mich zum Beispiel diese Art von Intimität aus der Beziehung mit meinen Kindern für mich genauso wenig wegzudenken wie aus meinen wichtigsten Arbeitsbeziehungen oder Freundschaften. Erst in diesem Raum lernen wir uns kennen. Erst hier entsteht das, was unser Zusammensein oder unsere Zusammenarbeit wertvoll macht. Und hier geht es nicht um irgendeinen Kuschelwohlfühlfaktor – es geht auch ganz nüchtern um Ergebnisse. Wirklich gute Lösungen, die aus der Intelligenz eines Kollektivs entstehen, sind ohne diesen Raum der Intimität genauso wenig möglich wie gute Verhandlungen, bei denen die Interessen aller gewürdigt werden. Wie genau diese Verhandlungen – gleich ob im privaten oder im beruflichen – gelingen können, ist Thema des nächsten Kapitels: *Die Kunst der Kooperation*.

REFLEXIONSFRAGEN

1. Mit wem in meinem Leben lebe ich wirkliche Intimität?
2. In welcher Beziehung wünsche ich mir mehr Intimität?
3. Wenn ich es versäume, Intimität zuzulassen, obwohl ich es mir wünschen würde, tendiere ich dazu, mich in der Charaktermaske, der Verteidigungsschicht oder in meinem Innersten zu verstecken?

5 *Die Kunst der Kooperation*

Als die Welt noch in Ordnung war und jeder wusste, wo er hingehörte, war der Umgang mit Konflikten relativ einfach. Derjenige, der oben war, hatte Vorfahrt. Er konnte entscheiden, dass sein Bedürfnis gerade wichtiger war, und konnte sich auch gegen den Willen des anderen durchsetzen. Wie anfangs bereits erwähnt, lag darin – nüchtern betrachtet – der große Vorteil hierarchisch klar strukturierter Beziehungen. Die Anforderungen an die soziale Kompetenz aller Beteiligten war minimal.

Heute ist das anders. Wenn wir Beziehung auf Augenhöhe leben wollen, kommen wir nicht umhin, unsere soziale Kompetenz zu entwickeln, also die Kunst der Kooperation zu erlernen. Um gleichwertige, harmonische und zugleich lebendige Beziehungen zu leben, sind wir alle gefordert, in diesem Bereich unsere Hausaufgaben zu machen. Soviel dürfte inzwischen klar sein.

In diesem Kapitel möchte ich mich dem berühmten Knackpunkt zuwenden, dem Fall der Fälle, wenn du etwas anderes willst als ich. Ich habe jetzt ganz schön viel drumherum geschrieben, habe von Bedürfniskompatibilität und Beziehungslandschaften, von der Evolution der Bedürfnisse und Ebenen der Begegnung erzählt. Doch am Ende landen wir immer wieder vor der Frage, was wir tun, wenn du etwas anderes willst als ich. Solange wir diesen Punkt nicht lösen, solange wir keinen guten Umgang damit lernen, bleibt alles für die Katz.

Dann können wir noch so viele Runden auf dem Harmoniekarussell drehen – irgendwann entlarvt es sich als Farce und wir stehen wieder vor der alten Frage, wer gewinnt. Oder wir stellen nach Jahren fest, dass wir den Kontakt mit uns selbst und miteinander komplett verloren haben, da das, was sich in uns und durch uns zeigen möchte, einfach nie Raum hatte im Harmoniereigen unserer Beziehungen. Echte Begegnung ist irgendwann auf dem Weg abhandengekommen, oft ohne dass wir es zwischen Kindern, Haushalt und Beruf mitbekommen hätten.

Keiner hat unrecht

Ich habe bereits ein paarmal erwähnt, dass die meisten Menschen recht hilflos sind, wenn es in Beziehungen auf Augenhöhe zu Konflikten kommt. Wie findet man jetzt heraus, wer recht hat? Wie entscheiden wir, wessen Bedürfnis Vorfahrt hat? Ich habe auch erwähnt, dass der Lösungsversuch meist darin besteht, wieder in irgendeiner Form ein Machtgefälle herzustellen. Eine der einfachsten und daher beliebtesten Methoden dafür ist, den anderen ins Unrecht zu setzen.

In der Praxis sieht das so aus, dass wir beginnen, einander zu kritisieren. Statt zu sagen *„Ich würde mir wünschen, dass du weniger Zeit im Büro verbringst"*, warten wir mit absoluten Urteilen auf. Vielleicht – um bei dem eben angeführten Beispiel zu bleiben – beschimpfen wir den anderen als Burn-out-gefährdeten Arbeitssüchtigen, als Rabenmutter, die nie Zeit für ihre Kinder hat, oder als karrieregeilen Bürohengst, der sich nur beim Chef einschleimen will. Hinter solch unschönen Unterstellungen steckt das, was ich als Absolutheitsansprüche bezeichne.

Absolutheitsansprüche basieren auf der Idee, dass es Dinge gibt, die *absolut* richtig oder falsch sind. Wann immer wir auf Absolutheitsansprüche zurückgreifen, weigern wir uns anzuerkennen, dass jedes *Richtig* oder *Falsch* im Endeffekt subjektiv bzw. relativ ist. Es ist nicht absolut falsch, viel Zeit im Büro zu verbringen. Aus der Warte des Partners, an dem dann die Hauptlast der Betreuung der Kinder oder der Hausarbeit hängen bleibt, kann es sehr wohl falsch sein. Umgekehrt kann es aus der Sicht des Chefs falsch sein, wenn der Mitarbeiter jeden Tag um 15 Uhr nach Hause geht, um für die Familie da zu sein.

Wir brauchen also einen bestimmten Standpunkt, um überhaupt feststellen zu können, ob etwas richtig oder falsch ist – und damit ist es nicht absolut. Das mag sich zunächst hochphilosophisch anhören. Tatsächlich ist es so, dass wir es alle tagtäglich versäumen, diese Unterscheidung sauber zu treffen, und dadurch eine Menge Unheil anstiften. Besonders in Beziehungen haben Absolutheitsansprüche verheerende Auswirkungen. Daher tun wir gut daran, den Unterschied zwischen einem solchen Anspruch und einer persönlichen Meinung oder Bedürfnisäußerung wirklich zu begreifen.

Leider leben wir in einer Gesellschaft, die immer noch sehr gut darin ist, Absolutheitsansprüche zu verbreiten. Experten in Frauenzeitschriften, Beziehungsratgebern und einschlägigen Internetforen tun oft mit Fleiß nichts anderes, als angeblich allgemein gültige Regeln aufzustellen, wie Mann oder Frau, Mutter oder Vater, Chef oder Mitarbeiter denn nun zu sein haben und wie nicht, welches Verhalten akzeptabel ist und welches nicht. Leider hilft uns das nur begrenzt weiter, denn wir leben längst in einer Gesellschaft, in der so viele Interpretationen, Auslegungen und Lesarten von Richtig und Falsch friedlich nebeneinander leben, dass es solch allgemein gültige Aussagen immer weniger geben kann.

Ein gutes Beispiel hierfür ist das Thema Treue und Sexualität, das wohl seit Menschengedenken in Paarbeziehungen mächtig Zündstoff liefert. Verschiedene Gesellschaften haben über die Jahrtausende immer wieder andere Lösungsansätze für den Spannungsraum zwischen den Geschlechtern entwickelt. So gab und gibt es Gesellschaften, in denen die sexuelle Ausschließlichkeit oder Monogamie zu einer intimen Verbindung zwischen zwei Menschen ganz klar dazugehört. Im Extremfall ist in solchen Gesellschaften ein Rachemord aus Eifersucht nicht nur eine Selbstverständlichkeit, es ist sogar die Pflicht des gehörnten Ehemannes, um seine Ehre zu retten. Der außereheliche Geschlechtsverkehr wird hier ganz klar als *absolut falsch* betrachtet, weshalb er mit dem Tod gerächt werden kann und sogar muss.

Genauso gab und gibt es Gesellschaften, in denen es als ganz selbstverständlich gilt, dass Männer und Frauen einander begehren und dass dieses Begehren auch nicht langfristig aufhört, nur weil zwei Menschen sich verlieben. Ein Beispiel für solch eine Gesellschaft ist jene der Moso in China. Bei den Moso gilt die Annahme, dass Verliebtheit und sexuelle Leidenschaft ein solides Fundament für eine Familie bilden könnten, als absurd. Liebe kommt und geht, meinen sie. Und wenn bei den Moso eine Frau ihren Liebhaber wechselt – nach ein paar Tagen oder nach vielen Jahren –, kann es wie überall auf der Welt zu Eifersuchtsanfällen kommen. Doch bei den Moso hat der Unglückliche lediglich für ein paar Tage mit leichtem Mitgefühl von seinen Mitmenschen zu rechnen. Nach dieser Frist sollte er sich dann aber auch wieder eingekriegt haben. Bei den Moso gilt die Idee, dass ein Mann diese Frau für sich haben will, als *absolut falsch*.[27]

Und dann gab und gibt es natürlich Gesellschaften mit allen möglichen Spielweisen zwischen diesen beiden Extremen. Neu ist nun die Gesellschaft, in der wir leben oder zu der wir uns langsam entwickeln: eine Gesellschaft, in der beide Extreme vertreten sind und alles dazwischen. Zwar sind viele von uns noch von der monogamen Doktrin der christlichen Kirchen geprägt, doch dieser Einfluss schwindet zunehmend. Immer mehr Menschen werden sich der Tatsache bewusst, dass sie selbst entscheiden, wie sie die Themen Treue und Sexualität interpretieren und leben möchten. Darüber hinaus ändert sich dies auch noch im Laufe unseres Lebens. Ich kenne Paare, die glücklich monogam leben, genau wie solche, die in offenen Beziehungen oder sogar in sogenannten polyamorösen (wörtlich: mehr-liebigen) Beziehungsgeflechten ihr Glück gefunden haben.

Anders als früher gibt es heute kein gesellschaftlich allgemeingültiges Richtig oder Falsch mehr, was diese unterschiedlichen Varianten in der Beziehungsgestaltung betrifft. Trotzdem versäumen es viele Paare, offen über diese Themen zu sprechen, um herauszufinden, was hier die Bedürfnisse sind und ob diese denn kompatibel sind. Dies führt in der Regel dazu, dass implizit oder explizit von einer monogamen Beziehungsform ausgegangen wird und dass früher oder später die anderen Begierden sich in heimlichen Affären oder Seitensprüngen einen Weg an die Oberfläche suchen. Und was passiert, wenn das auffliegt, wissen wir ja alle.

Doch so brisant, wichtig und groß dieses Thema in Beziehungen heute ist, es ist nur ein Beispiel von unzähligen, wo Absolutheitsansprüche verhindern, dass wir unsere eigenen Bedürfnisse und die anderer wahrnehmen und zunächst einmal respektieren. Dies ist jedoch die Grundvorraussetzung dafür, dass wir dann in einem zweiten Schritt entscheiden können, welche unserer vielen Bedürfnisse wir tatsächlich in gelebte Realität übersetzen wollen.

Um in Beziehungen auf Augenhöhe Konflikte erfolgreich lösen zu können, sind wir gefordert, uns von geliebten Absolutheitsansprüchen zu lösen. Wir können es sogar so betrachten: Konflikte sind die Gelegenheit, uns unserer Absolutheitsansprüche bewusst zu werden und diese loszulassen.

In einer Beziehung bedeutet das Loslassen von Absolutheitsansprüchen, dass keiner unrecht hat – oder jeder hat recht. Eine solche Feststellung kann einem schon mal die Haare zu Berge stehen lassen: Jeder soll recht haben? Ja und was dann? Wie kommen wir dann jemals auf eine grünen Zweig oder auch nur annähernd auf einen gemeinsamen Nenner?

Jeder lebt in seinem Universum

Um zu verstehen, warum keiner unrecht hat und wie wir womöglich trotzdem eine Chance haben, irgendwie auf dieser einen Erde miteinander klarzukommen, müssen wir zunächst der unangenehmen Tatsache ins Auge sehen, dass jeder Mensch in seinem eigenen Universum lebt. Das bedeutet, dass jeder Mensch die Welt – oder das Universum – aufgrund seiner individuellen Prägungen, seiner Lebenssituation und auch seines Charakters anders wahrnimmt. Das bedeutet, dass wenn wir uns zwei beliebige Menschen aus dem riesigen Pool der sieben Milliarden Erdenbewohner herausgreifen, sie die Welt entweder ein bisschen oder sogar extrem anders erleben werden.

Wir leben in einer Welt und besonders auch in einer Zeit nie dagewesener Vielfalt. Neben der kulturellen Vereinheitlichung, die mit der Ausbreitung der globalen Massenkultur immer weiter fortschreitet, geschieht zugleich eine ganz neue Ausdifferenzierung. Die in Teil I ausführlich beschriebene wachsende Unabhängigkeit voneinander führt zu einem neuen Maß an Freiheit, die es uns ermöglicht, unser Leben so selbstbestimmt wie noch nie zu leben.

Das Internet ermöglich darüber hinaus die nationale und internationale Vernetzung von Interessengruppen und Gleichgesinnten, was die Ausdifferenzierung weiter unterstützt. Dies hat zur Folge, dass Nachbarn heute in der Regel viel weniger Gemeinsamkeiten haben als noch vor fünfzig, hundert oder gar zweihundert Jahren. Die Wahrscheinlichkeit, dass mein Nachbar und ich in komplett unterschiedlichen Universen leben, ist heute, nüchtern betrachtet, ziemlich hoch. Der eine ernährt sich vegan und befasst sich mit Reinkarnation, für den anderen ist ein Essen ohne Fleisch gar keine richtige Mahlzeit und er ist leidenschaftlicher FC-Bayern-Fan. Und für jeden ist sein Universum ganz normal und selbstverständlich richtig. Das des anderen verstehen wir – ehrlich gesagt – nur begrenzt.

Diese Vielfalt an Universen bedeutet auch eine große Vielfalt an Bedürfnissen. Konsumforscher haben laut einer Erhebung aus dem Jahr 2012 herausgefunden, dass wir längst nicht mehr in einer Klassengesellschaft leben, sondern vielmehr in einer Gesellschaft, die sich in einzelne Realitätsblasen aufteilt. Dies ist für Konsumforscher deshalb interessant, weil Menschen, die in der selben Realitätsblase leben, ähnliche Produkte konsumieren. Doch es geht noch weiter: Sie teilen auch ein ähnliches ästhetisches Empfinden, haben ähnliche Werte und vieles mehr.[28]

Doch auch innerhalb einer solchen Blase gibt es kleinere und größere Unterschiede. Wenn wir verliebt sind, haben wir den Eindruck, der andere erlebe die Welt genau wie wir. In der Phase der Verliebtheit stimmt das sogar. Beide sind total high und die berühmte Brille färbt alles in Einheitsrosarot. Erst im Laufe der Zeit wird deutlich, wie unterschiedlich wir eigentlich sind – sogar dann, wenn wir uns relativ ähnlich sind. Die Unterschiede treten hervor, sowie der Hormonrausch nachlässt. Und genau hier beginnt die Herausforderung, einander nicht zu verurteilen, sondern Bedürfnisse zu äußern und einen konstruktiven Umgang mit unseren Unterschieden zu finden.

Voraussetzung dafür ist das tiefe Verständnis, dass jeder in seinem Universum, aus seiner Warte betrachtet, im Recht ist, richtig ist, in Ordnung ist. Es hat keinen Sinn, das Universum eines anderen als falsch zu bezeichnen, davon verschwindet oder ändert es sich blöderweise nicht. Wir können lediglich feststellen, dass dieses Universum leider nicht zu unserem passt, und dann einen Umgang damit finden.

Ein wichtiger Schlüssel dazu ist für mich die Unterscheidung von Konfliktebenen. Diese Unterscheidung führt in vielen Fällen tatsächlich dazu, dass Konflikte sich auflösen oder sich als Illusion entlarven. Das hat jedoch nichts mit Magie zu tun, sondern mit einem Perspektivenwechsel, der es uns ermöglicht, gemeinsam verbindende Lösungen für anstehende Fragestellungen zu entwickeln.

Übung 12, Absolutheitsansprüche ausmisten, ist eine Einladung an dich, mal einen ersten kritischen Blick auf deine eigene Sammlung absoluter Urteile zu werfen.

ÜBUNG 12: Absolutheitsansprüche ausmisten

1. Nimm dir etwas Zeit, um dir deine Absolutheitsansprüche bezüglich deines Partners, deines Chefs, deines Kindes oder eines anderen nahestehenden Mensch bewusst zu machen. Hierfür kann es hilfreich sein, etwas zum Schreiben zur Hand zu haben.
2. Wähle für diese Übung zunächst einen nahestehenden Menschen aus. Später kannst du diese Übung für beliebig viele andere Menschen wiederholen.
3. Schließe einen Moment die Augen und vergegenwärtige dir diesen einen Menschen. Was magst du an diesem Menschen? Was magst du nicht so gerne? Und was regt dich total auf oder passt dir ganz zu gar nicht?
4. Bei den Punkten, die dir ganz und gar nicht passen, wie sollte dieser Mensch deiner Meinung nach anders sein, um richtig zu sein? Neigt dein Chef zu cholerischen Anfällen und du bist der Meinung, dass ein Vorgesetzter seine Wut nicht an seinen Mitarbeitern auslassen sollte? Geht deine Frau mit deinem besten Freund ins Bett und du bist der Meinung, dass eine Frau, die ihren Mann liebt, nur mit ihm schlafen sollte? Hat dein Kind die Angewohnheit, seine Freizeit statt mit Schulaufgaben lieber kiffend im Bett zu verbringen, und du bist der Meinung, das gehört sich nicht?
5. Nachdem du dir ein paar „Punkte der Anklage" gedacht oder notiert hast, nimm dir jeden einzelnen Punkt vor und mache dir bewusst, dass dies eine persönliche Meinung ist. Es mag zwar sein, dass viele Menschen diese mit dir teilen, das macht sie jedoch nicht richtiger im absoluten Sinne. Du kannst jede Meinung haben, die du willst, absolut falsch ist das Verhalten des anderen deshalb noch lange nicht. Es entspricht einfach nicht deinen Bedürfnissen. Wenn es dir gelingt, das anzuerkennen, hast du einen wichtigen Schritt in deiner Beziehungsfähigkeit gemacht. Und natürlich hast du jedes Recht, ja sogar die Pflicht, für deine Bedürfnisse einzustehen. Doch dafür musst du niemanden verurteilen.

Zauberwort verbindende Lösung

Wenn es für Konflikte in Beziehungen eine Zauberformel gibt, dann ist es für mich die der verbindenden Lösung. Eine verbindende Lösung ist eine Art, einen Konflikt beizulegen, die den Bedürfnissen aller Beteiligten bestmöglich gerecht wird. Sie unterscheidet sich von einem Kompromiss darin, dass nicht jeder ein bisschen von dem bekommt, was er will, und vieles auf der Strecke bleibt, sondern dass tatsächlich alle Bedürfnisse in irgendeiner Form gewürdigt werden.

„*Unmöglich!*" ist oft die spontane Reaktion, die mir entgegengeschleudert wird, wenn ich ein solches Ansinnen erkläre. „*Wie soll denn das gehen? Man kann nicht immer haben, was man will, das haben wir doch schon im Kindergarten gelernt!*" Hier geht es auch nicht darum, dass wir immer bekommen, was wir wollen. Es geht darum zu lernen, gemeinsam Lösungen zu entwickeln, die die Bedürfnissen aller Beteiligten bestmöglich würdigen.

Die Betonung liegt hier auf Würdigung, was nicht das Gleiche wie Erfüllung ist. Wir sind als Menschen auch gar nicht darauf angewiesen, immer zu bekommen, was wir wollen. Das haben wir tatsächlich schon im Kindergarten gelernt. Wir sind jedoch in unseren Beziehungen mit uns selbst und miteinander sehr wohl darauf angewiesen, dass unsere Bedürfnisse gewürdigt werden. Es bedeutet, dass sie gehört werden, dass sie ernst genommen werden, dass aufrichtig geprüft wird, ob sie erfüllbar sind. Das gibt uns die Sicherheit, dass, wenn etwas wirklich brennt, dies auch gehört wird. Und nicht zuletzt gibt es uns das Gefühl, geliebt zu sein.

Damit dies gelingen kann, müssen wir lernen, die Bedürfnis- und die Lösungsebene eines Konfliktes zu unterscheiden. Normalerweise fehlt dieses Verständnis komplett, häufig vermischen sich daher diese Ebene. Eine klare Trennung ist jedoch die Voraussetzung dafür, dass wir verbindende Lösungen entwickeln können.

Ich möchte das gerne an meinem Lieblingsbeispiel verdeutlichen, das ich zuvor schon mal erwähnt habe: Mein Partner und ich planen das kommende Wochenende. Ich plädiere für ein gemütliches Wochenende zu Hause, er möchte in die Berge fahren, wandern, klettern und Freunde treffen. Die Sache wäre natürlich einfach, wenn jeder zufrieden seines Weges gehen würde, doch in diesem Fall ist es uns wichtig, das Wochenende gemeinsam zu verbringen.

Wenn wir nicht gut darin wären, Konflikte gemeinsam zu lösen, würden wir vermutlich anfangen, verschiedene Machtmittel anzusetzen, um den anderen von der Richtigkeit unseres Plans zu überzeugen. Ich könnte vorbringen *„Wir waren schon letztes Wochenende in den Bergen!“*, er könnte dagegen halten *„Und wir waren die ganze Woche zu Hause!“*. So könnte es eine Weile hin und her gehen – ich würde die schlechte Wettervorhersage anführen, er die Meinung, dass es kein schlechtes Wetter, sondern nur schlechte Kleidung gibt. Ich würde sagen, die Kinder brauchen mal wieder eine ruhige Zeit mit uns, er könnte dagegen halten, dass sie dringend Bewegung an der frischen Luft bräuchten. Und wenn wir dann bemerken, dass wir so nicht weiterkommen, könnte ich schließlich einen Gang hochschalten und sagen: *„Also wenn du unbedingt in die Berge fahren willst, dann fahr doch, aber ohne mich.“* Das kann ich mir vor allem dann besonders gut erlauben, wenn ich genau weiß, dass es ihm sogar noch wichtiger als mir ist, dass wir das Wochenende zusammen verbringen.

Wenn es gut läuft, wird er kapitulieren und ich meinen Willen durchsetzen – was er mir sicher übel nehmen würde. Wenn es schlecht läuft, wird er fahren, was ich ihm natürlich sehr übel nehmen würde. Egal auf welche Variante es hinauslaufen würde, die Beziehung hätte durch den kleinen Machtkampf gelitten und die Bedürfnisse beider wären damit nicht wirklich bestmöglich befriedigt worden. Genau das passiert sehr häufig, wenn wir uns rein auf der Lösungsebene bewegen, also auf der Ebene, wo wir für ein bestimmtes Bedürfnis schon eine konkrete Lösungsvorstellung haben.

Damit wir Konflikte gemeinsam lösen können, müssen wir die Ebene wechseln, und zwar von der Lösungs- auf die Bedürfnisebene. Das bedeutet, dass wir den Fokus nicht primär darauf legen, was unsere Vorstellung für das kommende Wochenende ist, sondern welches Bedürfnis dahintersteckt.

Wenn wir bei dem Beispiel bleiben und uns überlegen, welches Bedürfnis hinter meinem Wunsch nach einem Wochenende zu Hause steckt, wird schnell ersichtlich, dass es viele verschiedene Bedürfnisse sein können. Es könnte mir darum gehen, es mir gemütlich zu machen und mich auszuruhen. Genauso könnte es mir darum gehen, den Haushalt mal wieder auf Vordermann zu bringen. Oder aber an meinem Buch weiterzuschreiben. Oder intensiv Zeit mit den Kindern und meinem Partner zu verbringen, ohne Ablenkung.

Genauso bei meinem Partner. Ihm könnte es darum gehen, Zeit in der Natur zu verbringen. Oder sich zu bewegen. Oder etwas zu erleben, sich ganz aus dem Alltag auszuklinken und somit auszuspannen. Vielleicht sucht er auch den Rückzug, um intensiv über etwas nachzudenken. Oder er möchte mal wieder intensiv

Zeit mit der Familie verbringen. Oder etwas für seine Gesundheit tun. Oder, oder, oder …

Die beiden Listen zeigen, dass hinter einer bestimmten Idee, einer Lösung also, ganz vielfältige Bedürfnisse stecken können. Da wir uns dieser Bedürfnisse oft nicht bewusst sind, konzentrieren wir uns auf die Lösungsebene und fechten dort unnötige Kriege aus. Unnötig deshalb, da sehr viele Konflikte sich auflösen, wenn die Ebene gewechselt wird, wenn also statt der Lösungsebene die Bedürfnisebene betrachtet wird. Das mag sich auf den ersten Blick nach einer erstaunlichen Behauptung anhören. Warum um alles in der Welt sollten Konflikte sich auflösen, nur indem die Ebenen gewechselt werden? Und was ist überhaupt der Unterschied zwischen einem Bedürfnis und einer Lösung? Die Antwort auf diese Frage offenbart sich auf den zweiten Blick: Ein Bedürfnis unterscheidet sich von einer Lösung darin, dass es viele verschiedene Lösungen für ein Bedürfnis geben kann.

Ich vergleiche ein Bedürfnis daher gerne mit einer offenen Frage, also zum Beispiel der Frage: *„Was essen wir heute zu Abend?“* Auf diese Art von Frage kann mit einer schier unendlichen Liste von Antworten eingegangen werden. Anders verhält es sich bei Lösungen, die ich gerne mit geschlossenen Fragen vergleiche. Eine analoge geschlossene Frage wäre etwa: *„Gibt es heute Kartoffelbrei zum Abendessen?“* Auf solch eine geschlossene Frage gibt es nur zwei mögliche Antworten: ja oder nein. Genau so verhält es sich mit der Lösungsebene: Entweder ich bekomme meinen Willen oder nicht, es ist schwarz oder weiß. Und genau dieses Entweder-Oder nimmt uns jede Möglichkeit zu navigieren und damit auch zu kooperieren.

Kehren wir noch einmal zu dem Beispiel mit unserer Wochenendplanung zurück. Bei einem ersten Abgleich unserer Vorstellungen für das kommende Wochenende merken wir, dass sie grundverschieden sind. Statt uns in die Haare zu bekommen und mit mehr oder weniger subtilen Mitteln die Machtwippe zum Schaukeln zu bringen, wechseln wir die Ebene und fragen uns, welche Bedürfnisse hinter unserem jeweiligen Lösungsvorschlag stecken. Hierbei bemerke ich vielleicht, dass es mir vor allem um Ruhe, Erholung und Zeit mit der Familie geht, während mein Partner feststellt, dass für ihn die Natur, die frische Luft und die Bewegung der zentrale Punkt sind. Wenn diese Punkte klar sind, können wir gemeinsam kreativ werden und Lösungsvorschläge entwickeln, die beiden gerecht werden. In diesem Fall könnte es bedeuten, dass wir zwar zu Hause bleiben, jedoch eine ausgedehnte Radtour unternehmen. Oder dass wir in die Berge fahren, jedoch statt dem Zelt eine nette Pension mit Wellnessbereich buchen. Oder wir könnten eine völlig neue Lösung entwickeln, auf die keiner zuvor gekommen war, die jedoch alle Kriterien bestmöglich erfüllt. Eine solche Lösung nenne ich gerne verbindende Lösung.

Um zu verhindern, dass ich zu früh das Handtuch schmeiße, wenn es um die Erarbeitung verbindender Lösungen geht, habe ich mir folgende Arbeitshypothese zugelegt: *„Es gibt keine Bedürfniskonflikte, sondern nur Lösungskonflikte.“* Diese Hypothese verhindert, dass ich vorzeitig aufgebe und doch wieder auf das alte Spiel einsteige. Inzwischen erprobe ich diese Hypothese seit zwei Jahren und konnte sie noch nicht widerlegen, auch wenn ich mir in meiner Fantasie sofort dreihundert Situationen ausmalen kann, wo sie nicht zutrifft. Da eine Arbeitshypothese jedoch im gelebten Leben widerlegt werden muss, zählen diese Gedankenspiele für mich nicht.

Die Suche nach verbindenden Lösungen ist kein Rezept oder eine Formel zur Konfliktlösung. Sie ist vielmehr eine Einladung, sich auf einen gemeinsamen Prozess einzulassen. Diese Unterscheidung ist wichtig, denn ein Rezept oder eine Formel führt zuverlässig durch eine festgelegte Abfolge von Schritten zu ganz bestimmten Ergebnissen. Sich auf einen Prozess einzulassen, bedeutet, loszugehen, ohne zu wissen, ob und vor allem wo wir ankommen werden. Das erfordert Mut – und zwar eine ganz andere Art von Mut, als das Schwert zu zücken, um meine Ansprüche durchzusetzen.

Vielleicht fragst du dich, wie so ein Prozess aussehen kann und vor allem zu welchen Lösungen er führen kann, wenn so große Themen wie ein Kinderwunsch oder das Bedürfnis nach einer offenen Beziehung im Raum stehen. Hier kenne ich die unterschiedlichsten Beispiele – aus eigener Erfahrung und von Beobachtungen. Ich kenne Paare, die nach jahrelanger Auseinandersetzung mit dem Thema sich doch für eine gemeinsames Kind entscheiden, und genauso Paare, die es nicht tun. Oder Paare, die tatsächlich deswegen auseinandergehen.

Ausschlaggebend ist hier die gemeinsame, verantwortungsvolle Auseinandersetzung mit den Bedürfnissen aller Beteiligten, in vollem Bewusstsein, dass kein Bedürfnis richtiger ist als das andere. Das gemeinsame Abwägen, welches Bedürfnis gerade wichtiger ist – und zwar im Gesamtkontext der Beziehung und aller Faktoren –, beugt Opferdramen und Anschuldigungen vor. Wenn ich weiß, dass eine Vernachlässigung des Bedürfnisses meines Partners eine tickende Zeitbombe in der Beziehung ist, nehme ich seine Bedürfnisse genauso wichtig wie meine – auch wenn sie nicht zusammenpassen.

Vergleichsweise einfach finde ich das Thema offene oder geschlossene Beziehung, da es sich nicht um eine ganz oder gar nicht Entscheidung handelt, wie es bei einem Kind ja doch irgendwie der Fall ist. Und natürlich: Wenn es meine oberste Priorität ist, dass mein Partner seine Sexualität ausschließlich mit mir lebt, es jedoch seine größte Priorität ist, in diesem Punkt frei zu sein, haben wir einen knackigen Konflikt, wo wir vielleicht wirklich nicht zusammenkommen werden.

Entscheiden wir dennoch, uns auf die Auseinandersetzung einzulassen, bemerke ich vielleicht, dass mein Wunsch nach sexueller Ausschließlichkeit tatsächlich einer nach emotionaler Geborgenheit, nach Schutz vor Infektionen oder nach einem unkomplizierten Beziehungsleben ist. Und vielleicht bemerkt mein Partner, dass hinter seinem Wunsch, sexuell frei zu sein, tatsächlich der Wunsch nach tieferer sexueller Erfüllung steckt, die in einer Partnerschaft auch erforscht werden kann. Oder dass es ihm vor allem darum geht, nicht fremdbestimmt zu sein, sondern wirklich zu spüren, dass es seine Wahl ist und nicht meine, mit wem er sexuell intim ist. Diese tiefere Ebene von Bedürfnissen hinter den ursprünglichen Lösungen *„offene oder geschlossene Beziehung“* weist ganz neue Möglichkeiten für die Entwicklung verbindender Lösungen auf. Ihre Erforschung wird zu einer Gelegenheit zu tieferer Verbindung mit uns selbst und miteinander, statt uns voneinander zu entfernen. Übung 13, Verbindende Lösungen andenken, ist eine Gelegenheit für dich, anhand eines realen Konflikts, diese Denkweise auszuprobieren.

ÜBUNG 13: Verbindende Lösungen andenken

1. Denke an einen Konflikt, den du in letzter Zeit erlebt hast.
2. Erinnere dich so gut du kannst an die Situation zurück und versuche zu fühlen, was du da gefühlt hast.
3. Frage dich: „*Was war in der Situation mein Bedürfnis? Worum ging es mir?*" Wenn du magst, mach dir dazu Notizen.
4. Und nun konzentriere dich auf den anderen. Was war das Bedürfnis deines Gegenübers? Worum ging es ihm oder ihr? Wenn du magst, mach dir auch dazu Notizen.
5. Nimm dir etwas Zeit, die Konfliktsituation zu reflektieren. Folgende Fragen können dich dabei unterstützen: Ist es euch überhaupt gelungen, einander eure Bedürfnisse zu kommunizieren? Konntet ihr einander hören? Habt ihr euch darauf eingelassen, die Bedürfnisse miteinander schwingen zu lassen, sodass eine verbindende Lösung entstehen kann? Oder hat einer von euch sein Bedürfnis gleich zurückgezogen? Oder kam es zu einem Machtkampf? Wenn ja, wer hat gewonnen? Wenn du es warst, wie hast du dich danach gefühlt?
6. Wenn du dich heute in die Situation hineindenkst oder -fühlst, hast du eine Idee, was eine verbindende Lösung hätte sein können. Vielleicht gelingt es dir, eine Liste mit fünf möglichen verbindenden Lösungen zu entwickeln. Das ist eine gute Übung, auch wenn die Situation vorbei ist und du nicht weißt, ob eine davon gegriffen hätte. Denn auch wenn du wieder in eine ganz ähnliche Situation kommst: Es ist doch immer neu und anders, sodass das, was damals funktioniert hätte, nicht unbedingt morgen funktionieren wird. Das ist jedoch nicht weiter schlimm, da es bei dieser Übung ja vor allem darum geht, dir dein Konfliktverhalten bewusst zu machen und die Gewohnheit zu entwickeln, in verbindenden Lösungen zu denken.

Welcher Konfliktvermeidungstyp bist du?

Niemand kommt mit der Fähigkeit, verbindende Lösungen zu entwickeln auf die Welt. Wir alle haben sie als Potenzial in uns angelegt, brauchen aber zur Entfaltung dieses Potenzials ganz bestimmte Umstände. Wie bei anderen Fertigkeiten auch spielt hier die Vorbildfunktion der Eltern und anderer Bezugspersonen eine übergeordnete Rolle.

Wenn wir schon als Kinder Kontakt mit Menschen hatten, für die das Herausarbeiten einer verbindenden Lösung bei Konflikten selbstverständlich ist, lernen wir genauso selbstverständlich, es ihnen gleichzutun. Wir lernen ganz nebenbei, unsere eigenen Bedürfnisse auszusprechen, auch wenn sie gerade nicht zu denen der anderen Familienmitglieder passen. Genauso lernen wir, die Bedürfnisse der anderen zu hören und ernst zu nehmen, auch wenn sie nicht zu den eigenen passen. Und wir lernen, uns gemeinsam mit anderen den Kopf zu zerbrechen, wie eine gute Lösung gefunden werden kann, die für alle funktioniert.

Die meisten von uns hatten dieses Glück jedoch nicht. Wir erlebten entweder, dass unsere eigenen Bedürfnisse untergebuttert wurden, oder, dass unsere Eltern ihre Bedürfnisse den unseren unterordneten. Beide Strategien verhindern die Entwicklung von Sozialkompetenz, die wir uns dann als Erwachsene mühsam erarbeiten müssen. Wir lernen entweder, dass unsere Bedürfnisse nicht wichtig sind, oder, dass ihnen immer stattgegeben wird. Uns fehlt die Erfahrung, dass jemand andere Bedürfnisse hat als wir und diese dennoch gleichwertig nebeneinander gestellt werden.

Da diese Erfahrung uns fehlt, haben die meisten von uns Strategien entwickelt, um Konflikten in diesem Bereich vorzubeugen. Wir haben gelernt, im Konfliktfall entweder die eigenen Bedürfnisse in den Vordergrund zu stellen oder die der anderen. Wir könnten das auch die egoistische oder die altruistische Strategie der Konfliktvermeidung nennen. Jede dieser Strategien hat entscheidende Vor- und Nachteile.

Die egoistische hat den großen Vorteil, dass wir gut mit unseren eigenen Bedürfnissen in Kontakt sind und auch nicht zögern, diese kundzutun. Das ist zwar in unserer Gesellschaft nicht gern gesehen, ist jedoch überaus wichtig, damit wir überhaupt für uns einstehen können. Wenn niemand mehr mit seinen Bedürfnissen in Kontakt wäre, hätte dies eine heillose Orientierungslosigkeit zur Folge. Doch natürlich fährt man mit dieser Fähigkeit alleine gar nicht gut. Es braucht genauso die Fähigkeit, die Bedürfnisse der anderen wahrzunehmen und zu würdigen, und genau hier haben Menschen mit der egoistischen Strategie große Schwierigkeiten.

Umgekehrt verhält es sich bei Menschen, die sich eher auf die altruistische Konfliktvermeidungsstrategie verlassen. Sie stellen die eigenen Bedürfnisse soweit zurück, dass sie oft selbst nicht mehr wissen, was sie eigentlich wollen. Dafür sind sie sehr gut darin, die Bedürfnisse anderer wahrzunehmen und auch zu würdigen. Diese Strategie ist natürlich gesellschaftlich gern gesehen, sie ist selbstlos, aufopfernd, altruistisch eben. Menschen mit dieser Strategie gelten als Gutmenschen. Hierbei wird oft übersehen, dass in Beziehungen mindestens so viele Probleme durch Menschen verursacht werden, die nicht für ihre Bedürfnisse einstehen, wie durch jene, denen die Bedürfnisse anderer egal sind.

Diejenigen unter uns, die sich der altruistischen Strategie verschrieben haben, sind also aufgefordert, einen besseren Zugang zu den eigenen Bedürfnissen zu finden. Im Gegensatz dazu besteht für Menschen, die immer auf die egoistische Strategie gesetzt haben, der nächste Entwicklungsschritt darin, die Bedürfnisse anderer besser wahrzunehmen und zu würdigen – und zwar auch dann, wenn sie gerade nicht zu den eigenen passen. Von unserer gesellschaftlichen Prägung her ist es leider immer noch so, dass Männer sich eher zur egoistischen Strategie entwickeln, während bei Frauen die altruistische vorherrscht. Das liegt sicher daran, dass die jahrhundertelange Unterdrückung der Frau genau diese Entwicklung forcierte. Tröstlich finde ich in dieser Hinsicht nur eines: beide Typen führen in Beziehungen zu Problemen, beide sind aufgefordert, sich zu entwickeln und an ihren Schwächen zu arbeiten, wenn sie wirklich an Beziehung auf Augenhöhe und einem neuen Miteinander interessiert sind.

> **Konflikttypen im Überblick**
>
> *Der egoistische Typ*
>
> Gut darin, die eigenen Bedürfnisse wahrzunehmen, schwach in der Wahrnehmung der Bedürfnisse anderer.
>
> *Der altruistische Typ*
>
> Gut darin, die Bedürfnisse anderer wahrzunehmen, schwach in der Wahrnehmung der eigenen Bedürfnisse.

Und natürlich gibt es auch Frauen, die eindeutig dem egoistischen Typ zuzuordnen sind, und Männer, bei denen der altruistische Typ im Vordergrund steht. Genauso gibt es Menschen, die privat sehr gut für sich einstehen können, beruflich jedoch gar nicht und umgekehrt. Hier steht dann mal der eine oder mal der andere Typ im Vordergrund.

Interessant ist jedoch die Feststellung, dass eine Fähigkeit relativ selten ausgeprägt ist: sowohl die eigenen Bedürfnisse als auch die des anderen gleichzeitig wahrzunehmen, auch wenn diese nicht zueinander passen. Immer wieder gleiten wir in das Entweder/Oder ab. Es ist jedoch genau diese Fähigkeit, auch widersprüchliche Ansichten, Bedürfnisse und Lösungsvorschläge wertungsfrei nebeneinander zu betrachten, die den Weg bahnt für die Entwicklung verbindender Lösungen. Je nachdem, welchen Konflikttyp wir entwickelt haben, sind wir aufgefordert, uns bewusst mehr auf die Perspektive des anderen einzulassen oder mehr auf uns selbst zu hören. Übung 14, Konflikttypen erforschen, bietet dir einen Rahmen, um genauer zu betrachten, mit welchen Konflikttypen du es in deinem Alltag eigentlich zu tun hast – und in welchen Situationen du zu dem einen oder dem anderen Typ neigst.

Drei Lernschritte zur sozialen Kompetenz

In meinem Buch *„Kleine Gefühlskunde für Eltern"* habe ich drei Lernschritte identifiziert, die Kinder bei der Entwicklung sozialer Kompetenz durchlaufen. Eines Tages kam ich auf die Idee, diese drei

ÜBUNG 14: Konflikttypen erforschen

1. Teile ein Blatt Papier durch einen Strich in zwei Spalten. Versieh die eine mit der Überschrift egoistischer Typ, die zweite mit der Überschrift altruistischer Typ.
2. Beginne damit, dich selbst zu reflektieren. Welcher Konflikttyp bist du? Und ist es durchgehend der gleiche? Oder gibt es Beziehungen oder Situationen, in denen du eher dem egoistischen Typ entsprichst, und andere, in denen der altruistische Typ im Vordergrund steht? Wenn das der Fall ist, schreibe in Spalte eins jene Situationen oder Beziehungen, in denen du zum Egoisten tendierst, und in Spalte zwei die anderen. Zum Beispiel *„Ich mit Sandra"* oder *„Ich bei der Arbeit"*.
3. Gehe nun zu den Personen über, die dir am nächsten stehen, privat wie beruflich, und reflektiere ihren Konflikttyp. Auch hier kann es natürlich sein, dass jemand in manchen Situationen eher egoistisch ist und in anderen eindeutig altruistisch. Wenn dir das auffällt, kannst du auch diese Personen in beiden Spalten aufführen und jeweils dazuschreiben, wann du welchen Konflikttyp beobachtest.

Schritte in einer meiner Führungskräfteschulungen auszuprobieren, und war ehrlich gesagt bass erstaunt, dass sie offenbar genauso auf gestandene Manager anzuwenden sind wie auf Grundschüler. Seitdem sind sie fester Bestandteil meiner Trainings für emotionale Kompetenz. Ich möchte es daher nicht missen, sie auch hier vorzustellen. Es geht bei diesen drei Schritten um nichts anderes, als was in diesem Kapitel bereits vorgestellt wurde. Sie sind einfach eine Möglichkeit, sich dem Thema noch einmal von einer anderen Richtung zu nähern. Logischerweise ist für den egoistischen Konfliktvermeidungstypen Schritt 2 schwieriger, während es für den altruistischen Typen Schritt 1 ist. Da beide Lernschritte notwendig und gleich wichtig sind, erkennen wir hier sehr schön, dass der altruistische Konfliktvermeidungstyp in keiner Weise sozial kompetenter ist als der egoistische. Soziale Kompetenz wird erst da möglich, wo beide Fähigkeiten ins Gleichgewicht kommen. Und wieder sehen wir, dass es die Balance in uns ist, die eine Balance in unseren Beziehungen erst möglich macht. Die beiden Übungen für den altruistischen und den egoistischen Konfliktvermeidungstyp unterstützen dich bei dem jeweiligen Lernschritt. Wenn wir fähig sind, zwei einander scheinbar widersprechende Anliegen gleichzeitig und gleichwertig nebeneinander zu betrachten, ist die Grundlage für Lernschritt drei, die Entwicklung verbindender Lösungen, gelegt.

Drei Lernschritte bei der Entwicklung sozialer Kompetenz:

1. die eigenen Bedürfnisse wahrnehmen und artikulieren
2. die Bedürfnisse anderer anerkennen
3. aktiv, konstruktiv und kreativ verbindende Lösungen (mit) entwickeln

Diese ist dann vor allem eine Frage der Kreativität und unserer Fähigkeit, divergent zu denken. Divergentes Denken ist ein Teilaspekt von Intelligenz, der in klassischen Intelligenztests interessanterweise bislang nicht abgefragt wird. Um zu erläutern, was hinter dem sperrigen Begriff steckt, möchte ich dich kurz zu einer kleinen Übung einladen. Nimm dir ein Blatt Papier und einen Stift zur Hand und notiere dir stichpunktartig alle möglichen Verwendungen für einen Ziegelstein, die dir aus dem Stegreif einfallen. Du hast 5 Minuten Zeit.

Je mehr verschiedene Verwendungen du dir für einen Ziegelstein ausdenken kannst, desto besser ist deine Fähigkeit, divergent zu denken, ausgeprägt. Untersuchungen und auch meine eigenen Experimente mit Gruppen haben gezeigt, dass es hier riesige Unterschiede gibt. Manchen Menschen fallen nur zwei oder drei Verwendungen ein – etwa ein Haus bauen, ein Fenster einschlagen und eine Tür offen halten. Andere finden hingegen fünfundzwanzig und mehr Verwendungsmöglichkeiten. Zum Beispiel als Gewicht, um eine Zeltschnur dran festzubinden. Oder als Lineal. Oder, an einer Schnur festgebunden, um das Lot zu messen. Oder um Maß zu nehmen. Oder um einen Stapel Bücher zu beschweren, in dem Blumen gepresst werden. Oder als Wegfahrsperre unter einem Autoreifen, wenn man an einem Hang geparkt hat.

Dieser Unterschied hat nichts mit der klassischen Intelligenz zu tun. Menschen können einen sehr hohen IQ haben und trotzdem bei Divergenztests nicht sonderlich gut abschneiden. Und natürlich kann divergentes Denken, genau wie andere Formen der Intelligenz, durch Training entwickelt werden. Indem wir es uns also zur Angewohnheit machen, nach dem Bedürfnis hinter einem Lösungsvorschlag zu fragen und uns möglichst viele verschiedene Lösungen für dieses Bedürfnis zu überlegen, trainieren wir unsere Fähigkeit, divergent zu denken. Diese wiederum bildet die Grundlage für die Entwicklung verbindender Lösungen. Denn wenn wir erst einmal fünfundzwanzig verschiedene Lösungsideen für mein Bedürfnis haben und ebenso viele für deines, ist die Wahrscheinlichkeit sehr hoch, dass doch eines zusammenpasst.

Und wenn es trotzdem nicht geht?

Auch wenn viele Konflikte sich durch den Wechsel der Konfliktebenen und die Entwicklung verbindender Lösungen auflösen, bedeutet das nicht, dass immer alle bekommen, was sie wollen. Was sich jedoch in der Auseinandersetzung mit Konflikten auf diesem Wege zeigt, ist, dass das, was ich will, ständig in Bewegung ist. Es ist ein Prozess, wenn wir uns darauf einlassen.

Nehmen wir einmal an, ich stehe am Sonntagmorgen auf. Die Sonne scheint, der Tag lacht mich an. Ich möchte heute spazieren gehen! Plötzlich geschieht etwas. Vielleicht erhalte ich einen Anruf von einer lieben Freundin, dass ihr Freund sie verlassen hat oder eine Familienangehörige gestorben ist. Nun habe ich durch die veränderte Situation ein neues Bedürfnis: Ich möchte für meine Freundin da sein! Dieses schiebt sich vor mein Bedürfnis nach Zeit in der Natur, weil es jetzt gerade größer und wichtiger ist.

Genauso verhält es sich, wenn wir gemeinsam mit anderen Menschen kooperativ nach Lösungen suchen. Unsere Bedürfnisse sind nicht statische Festungen, die wir um jeden Preis verteidigen müssen. Sie begeben sich vielmehr in einen Tanz mit den Bedürfnissen und Interessen der anderen. Und gemeinsam können wir dann immer wieder abwägen, was jetzt gerade wichtiger ist – in jedem Einzelnen und im gemeinsamen Raum der Beziehung. Und gemeinsam achten wir darauf, dass die Balance immer wieder gewahrt wird und jeder für sich entscheidet, wann ein Bedürfnis gerade wirklich nicht wichtig ist und wann schon.

Alchemie im Alltag

Als ursprünglich altruistischer Konfliktvermeidungstyp war eine meiner wichtigsten Erkenntnisse, wie wertvoll es ist, an einem Bedürfnis dranzubleiben, auch wenn sich nicht sofort eine Lösung auftut. Und zwar so dranzubleiben, dass ich in keiner Weise das Bedürfnis des anderen wegschieben möchte, jedoch meines immer wieder mit größtmöglicher Klarheit und Beharrlichkeit artikuliere. Früher war es meine Gewohnheit – wenn ich Bedürfnisse überhaupt äußerte –, dies immer mit einem „*Und wenn es nicht geht, ist es auch ok*“ zu begleiten. Damit zeigte ich – natürlich völlig unbewusst –, dass ich auch ohne den anderen klarkomme.

Heute bemühe ich mich, das nicht zu tun. Stattdessen versuche ich, dazubleiben und zu sagen: „*Das ist das, was ich möchte. Ich höre, was du willst, und ich weiß nicht, wie es zusammenpassen kann. Ich weiß nur, dass mir meines genauso wichtig ist wie deines. Was machen wir damit?*“ Indem ich in diesem offenen, fragenden Raum bleibe, öffne ich die Möglichkeit für eine echte Alchemie, wo aus den Gegensätzen zwischen unseren beiden Bedürfnissen etwas ganz Neues entsteht. Damit dies gelingt, muss ich auch mein Gegenüber immer wieder auffordern, dranzubleiben, mit seinen Bedürfnissen ganz da zu sein. Wenn uns das gelingt, haben wir uns in den Raum begeben, in dem gelebte Beziehung Wirklichkeit ist.

Dieser Raum, in dem die Lösung unbekannt ist, ich das Bedürfnis des anderen genauso würdige wie mein eigenes und trotzdem klar für meines einstehe, ist für mich gelebte Alchemie, wie ich sie früher nur aus dem rein Geistigen kannte. Übung 15, Ausgleich für altruistische Konflikttypen, und Übung 16, Ausgleich für egoistische Konflikttypen, können dir dabei helfen, innerlich die Voraussetzung für einen solchen alchemistischen Prozess zu schaffen. Wie dieser innere Raum gepflegt und gefestigt werden kann, welche Stürme auftreten können, um ihn immer wieder infrage zu stellen, und wie wir mit diesen umgehen können, ist Thema von Teil III.

REFLEXIONSFRAGEN

1. Was sind meine liebsten Absolutheitsansprüche in Bezug auf Beziehung und Partnerschaft?
2. Wann habe ich das letzte Mal versucht, in einem Konflikt zu gewinnen, indem ich die Machtwippe durch Argumente, Manipulationen oder Erpressungen zum Schaukeln gebracht habe?
3. Welche Faktoren erleichtern es mir, mich auf die Erarbeitung einer verbindenden Lösung einzulassen, unter welchen Umständen fällt es mir besonders schwer (z. B. Stress, Überforderung etc.)?

ÜBUNG 15: Ausgleich für altruistische Konflikttypen

1. Das nächste Mal, wenn du in einem Gespräch bemerkst, dass du angespannt und vielleicht sogar ängstlich wirst, nimm einen tiefen Atemzug und lehne dich einen Moment zurück. Werde dir deiner Angst bewusst, verlassen zu werden.
2. Bleibe mit deiner Aufmerksamkeit so gut du kannst bei dir selbst. Frage dich: *„Was würde ich mir in dieser Situation wünschen, ganz losgelöst von den Erwartungen und Bedürfnissen aller anderen?"* Versuche so klar wie möglich aus dir selbst herauszuhören, worum es dir eigentlich wirklich geht, egal ob das gerade machbar, sinnvoll oder mit den Erwartungen der anderen vereinbar ist.
3. Wende dich nun deinem Gegenüber zu und höre zu, ohne jedoch den Kontakt zu deinem eigenen Bedürfnis zu verlieren. Wahrscheinlich wirst du bemerken, dass es dir sehr schwer fällt, wirklich nur zuzuhören, vor allem wenn das, was der andere sagt, ganz offenkundig nicht zu deinen Bedürfnissen passt. In dem Fall nimm dir noch einmal einen Moment mit dir selbst und verspreche dir, dass du dich auch um deine eigenen Bedürfnisse kümmern wirst. Erinnere dich, dass eine wirklich gute Lösung nur möglich ist, wenn du deine eigenen Bedürfnisse genauso wichtig nimmst wie die deines Gegenübers.
4. Nachdem du zugehört hast, versichere dich durch Nachfrage, dass du den anderen richtig verstanden hast. Wiederhole in deinen eigenen Worten, was du gehört hast, und frage, ob es das ist, was der andere sagen wollte. Lautet die Antwort nein, höre es dir noch einmal an und probiere es noch einmal mit einer eigenen Formulierung.
5. Nachdem es dir gelungen ist, das Bedürfnis des anderen zu hören, und dir dies auch bestätigt wurde, kommuniziere dein eigenes Bedürfnis. Achte hierbei darauf, dass du deines neben das des anderen stellst, also nicht versuchst, das Bedürfnis des anderen wegzureden. Das mag anfangs sehr schwer und ungewohnt sein, wird jedoch mit jeder Wiederholung einfacher.

ÜBUNG 16: Ausgleich für egoistische Konflikttypen

1. Das nächste Mal, wenn du in einem Gespräch bemerkst, dass du angespannt und vielleicht sogar wütend wirst, nimm einen tiefen Atemzug und lehne dich einen Moment zurück. Werde dir deiner Angst bewusst, vereinnahmt zu werden.
2. Nimm dir einen Moment mit dir selbst und verspreche dir, dass du deine eigenen Bedürfnisse nicht aus den Augen verlieren wirst, auch wenn du gleich den Bedürfnissen des anderen deine volle Aufmerksamkeit schenken wirst. Erinnere dich, dass eine wirklich gute Lösung nur möglich ist, wenn du auch die Bedürfnisse des anderen ganz verstanden hast.
3. Höre zu. Ich weiß, dass das nicht leicht ist, aber versuche es trotzdem. Konzentriere dich nun voll und ganz darauf, wirklich zu verstehen, was das Bedürfnis deines Gegenübers ist.
4. Wahrscheinlich wirst du bemerken, dass es dir sehr schwer fällt, wirklich nur zuzuhören, vor allem wenn das, was der andere sagt, ganz offenkundig nicht zu deinen Bedürfnissen passt. In dem Fall nimm dir noch einmal einen Moment mit dir selbst und verspreche dir, dass du dich auch um deine eigenen Bedürfnisse kümmern wirst.
5. Nachdem du zugehört hast, versichere dich durch Nachfrage, dass du den anderen richtig verstanden hast. Wiederhole in deinen eigenen Worten, was du gehört hast, und frage, ob es das ist, was der andere sagen wollte. Lautet die Antwort nein, höre es dir noch einmal an und probiere es noch einmal mit einer eigenen Formulierung.
6. Nachdem es dir gelungen ist, das Bedürfnis des anderen zu hören, und dir dies auch bestätigt wurde, kommuniziere dein eigenes Bedürfnis. Achte hierbei darauf, dass du deines neben das des anderen stellst, also nicht versuchst, das Bedürfnis des anderen wegzureden. Das mag anfangs sehr schwer und ungewohnt sein, wird jedoch mit jeder Wiederholung einfacher.

TEIL 3

Gelebte Beziehung

1 *Was Beziehungen trägt*

Jede Beziehung braucht eine Basis. Während Beziehungen entstehen, indem wir eine Bedürfniskompatibilität mit einem anderen Menschen entdecken oder erzeugen, braucht es wesentlich mehr, um einer Beziehung Stabilität und damit eine langfristige Überlebenschance zu geben. Was Beziehungen diese Basis gibt, wie wir sie stärken oder durch was sie zerstört wird, ist Thema dieses ersten Kapitels von Teil III, *Gelebte Beziehung*.

Das Fundament: Respekt

Damit Beziehungen gleichwertig gelebt werden können, müssen sie auf einem Fundament von Respekt stehen – im Idealfall auf einem Fundament bedingungslosen Respekts. Manitonquat, Indianerältester der Wampanoag, wird nicht müde zu erklären, dass der grundlegende Unterschied zwischen unserer Weltsicht und jener seiner indigenen Vorfahren im Grundverständnis von Respekt liegt.[29]

In unseren Kulturen begreifen wir Respekt als etwas, das jemand sich verdienen muss. In den indigenen Kulturen Nordamerikas wird Respekt laut Manitonquat als erste Weisung des Menschen betrachtet. Respekt ist laut dieser Weisung eine Grundhaltung, mit der wir als Menschen jedem und allem begegnen können und sollen, was wir nicht selbst geschaffen haben – und zwar bedingungslos. Das bedeutet, dass wir zwar anderer Meinung sein können oder auch wütend werden können, ein Fundament von Respekt die Beziehung jedoch weiterhin trägt.

Diese Grundhaltung hat in Nordamerika ein historisch wohl einmaliges Phänomen ermöglicht: den sogenannten Great Law of Peace oder Gayanashagowa, auf deutsch Großes Friedensgesetz. Während die Stämme, Fürstentümer und Könige Europas, Asiens und vermutlich auch Afrikas einander in endlosen Kriegen niedermetzelten, hatten fünf und später sechs indianische Nationen Nordamerikas es geschafft, einen dauerhaften Frieden zwischen ihren Völkern zu etablieren. Und zwar mehrere Hundert Jahre lang. Leider ist das so langweilig, dass es in unseren Geschichtsbüchern maximal als Fußnote auftaucht. Es handelte sich bei diesem sagenhaften historischen Ereignis jedoch nicht einfach um die Abwesenheit von Krieg, sondern um ein aktiv gepflegtes soziales Phänomen. Die Basis für dieses Phänomen bot der gegenseitige Respekt, der sich in einem der ältesten demokratischen Systeme äußerte. Immerhin verabschiedete der US Kongress im Oktober 1988 eine Erklärung, die den Einfluss des Großen Friedensgesetzes auf die amerikanische Verfassung eingestand.[30]

Diese Grundhaltung des Respekts ist auch sehr schön in einer weiteren Anekdote über die Völker Nordamerikas dargestellt. Laut dieser Geschichte beschenkten sich Indianerstämme bei ihren Zusammenkünften gegenseitig mit ihren Schöpfungsmythen. Das soll in der Praxis so ausgesehen haben, dass zunächst ein Stamm sich alle Zeit nahm, die er brauchte, um seine Schöpfungsgeschichte zu erzählen. Das konnte zuweilen Tage in Anspruch nehmen. Der andere Stamm hörte nur zu. Danach erzählte dieser seine Schöpfungsgeschichte in aller Ausführlichkeit, während wiederum der erste Stamm nur zuhörte.[31]

Die Idee dahinter war nicht, danach einen Streit vom Zaun zu brechen, wessen Schöpfungsgeschichte nun die richtige sei, sondern um einander tiefer zu verstehen. Und die Geschichten wurden auch als Geschenk betrachtet, wissend, dass unser Universum mit jeder Sichtweise, die wir darin zu integrieren vermögen, ein Stückchen größer, weiter und runder wird.

Interessanterweise weist die moderne Paarforschung in eine ganz ähnliche Richtung. Auch sie zeigt, dass die Bereitschaft zweier Menschen, sich bedingungslos zu respektieren, ausschlaggebend ist für den langfristigen Erfolg einer Beziehung.

Der Streit bringt es ans Licht

John Gottmann von der Universität von Washington beschäftigt sich seit vielen Jahren mit der Frage, was Paare auseinandertreibt. Er behauptet, dass er schon nach Beobachtung eines fünfminütigen Gespräches mit großer Zuverlässigkeit vorhersagen kann, ob eine Ehe halten wird oder nicht. Seine Untersuchungen bestätigen diese Aussage. So konnte sein Team bei einer Langzeitstudie mit 130 Frischvermählten mit 83-prozentiger Genauigkeit vorhersagen, ob diese nach sechs Jahren noch zusammen sein würden oder nicht. Als Basis für ihre Prognose hatten die Forscher lediglich den Mitschnitt eines fünfzehnminütigen Streitgesprächs. Aufgrund seiner langjährigen Beobachtungen identifizierte Gottmann fünf Verhaltensweisen, die auf ein baldiges Ende der Beziehung hinweisen.

Das erste Anzeichen – Kritik am Partner – ist das harmloseste und tritt in den allermeisten Beziehungen gelegentlich auf. Je weniger diese jedoch mit wertschätzender Kommunikation ausgeglichen wird, desto schlechter steht es laut den Forschungen von Gottmann um die Beziehung. Die Forscher konnten dann nacheinander folgende Anzeichen identifizieren: Verteidigung, Rückzug, Verachtung und Machtdemonstration. Je schlechter es um die Beziehung steht, desto häufiger treten die genannten Symptome auf, wobei die weiter hinten genannten Symptome wesentlich gravierender sind als die zuerst aufgelisteten. Jedes einzelne Anzeichen – von Gottmann auch die apokalyptischen Reiter genannt – ist ein Symptom dafür, dass die Basis der Beziehung schwach ist, also dass es an stabilem Respekt fehlt.[32]

Was bedeutet stabiler Respekt?

Je bedingungsloser der Respekt ist, den wir einem Menschen entgegenbringen, desto stabiler ist die Basis der Beziehung, die wir zu diesem Menschen haben. Das bedeutet, dass ein Mensch sich auch ganz anders verhalten kann, als wir es gerne hätten, und dass wir ihn dennoch respektieren. Respekt bedeutet in diesem Fall vor allem Annahme, dass der andere ist, wie er ist, und dass wir nicht versuchen, ihn nach unseren Vorstellungen zu verändern.

Wenn diese Basis stabil ist, können auch größere Konflikte und regelrechte Zerreißproben überstanden werden – wenn beide das wollen. Stellt sich im Zuge eines Konflikts hingegen heraus, dass die Bedürfnisse so weit auseinanderliegen, dass eine Fortsetzung der Beziehung nicht sinnvoll oder wünschenswert erscheint, ermöglicht eine stabile Basis aus Respekt, dass zwei Menschen sich im Guten voneinander lösen. Das kann auch bedeuten, dass die Beziehung einfach in eine andere Form übergeht und aus einer Partnerschaft zum Beispiel eine Freundschaft wird. Das macht jedoch nur Sinn, wenn hier weiterhin Bedürfniskompatibilitäten gegeben sind, sonst ist das ein Gekünstel, das früher oder später auffliegen wird.

Doch Vorsicht: Respekt für den anderen bedeutet nicht, dass wir unsere eigenen Bedürfnisse hinten anstellen! Ich kann jemanden respektieren und zugleich feststellen, dass sein Verhalten, seine Bedürfnisse oder seine Werte nicht zu den meinen passen. Eine gesunde Basis aus Respekt ist also immer ein Respekt, der nicht nur dem anderen gilt, sondern genauso mir selbst. Es ist der Boden, auf dem wir gemeinsam stehen, und nicht ein Podest, auf das wir den anderen emporheben.

„Warum sollte ich den respektieren?"

Wer es gewöhnt ist, Respekt als etwas zu betrachten, das man sich verdienen muss, sucht verständlicherweise immer nach einem Grund, den anderen zu respektieren. Wenn keiner zu finden ist, wird der andere auch nicht respektiert. Das muss sich der andere erst verdienen – oder?

Wer so argumentiert, verkennt, dass Respekt in einer Beziehung auf Augenhöhe Voraussetzung für und nicht das Ergebnis von einer fruchtbaren Auseinandersetzung ist.

Beziehungen, die auf dem Grundsatz basieren, dass Respekt etwas ist, das man sich verdienen muss, sind letztendlich gewaltbasiert. Respekt ist hier näher an Angst als an Achtung. Malcolm Gladwell beschreibt in seinem Buch *„Überflieger"* sehr eindrücklich, wie solche Kulturen – von Anthropologen auch *„Cultures of*

Honor“, also „*Kulturen der Ehre*“, genannt – sich in Spiralen der Gewalt verlieren.[33]

Wie und wann dieser Boden verloren geht

Doch auch wenn wir Respekt als etwas betrachten, das wir zumindest uns nahestehenden Menschen möglichst bedingungslos schenken wollen, sieht die Realität leider oft ganz anders aus. Ideal und Wirklichkeit klaffen auseinander. Doch woran liegt das? Was passiert eigentlich, wenn wir dem anderen – oft ohne es zu merken – erst unsere Wertschätzung, dann unseren Respekt und dann sogar unsere Achtung entziehen? Der Mechanismus ist immer der Gleiche: Es geschieht, wenn wir verletzt werden, und zwar so, dass alte Wunden in uns berührt und dadurch emotionale Altlasten aktiviert werden.

Wenn das Fundament unseres Respekts zu bröckeln beginnt, gibt es verschiedene Stufen des Abstiegs, die wir in unserer Haltung gegenüber einem Menschen durchlaufen, bis wir schließlich bei der Verachtung landen oder sogar dem Hass, der absolute Tiefpunkt, an dem eine Beziehung quasi nicht mehr möglich ist. Viele Beziehungen enden hier. Oder besser gesagt: Viele Menschen hören an diesem Punkt auf, Zeit miteinander zu verbringen, weil es einfach unerträglich wird.

Doch oft lebt die Beziehung noch in uns weiter – manchmal über Jahre. Was muss passieren, damit wir innerlich heilen können und dadurch wieder frei werden?

Schritte nach einer schmerzhaften Trennung

Wenn eine Beziehung endet, weil der gegenseitige Respekt – aus welchen Gründen auch immer – verloren ging, dann bleibt ein großes Paket Schmerz zurück. Das kann nur bei einem der beiden Partner der Fall sein, sehr häufig beruht es jedoch auf Gegenseitigkeit. Bei diesem Schmerz handelt es sich um eine gigantische Ladung emotionaler Altlasten, die unsere Aufmerksamkeit fordern. Das ist zwar lästig und das Letzte, was wir ihnen geben wollen, doch solange wir nicht bereit sind, dieser Tatsache ins Auge zu sehen, bleiben wir innerlich unfrei. Es ist als würde ein mysteriöses Band uns weiterhin an unseren Verflossenen fesseln und verhindern, dass wir unser Leben wieder so gestalten können, wie es uns eigentlich gefallen würde.

Neben der Notwendigkeit, emotionale Altlasten zu entladen, worauf ich im nächsten Kapitel eingehen werde, besteht ein wichtiger Teil des Prozesses auch darin, unsere Haltung gegenüber unserem Ex wieder ins Lot zu bringen. Wenn wir tatsächlich bis auf die Stufe der Verachtung oder sogar des Hasses herabgestiegen sind, dann ist das Zeichen unseres Leides. Und es ist damit auch Zeichen unserer Absolutheitsansprüche – denn worauf soll Verachtung sonst beruhen?

Blöderweise sind unsere Absolutheitsansprüche zuweilen unfassbar plausibel – wie kann es nur sein, dass das nicht jeder sieht, dass es nicht längst ein Naturgesetz geworden ist? *„Er hat mich belogen und betrogen – und das soll ok sein?"* – *„Jetzt lebt sie ihr Leben einfach so mir nichts, dir nichts weiter!"* – *„Wie kann ich jemanden respektieren, der mich nur ausgenützt hat?"* – *„Das kann doch nicht wahr sein!"* Solche und ähnliche Sätze gehen uns wieder und wieder im Kopf herum.

Fakt ist: Was auch immer geschehen ist, es ist geschehen. Nichts, was wir denken oder argumentieren, wird es ungeschehen machen. Der Groll, den wir hegen, frisst sich nur wie ein Krebsgeschwür durch unsere Eingeweide. Er ändert nichts, aber auch gar nichts an dem, was war. Das Einzige, was wir tun können, ist, unsere inneren Seelenflicken nacheinander wieder zusammenzusetzen und uns auf den Weg zu machen, uns innerlich zu befreien. Für diesen Weg brauchen wir Geduld. Es kann Jahre dauern.

Und auf dem Weg kommen wir nicht umhin, uns unseren Absolutheitsansprüchen zu stellen. Sie säumen unseren inneren Kreuzweg. Von ihnen gilt es sich nach und nach zu befreien, bis wir unseren ursprünglichen Abstieg – von der Akzeptanz über die Toleranz zur Duldung und weiter über die Ablehnung, die Verurteilung zur Verachtung und schließlich zum Hass – wieder Schritt für Schritt zurückgegangen sind und innerlich wieder einen stabilen Boden des Respekts gefunden haben. Ja, auch in Bezug zu diesem unsäglichen Menschen. Das bedeutet übrigens nicht, dass wir Kontakt haben müssen, auch wenn das natürlich nicht ausgeschlossen ist. Entscheidend ist jedoch der innere Kontakt, den ich pflege, der innere Raum, der von dem anderen noch besetzt ist oder eben nicht. Erst wenn ich freien Herzens sagen kann *„Ich respektiere dich, auch wenn du ganz anders bist, als es für mich richtig gewesen wäre“*, sind wir frei, nicht nur den anderen so sein zu lassen, wie er ist, sondern auch selbst so zu sein, wie wir sind. Erst dann sind wir auch frei, uns das zu wünschen und damit zuzulassen, was unser wirkliches Bedürfnis ist. Solange ein Teil von uns noch in einer der tieferen Stufen verhaftet bleibt, verschenken wir einen Teil unserer Selbst an diesen Menschen. Allein das ist schon Grund genug, sich auf den Weg zu machen und sich von diesen Verhaftungen zu lösen, wobei dich Übung 17, Rückkehr zum Respekt, unterstützen kann.

Ich bin in diesem Kapitel bislang nur darauf eingegangen, was minimal erforderlich ist, um Beziehung auf Augenhöhe zu leben. Auf die Stufen darüber – Wertschätzung und Liebe – bin ich bewusst nicht eingegangen, da ich diesen am Ende von Teil III ein eigenes Kapitel mit dem Titel *ABC der Liebe* gewidmet habe.

Doch zuvor möchte ich mich noch dem Thema Kommunikation sowie unseren Gefühlen und Emotionen in Beziehungen zuwenden. Denn wenn es uns nicht gelingt, mit diesen innerhalb unserer Beziehungen einen guten Umgang zu finden und ihnen den angemessenen Raum zu verschaffen, bleibt alles hier Geschriebene hohle Theorie.

REFLEXIONSFRAGEN

1. Was bedeutet Respekt für mich? Ist es etwas, das man sich verdienen muss oder verschenke ich es großherzig?
2. Bei wem bemerke ich, dass ich an die Grenzen meiner Fähigkeit und Bereitschaft zu respektieren gelange? Hierbei kann es sich um einen Menschen handeln, den ich persönlich kenne oder gekannt habe, oder um eine öffentliche Persönlichkeit, wie ein Politiker oder eine historische Figur.
3. Gibt es Menschen aus meiner Vergangenheit, von denen ich nicht frei bin, weil ich sie nicht respektiere?

ÜBUNG 17: Rückkehr zum Respekt

Diese Übung soll dich in deiner Rückkehr zu einem respektvollen Bezug zu einer Person aus deiner Vergangenheit oder Gegenwart unterstützen.

1. Suche dir in Gedanken jemanden aus deiner Vergangenheit oder Gegenwart aus, für den du den Respekt verloren hast, den du vielleicht sogar verachtest.
2. Nimm dir Zeit, dir bewusst zu machen, warum du dem anderen deinen Respekt entzogen hast. Was an diesem Menschen oder seinem Verhalten ist für dich so falsch, dass es das gar nicht geben dürfte?
3. Formuliere den Absolutheitsanspruch dazu. Beispiel: Du verachtest jemanden, weil er dich angelogen hat. Der Absolutheitsanspruch dazu lautet: Menschen sollten ehrlich zueinander sein.
4. Finde das Bedürfnis, das sich hinter dem Absolutheitsanspruch versteckt. Zum Beispiel: *„Ich wünsche mir, dass ich nicht angelogen werde."* Formuliere dieses Bedürfnis, sprich es ein paar Mal vor dich hin und spüre in dich hinein. Gestehe dir zu, dass dieses Bedürfnis ein wunderschönes, total legitimes und verständliches Bedürfnis ist. Mit anderen Worten: würdige es.
5. Mache dir zugleich bewusst, dass nicht alle Menschen so sind, wie du sie gerne hättest. Wenn dir dies gelingt, wirst du mit deinem Schmerz in Kontakt kommen. Nimm dir Zeit, ihn zu fühlen und auch zu entladen (siehe auch Kapitel 4).
6. Wirf erneut einen Blick auf diesen unmöglichen Menschen. Welches Bedürfnis steckt hinter seinem unmöglichen Verhalten? Ist es zum Beispiel das Bedürfnis, angenommen zu sein? Oder das Bedürfnis, dich nicht zu verlieren? Erlaube dir, es wahrzunehmen, und versuche, es so gut wie möglich zu verstehen – auch wenn du das Verhalten oder den Umgang damit weiterhin nicht gutheißt. Vielleicht gelingt es dir auch zu sehen, dass dein eigener Absolutheitsanspruch verhindert hat, dass die Bedürfnisse des anderen sich wirklich zeigen konnten.
7. Wiederhole diesen letzten Schritt immer wieder, auch über einen längeren Zeitraum – also zum Beispiel einmal die Woche über ein Jahr – und beobachte, wie sich deine Haltung verändert. Gelingt es dir, den anderen wieder in seinem Sosein zu respektieren, auch wenn er ganz anders ist, als du ihn gerne hättest? Kannst du seine Freiheit würdigen, so zu sein, wie er eben sein möchte, auch wenn es für dich nicht richtig ist?

2 *Kommunikation*

Wichtigster Ausdruck unseres Respekts ist die Art und Weise, wie wir kommunizieren. Hier zeigt sich, ob wir den anderen direkt oder indirekt beeinflussen wollen. Und hier zeigt sich auch, ob wir einander wirklich wahrnehmen können oder nicht. Oft heißt es, die Kommunikation in Beziehungen sei so schwierig – der eine sagt etwas, der andere hört das komplette Gegenteil und schon hängt der Haussegen schief.

Doch auch wenn hier mit Sicherheit etwas dran ist – dass Kommunikation zuweilen schwierig ist, meine ich –, möchte ich diese Schwierigkeit auch nicht überbewerten. Denn wenn die Beziehung und die Grundhaltung des Respekts gegeben sind, müssen wir keine Kommunikationsprofis sein, um gute Beziehungen zu führen. Was ich damit sagen möchte, ist, dass die Schwierigkeiten in der Kommunikation oft einfach nur Symptom für tiefer liegende Probleme sind. Sie zeigen sich hier, doch ihr Ursprung liegt woanders – etwa im fehlenden Respekt oder in den emotionalen Altlasten, um die wir uns nicht gekümmert haben, ein Thema, auf das ich noch eingehen werde.

Ich betone dies gleich zu Anfang, weil ich zuweilen erlebe, dass viel Wert auf das Erlernen gewisser Kommunikationsformen gelegt wird, ohne dass die innere Haltung sich entsprechend entwickelt. Doch jede Form kann nur eine Krücke sein, um die Haltung zu erlernen. Wenn man erst laufen gelernt hat – also die entsprechende Haltung in sich kultiviert hat – kann man die Krücken getrost wegwerfen.

Nichtdestotrotz kann die Auseinandersetzung mit unserer Kommunikation ein Zugang sein, um unsere Haltung bewusst zu machen und auch zu verändern. In diesem Kapitel möchte ich daher verschiedene Aspekte von Kommunikation ansprechen, die sich für mich im Laufe meiner Reise zur Beziehungsweisen als wertvoll erwiesen haben. Beginnen wir beim Grundlegenden, dem Zuhören.

Die Kunst des Zuhörens

Wenn es in der Kommunikation einen magischen Schlüssel gibt, dann ist es zweifellos die Kunst zuzuhören. Der buddhistische Mönch und Bestsellerautor Thich Nath Hanh wurde nach den Anschlägen vom 11. September 2001 in einem Interview gefragt, was er Osama bin Laden sagen würde, wenn er die Gelegenheit hätte, mit ihm zu sprechen. Thich Nhat Hanh antwortete: *„Ich würde ihm zuhören.“*[34]

Ich habe lange gebraucht, um die Magie und Kraft des Zuhörens in seiner ganzen Tragweite zu begreifen. Lange erschien es mir eine zu einfache Antwort. Und vor allem war ich – genau wie der Rest der Welt – viel zu sehr damit beschäftigt, gehört zu werden. Ich wollte nicht zuhören – das tat ich meiner Meinung nach ohnehin schon genug –, ich wollte endlich selbst gehört werden!

In meinen Beziehungen herrschte oft Enge und ich hatte den Eindruck, keinen Raum für Ausdruck zu haben. Manchmal hatte ich sogar den Eindruck, kaum atmen zu können. Alles Unausgesprochene, Unaussprechliche oder einfach nicht Gehörte steckte wie ein Kloß in meinem Hals.

Heute weiß ich, wie einfach es ist, mir Räume zu erschaffen, in denen ich wirklich gehört werde und in denen ich wirklich höre. Und vor allem weiß ich, wie zutiefst erfüllend es ist, wirklich zuzuhören, vor allem dann, wenn es mir gelingt, in meinem Zuhören in die Tiefe zu gehen. Genau das öffnet im anderen den Raum, auch in die Tiefe zu gehen, Belanglosigkeiten und Wiederholungen auszusparen und das auszudrücken, worum es wirklich geht.

Diese Fähigkeit entwickelt sich nicht über Nacht. Vielmehr bedarf sie, wie jede andere Kunst, der beständigen Übung. Und genau das habe ich getan: Ich habe geübt und geübt und geübt und geübt. Jeden Tag, über Wochen, Monate und Jahre, bis Zuhören mein natürlicher Zustand geworden ist.

Die Praxis des unterstützenden Zuhörens

Ich empfinde die Praxis des unterstützenden Zuhörens, die ich in Übung 18 geschildert habe, und die des Beziehungsgespräches, auf die ich später in diesem Kapitel noch eingehen werde, als ein ideales Instrument für genau so einen Lernprozess. Gerade im ersten Jahr meiner jetzigen Partnerschaft haben wir täglich Zeit in diese Praxis investiert und einander einfach nur zugehört, nicht mehr und nicht weniger, jeder mindestens fünf Minuten pro Tag, manchmal auch erheblich mehr.

In gewisser Weise glich dieser Prozess dem Vorgang, den Schöpfungsmythen eines Volkes zu lauschen, von dem ich im vorangegangenen Kapitel erzählt habe. Indem ich jemandem über einen langen Zeitraum jeden Tag für bestimmte Zeit zuhöre, lerne ich auch seine Schöpfungsmythen kennen. Ich lerne zu verstehen, wie er seine Welt konstruiert und wie er sie sich erklärt. Ich lerne zu verstehen, wie er das, was geschieht, interpretiert und welchen Zusammenhang das in ihm und für ihn hat.

Voraussetzung dafür, dass ich in dieser Form zuhören kann, ist der bedingungslose Respekt für das, was sich da zeigt. Zugleich führt das tiefere Verständnis, das aus einem solchen Prozess erwächst, zu einer noch tieferen Bereitschaft, den anderen zu achten.

Bei dieser Art des Austausches handelt es sich um eine ritualisierte Form der Kommunikation. Gerade zu Anfang mag sie steif und ungewohnt erscheinen. Doch das gibt sich erfahrungsgemäß relativ schnell und dann zeigt sich der große Vorteil eines solchen Korsetts: Es gibt uns Schutz und schafft Raum zwischen uns. Indem ich dem anderen nicht jederzeit ins Wort fallen kann (oder er mir), entsteht genau jene Luft zum Atmen, die mir früher in meinen Beziehungen fehlte. Das Faszinierende ist, dass dann oftmals fünf Minuten ausreichen, um Themen aus der Welt zu räumen, die man ohne diesen Raum in Jahren nicht angehen kann. Ich weiß, das hört sich jetzt in deinen Ohren vermutlich nach einer maßlosen Übertreibung an. Ich kann nur sagen: Probiere es aus. Wenn nicht mit deinem Partner, dann mit jemand anderem, einem guten Freund oder einer Freundin. Und habe Geduld. Es wird vermutlich beim ersten Versuch weder für dich noch für dein Gegenüber die Offenbarung sein, es sei denn, ihr habt die Kunst des Zuhörens bereits entwickelt.

ÜBUNG 18: Unterstützendes Zuhören

1. Sucht euch einen Platz, wo ihr ungestört seid, und nehmt euch zwanzig Minuten Zeit. Natürlich könnt ihr euch auch eine Stunde Zeit nehmen. Wenn ihr erst mit der Übung vertraut seid, reichen auch mal fünf Minuten für jeden.
2. Verständigt euch darauf, dass alles, was ihr in diesem Rahmen miteinander teilt, auf eine besondere Weise vertraulich ist: Es wird nicht nur mit niemand anderem darüber gesprochen, auch ihr werdet einander später nicht mehr auf das ansprechen, was ihr hier geteilt habt. Solltet ihr dennoch das Bedürfnis haben, später noch einmal etwas anzusprechen, bittet den anderen um Erlaubnis, bevor ihr es ansprecht. Respektiert, wenn der andere ablehnt.
3. Teilt euch die vereinbarte Zeit auf. Wenn ihr euch zwanzig Minuten nehmt, bekommt also jeder zehn Minuten.
4. Einigt euch darauf, wer als Erstes zuhört und wer als Erstes spricht.
5. Als ZuhörerIn konzentrierst du dich nur darauf, einen unterstützenden, empathischen Raum für den anderen zur Verfügung zu stellen. Das funktioniert am besten, indem du einfach nur zuhörst – ohne Kommentare, ohne bestätigendes Nicken, ohne Fragen. Das mag zwar am Anfang sehr ungewohnt sein, unterstützt den anderen aber darin, sich wirklich auf die eigenen Empfindungen zu konzentrieren, statt zu sehr damit beschäftigt zu sein, wie du das findest, was er oder sie erzählt.
6. Als Sprechende(r) konzentrierst du dich ganz auf deine Gefühle, die jetzt in diesem Moment da sind, und erzählst von dem, was in dir vorgeht, was dich beschäftigt, was dich belastet oder aufregt. Lass dir Zeit. Durch den klar vereinbarten Zeitrahmen kannst du ruhig auch mal innehalten, um in dich hineinzuspüren oder zu lauschen. Folge dem Gefühl, auch wenn es dich weit in die Vergangenheit trägt. Sprich nicht so sehr über deine Gedanken, Analysen, Thesen und Ansichtsweisen, sondern bleibe bei deinen Gefühlen und Emotionen. Achte außerdem darauf, dass du über dich sprichst und nicht über die Person, die dir zuhört. Das wäre unfair, da sie nichts entgegnen kann. Später kommen noch andere Übungen, wo du durchaus über den anderen sprechen kannst.
7. Tauscht die Rollen.
8. Bedankt euch beieinander.

Dialog & Diskussion

Die Kunst des Zuhörens ist auch eine Grundvoraussetzung dafür, dass wir in Konfliktgesprächen konstruktiv kommunizieren. Damit die Entwicklung einer verbindenden Lösung, wie sie in Teil I beschrieben wurde, gelingen kann, ist unsere Haltung ausschlaggebend. Oder, um in dem Modell der Persönlichkeitsschichten und der dazugehörigen Begegnungsebenen aus Kapitel 4 zu bleiben: wo wir uns begegnen. Unsere Haltung oder der Raum unserer Begegnung spiegelt sich ganz wesentlich in unserem Kommunikationsstil wider. Ich unterscheide hier gerne Dialog und Diskussion, wobei ich ersteren Begriff für ein miteinander Reden verwende, zweiteren für ein gegeneinander Reden.

Wenn zwei Menschen in einem Diskussionsmodus miteinander sprechen, sind sie vor allem auf Unterschiede aus. Sie hören vor allem das, wo der andere ihrem eigenen Standpunkt widerspricht. Beim Zuhören – wenn überhaupt von Zuhören die Rede sein kann – liegt der Fokus darauf, Schwachstellen in der Argumentation des anderen zu entdecken, um dann hier den nächsten Angriff ansetzen zu können. Das berühmte Wörtchen *„aber“* bringt die Grunddynamik einer Diskussion auf den Punkt. Diese Kommunikationsform zeigt an, dass zwei oder mehr Menschen sich in der Verteidungsschicht begegnen. In diesem Modus können wir unendlich viel Zeit und Energie darauf verwenden, den anderen nicht zu hören und gleichzeitig gehört zu werden. Hier finden wir uns auch schnell wieder, wenn wir in einem Konflikt auf der Lösungsebene beharren und eben genau unsere Vorstellung gegen die des anderen durchsetzen wollen, statt gemeinsam eine Lösung zu erarbeiten, die den Interessen aller bestmöglich gerecht wird.

Bei einem Dialog sieht die Sache ganz anders aus. Hier steht das Gemeinsame im Vordergrund. Der Fokus liegt auf Zuhören, die Grundhaltung ist fragend und offen. Statt dem *„aber“* steht hier das verbindende Wort *„und“* im Vordergrund. Unterschiede in der Sichtweise werden neugierig erforscht und nicht als Bedrohung ge-

ÜBUNG 19: Dialog und Diskussion erforschen

Dies ist eine Übung, die man am besten zu zweit oder zu dritt machen kann. Suche dir also einen Spielgefährten, mit dem du Dialog und Diskussion gerne erforschen möchtest.

Sucht euch ein Thema aus, über das ihr euch herrlich streiten könntet. Am besten wählt ihr eines, bei dem ihr keine allzu große emotionale Ladung habt, wo ihr jedoch gut unterschiedliche Standpunkte beziehen könnt. Wenn euch keines einfällt, könnt ihr es ja mal mit den klassischen Themen wie Frauenquote, Kopftuchdebatte, Abschaffung des Militärs, das Zölibat in der Kirche oder Ähnlichem probieren.

Nehmt euch etwa 10–15 Minuten Zeit, um über dieses Thema zu diskutieren. Geht ganz bewusst auf Konfrontation und übertreibt die klassischen Merkmale der Diskussion – mangelndes Zuhören, Fokus auf Unterschiede, Unterbrechen, häufige Verwendung des Wortes „aber" etc. Nehmt euch genügend Zeit, um wirklich einen Diskussionsmodus zu finden und um diese Art zu kommunizieren zu erforschen.

Nehmt euch noch einmal 10–15 Minuten, um nun über das gleiche Thema einen Dialog zu führen. Hier liegt der Fokus auf Zuhören, Verstehen und dem Herausarbeiten von Gemeinsamkeiten. Lasst euch ausreichend Zeit, um auch hier wirklich in diesen Kommunikationsmodus einzutauchen. Ihr werdet wissen, dass es euch gelungen ist, einen wirklichen Dialog zu führen, wenn ihr euch beide danach bereichert fühlt und den Eindruck habt, tiefere Einblicke in ein Thema bekommen zu haben, das ihr zuvor anders gesehen habt.

Tauscht euch über eure Erfahrungen aus. Welcher Kommunikationsmodus ist euch vertrauter? Ist es euch wirklich gelungen, sauber bei einem Modus zu bleiben? Oder habt ihr beobachtet, dass ihr abgleitet? Was hat mehr Spaß gemacht? Was nehmt ihr für den Alltag mit?

sehen. Diese Kommunikationsform führt fast automatisch zu einem Ebenenwechsel: von der Verteidigungsschicht in die Beziehungsschicht, von der Lösungsebene auf die Bedürfnisebene. Das Geniale an einem echten Dialog ist, dass alle Beteiligten hinterher immer schlauer sind. Durch Zuhören lernen wir. Indem wir uns wirklich auf die Sichtweise des anderen einlassen, verändert sich auch unsere Perspektive. Ich habe beobachtet, dass in einem echten Dialog das Endergebnis oft für alle Beteiligten überraschend ist. Quasi nie ist es das, was der eine oder der andere wollte, sondern etwas ganz Neues ist entstanden, was vorher nicht absehbar war. Es ist die gelebte Alchemie, von der ich zuvor bereits gesprochen habe. Und je mehr wir uns in ihr üben, desto freudiger können wir auch schwerwiegenden inhaltlichen Differenzen ins Auge sehen und Dialoge hierzu führen. Übung 19, Dialog und Diskussion erforschen, aus meinem Buch *„Kleine Gefühlskunde für Eltern"* ist eine Anregung, diese beiden Kommunikationsmodi spielerisch zu erproben.

Beziehung ohne Kritik?

Die zuvor erwähnten Untersuchungen von John Gottmann nannten als ersten apokalyptischen Reiter Kritik. Vielleicht fragst du dich, wie das gehen soll: Beziehung ohne Kritik am anderen. Und ist Kritik nicht auch wichtig, damit wir uns aneinander reiben und uns dadurch entwickeln? Ist es nicht sogar notwendig, dass wir einander kritisieren und ausdrücken, wenn uns etwas nicht passt? Bedeutet Beziehung ohne Kritik, dass immer alles Friede, Freude, Eierkuchen ist? Dass ich einfach alles an meinem Partner toll finde? Dass ich immer Ja und Amen sage?

Ganz bestimmt nicht. Diese Form der Pseudoharmonie hat für mich nichts mit lebendiger Beziehung zu tun. Wir begegnen uns hier ausschließlich auf der Ebene der Charaktermaske. Das geheuchelte Einverständnis wird uns früher oder später einholen, uns als hässliche Fratze ins Gesicht starren und sagen: „*Du hast dich selbst und alles, was dir wichtig ist, verraten! Du bist gar nicht du in dieser Beziehung, sondern spielst einen Menschen, der du glaubst sein zu müssen!*"

Die Forschungen von Gottmann sagen jedoch auch, dass Beziehung auf der Ebene der Verteidigungsschicht langfristig nicht überlebensfähig ist – und genau dort begegnen wir uns ja, wenn wir einander kritisieren. Es ist ein vorprogrammierter Abstieg: Auf Kritik (Reiter eins) folgt Verteidigung (Reiter zwei), darauf Verachtung (Reiter drei) und so weiter.

Aber wie können wir dann ausdrücken, wenn uns etwas nicht passt? Wie sagen wir unserem Partner, dass es uns stinkt, wenn Vereinbarungen nicht eingehalten werden, das Geschirr nicht gespült wurde, wir angelogen werden? Ist es überhaupt möglich, ohne zu kritisieren?

Marshall Rosenberg, der zuvor bereits erwähnte Begründer der Gewaltfreien Kommunikation, beschäftigte sich zeit seines Lebens mit genau dieser Frage. Das Ergebnis seiner Forschungen ist ganz eindeutig: Ja, es ist möglich. Der Schlüssel dazu liegt, wie in Teil I und II wieder und wieder beleuchtet, im Umgang mit unseren Bedürfnissen. Der Clou ist folgender: Indem ich ein Bedürfnis äußere, kann ich inhaltlich das gleiche kommunizieren, wie wenn ich Kritik übe, jedoch ohne dem anderen auf den Schlips zu treten. Ein Bedürfnis ist einfach ein Bedürfnis, und vor allem ist es meines. Es ist persönlich. Der andere kann dann selbst schauen, was er damit machen möchte, und kann vor allem sein Bedürfnis daneben stellen – wie ich es in dem Kapitel *„Die Kunst der Kooperation"* ausführlich geschildert habe. Das gilt natürlich nur, wenn meine innere Haltung auch ganz aufrichtig eine ist, die ein Bedürfnis äußert, und nicht eine, die eigentlich doch Kritik üben will.

Wundermittel Bedürfnisäußerung

Ich habe ja schon das Zuhören als ultimatives Wundermittel in der Kommunikation angepriesen. Nun möchte ich dem noch ein zweites hinzufügen, und zwar jenes der Bedürfnisäußerung. Für mich war es wahrhaftig eine Offenbarung zu erkennen, dass ich jede Kritik, jede Unzufriedenheit und jede Jammerei auch als Bedürfnis äußern kann.

Um bei eben genannten Beispielen zu bleiben: Ich kann sagen, wie wichtig es mir ist, dass Vereinbarungen eingehalten werden, dass die Küche sauber hinterlassen wird und dass wir ehrlich miteinander sind. Bedeutet das automatisch, dass mein Partner das dann tun wird? Sicher nicht. Doch wenn ich aufrichtig bereit bin, all das frei von Absolutheitsansprüchen zu äußern, kann mein Partner seines daneben stellen.

Vielleicht ist es ihm viel wichtiger, dass er spontan sein kann und seinen Impulsen folgen kann, auch wenn Verabredungen getroffen waren oder der Abwasch wartet. Und genau diese Basis stabilen Respekts braucht es, damit Ehrlichkeit in der Beziehung erst möglich wird, ohne dass wir einander für unsere Aufrichtigkeit massakrieren. Solange Aufrichtigkeit bestraft wird, ist es sehr schwierig, sie zu leben, geschweige denn vom anderen zu verlangen.

Klar, solange ich eigentlich weiterhin an meinem Absolutheitsanspruch festhalte, wird dies in meiner „*Bedürfnisäußerung*" mitschwingen und bei dem anderen wird genau das ankommen, was ich eigentlich losgeschickt habe: Kritik, also die Botschaft, dass er anders sein *sollte*, als er ist. Diese Botschaft fühlt sich zwar in der Kommunikation sicherer an, ist jedoch extrem schwierig zu hören.

ÜBUNG 20: Von der Kritik zur Bedürfnisäußerung

1. Suche dir in Gedanken einen Menschen in deinem Leben aus, der dir wichtig ist und an dem du hin und wieder oder ständig Kritik übst.
2. Schreibe dir drei bis vier Kritikpunkte auf. Zum Beispiel: 1. Sie flirtet mit anderen Männern. 2. Er ist immer so unpünktlich. 3. Er ist unordentlich. 4. Sie kann nicht zuhören.
3. Formuliere nun zu jedem Kritikpunkt eine Bedürfnisäußerung oder Ich-Botschaft. Nimm dir hierbei Zeit. Es geht nicht darum, eine politisch korrekte Äußerung zu formulieren, sondern zu beobachten, ob du etwas an deiner Haltung verändern kannst. Gehe die Punkte nacheinander durch und sprich vor dich hin. Experimentiere mit verschiedenen Formulierungen und beobachte, was in dir geschieht. Zum Beispiel zu Punkt 1. *„Ich wünsche mir, dass meine Freundin nur Augen für mich hat"* oder *„Ich wünsche mir, dass ich mir ihrer Liebe ganz sicher sein kann"* oder *„Ich wünschte ich könnte auch so flirten wie sie"*. Gelingt es dir, innerlich deinen Anspruch, dass sie absolut falsch ist, loszulassen und zugleich, dein Bedürfnis klar zu artikulieren? Vielleicht musst du es öfters sagen, bis es ankommt und du den inneren Dreh findest, wo sich dein absoluter Standpunkt in einen persönlichen wandelt.
4. Wenn du magst, kannst du eines dieser Themen in einem Beziehungsgespräch (siehe Übung 21) oder einfach mal so zur Sprache bringen und mit einer konkreten Bitte verbinden. Zum Beispiel: *„Ok, ich verstehe, dass es dir riesig Spaß macht, mit anderen Männern zu flirten. Ich glaube, ich kann besser damit umgehen, wenn du mir in der Situation ganz deutlich deine Zuneigung zeigst. Würdest du das für mich tun?"* *Mal sehen, was sie sagt.*

Ich *sollte* anders sein, als ich bin, ist beschämend, ja geradezu vernichtend, wenn es von einem nahestehenden Menschen kommt. Hingegen ist die Botschaft, dass der andere sich ein anderes Verhalten von mir wünscht, zunächst eine Aussage, die nicht zwangsläufig etwas mit mir zu tun hat. Ich selbst kann entscheiden, welche Schlüsse ich daraus ziehe und wie sehr ich mich danach richte. Unabhängig davon, ob ich auf die Bedürfnisse des anderen eingehen möchte, ich kann sie würdigen. Und genau hierin liegt ein wichtiger Ausdruck der Wertschätzung. In Übung 20, Von der Kritik zur Bedürfnisäußerung, kannst du dieses innere Kunststück trainieren.

Wertschätzung braucht Ausdruck

Selbstverständlich wollen in unseren Beziehungen nicht nur Bedürfnisse und Kritikpunkte geäußert werden, auch Wertschätzung braucht eine Stimme. Laut den Beobachtungen von unserem werten Gottmann und seinem Team können wir zwar durchaus Kritik anbringen, jedoch sollte diese durch mindestens fünf Mal so viel positive Äußerungen ausgeglichen werden. Das behauptet er natürlich nicht einfach so, sondern genau das hat er eben bei jenen Paaren beobachtet, die glücklich miteinander waren und deren Ehen vor allem lange anhielten.[35] Je schlechter das Verhältnis von Kritik und positiver Äußerung war, desto schlechter stand es um die Beziehung.

Nun soll dies natürlich in keiner Weise suggerieren, dass wir fortan wie Gottmanns Forscher gewissenhaft kleine Sternchen in Tabellen zeichnen – so zumindest stelle ich mir das vor –, um herauszufinden, wann wir genug wertschätzende Punkte gesammelt haben, um uns wieder einen Angriff erlauben zu können. Mir geht es bei Nennung dieser Zahl lediglich darum, deutlich zu machen, wie viel Wertschätzung wir von unseren Mitmenschen brauchen. Wir sind nun mal so gebaut, dass eine kritische Äußerung – und auch eine Bedürfnisäußerung kann so aufgenommen werden – viel lauter nachhallt als eine positive.

Wertschätzung zeigt sich natürlich nicht allein in der direkten Formulierung dessen, was uns gefällt, auch wenn das natürlich schön ist. Ich persönlich freue mich immer sehr, wenn mir jemand sagt, was ihn freut und was er an mir schätzt. Doch viel wichtiger sind die kleinen Arten und Weisen, wie wir unsere wertschätzende Haltung zum Ausdruck bringen. In der Art und Weise, wie wir einander zuhören, aufeinander eingehen, einander ernst nehmen, unsere Bedürfnisse würdigen, wird Wertschätzung greifbar.

Das Beziehungsgespräch

Neben der Praxis des unterstützenden Zuhörens gibt es noch ein weiteres Format ritualisierter Kommunikation, das ich sehr schätze. Dieses entwickelte sich in meiner Partnerschaft, nachdem wir viele Monate regelmäßig unterstützendes Zuhören praktiziert hatten. Wir nennen es das Beziehungsgespräch (siehe Übung 21).

Da im Beziehungsgespräch auch der andere und die Beziehung selbst zur Sprache kommen können, braucht jeder eine gute Festigung in der Nichtübernahme von Verantwortung für die Gefühle des anderen und in der wertschätzenden Kommunikation. Es ist daher empfehlenswert, mit dem Beziehungsgespräch dann anzufangen, wenn das unterstützende Zuhören schon ein Stück weit verinnerlicht wurde.

Das Beziehungsgespräch baut auf dem unterstützenden Zuhören auf. Es unterscheidet sich von der zuvor geschilderten Praxis darin, dass hier bewusst über die Beziehung gesprochen wird. Der Fokus liegt jedoch immer noch darauf, dass ich darüber spreche, wie es mir in der Beziehung geht oder wie ich den anderen wahrnehme oder auch was ich mir wünschen würde, also Ich-Botschaften verwende.

Natürlich ist es auch ein super Rahmen, um Wertschätzung auszudrücken, und bei unseren Beziehungsgesprächen passiert das von ganz alleine, wenn alles andere erst mal Raum hatte. Den genauen Ablauf eines Beziehungsgespräches schildere ich in der dazugehörigen Übungsbeschreibung. In meiner Partnerschaft nehmen wir uns regelmäßig Zeit dafür – je nachdem, was sonst noch alles los ist, einmal die Woche oder auch nur einmal im Monat. Ich betrachte es als eine Art Beziehungshygiene, die ich – genau wie das unterstützende Zuhören – nicht mehr missen möchte.

Es braucht dafür auch nicht groß Disziplin, denn für uns ist das Beziehungsgespräch eine wunderschöne Art, Zeit miteinander zu verbringen, tiefer in Kontakt miteinander zu kommen, an unserer Beziehung zu arbeiten und uns selbst besser kennenzulernen. Anders als das Wort *„arbeiten“* es vielleicht nahelegt, ist es für uns eine sehr nährende Praxis, die uns jedesmal näher zueinander und zu uns selbst führt. Das liegt natürlich daran, dass es für uns mit vielen positiven Erfahrungen besetzt ist und wir immer wieder erleben konnten, wie Konflikte oder Störfaktoren sich in diesem respektvollen Raum als Schätze erweisen. So ist es für uns – und vielleicht ist es für dich ganz anders.

ÜBUNG 21: Das Beziehungsgespräch

1. Nimm dir mindestens eine halbe Stunde Zeit mit einem Menschen, mit dem du eine Beziehung lebst, die dir wichtig ist. Das kann natürlich dein Lebensgefährte sein, genauso kannst du jedoch mit einer Freundin, einem Familienmitglied oder einem Kollegen ein Beziehungsgespräch führen. Gerne könnt ihr euch auch eine Stunde nehmen.
2. Achtet darauf, dass ihr ungestört seid und dass es euch gut geht. Keiner von euch sollte mit einer riesigen emotionalen Ladung in das Gespräch gehen (was das ist, wie du das erkennst und was du dann tun kannst, steht in den nächsten beiden Kapiteln).
3. Einer von euch beginnt, der andere hört nur zu, genau wie ich es in der Übung 18, Unterstützendes Zuhören, geschildert habe. Der Sprechende konzentriert sich auf die Frage: „Wie geht es mir gerade in der Beziehung mit dir?". Nimm dir 5–10 Minuten Zeit, um davon zu erzählen. Ihr könnt hier wirklich auf die Uhr schauen, um euch einen klaren Zeitrahmen zu geben, oder es etwas lockerer gestalten – beides hat Vor- und Nachteile. Erfahrungsgemäß ist es jedoch gut, sich auf eines von beidem zu einigen und dabei zu bleiben. Sprich von Herzen, lass dir die letzte Zeit durch den Kopf gehen und erzähle, was dich gefreut hat, was schwierig für dich war, was du dir anders gewünscht hättest, wo du Fragezeichen hast. Wenn du Fragen an deinen Partner hast, kannst du diese natürlich auch nennen, die Beantwortung wartet jedoch, bis deine Redezeit vorbei ist.
4. Wenn du merkst, dass dein Redefluss erst mal innehält oder deine Redezeit um ist, ist der andere dran, ihr tauscht also die Rollen und nun hörst du einfach nur zu. Anders als beim unterstützenden Zuhören kann dein Partner gerne Bezug auf das nehmen, was du zuvor gesagt hast, wenn er das möchte.
5. Wenn nun dein Partner erst mal fertig ist, bist du wieder dran, ihr tauscht also erneut die Rollen, danach ist noch einmal dein Partner mit erzählen dran.
6. Ihr könnt in dieser Weise zwei, drei oder sogar mehr Runden machen. Es empfiehlt sich jedoch, den klaren Rahmen einzuhalten, um den Raum zwischen euch weit und licht zu halten.
7. Bedankt euch beieinander.

Jedem Töpfchen sein Deckelchen

Zu Anfang des Buches habe ich versprochen, keinen Ratgeber nach dem Motto *„Zehn Geheimnisse einer guten Beziehung“* zu schreiben. Und zugleich bemühe ich mich natürlich, die Balance zu finden zwischen philosophischen Höhenflügen, psychologischen Tauchgängen und praxisorientierten Übungen. Besonders in diesem Kapitel über Kommunikation kam ich nicht umhin, einfach das zu erzählen, was sich in meinem Leben und in meinen Beziehungen als wertvoll erwiesen hat. Das bedeutet jedoch nicht, dass es ein Rezept ist, aus dem einfachen Grund, dass wir alle sehr verschieden sind und ganz unterschiedliche Bedürfnisse haben.

So las ich vor Jahren mal ein Interview mit einem seit über fünfzig Jahren glaubhaft glücklich verheirateten Paar. Als sie gefragt wurden, was eines ihrer Beziehungsgeheimnisse sei, antwortete die Frau erstaunlicherweise, sie würden nie über Beziehungsprobleme sprechen und genau das sei eines ihrer Erfolgsgeheimnisse. Noch erstaunlicher fand ich, dass dies ursprünglich allein sein Bedürfnis gewesen war, während sie sehr gerne mit ihm Probleme gewälzt hätte. Da er sich jedoch strikt verweigerte, weil er es für schädlich für die Beziehung hielt, über Probleme zu sprechen, respektierte sie dies schließlich, nur um Jahre später selbst für sich zu dem Schluss zu kommen, dass dies tatsächlich eines der Erfolgsgeheimnisse ihrer Ehe sei.

Ich weiß, dass ich dir damit genau das Gegenteil von dem erzähle, was ich zuvor in diesem Kapitel geschrieben habe und was die meisten Beziehungsexperten sagen würden. Und genau deshalb erzähle ich es. Es gibt keine Rezepte. Es gibt kein Richtig und Falsch. Was es jedoch gibt, sind ganz unterschiedliche Bedürfnisse und diese können zusammenpassen oder nicht. Ich könnte mir zu diesem Zeitpunkt in meinem Leben keine Partnerschaft vorstellen, in der ich nicht über die Beziehung sprechen könnte, einfach weil es mir ein Bedürfnis ist. Genauso ist es mir ein Bedürfnis, jene Ebene von Austausch und Kontakt zu erfahren, die mir ein ritueller Kommunikationsraum wie das unterstützende Zuhören eröffnet. Bedeutet das, dass Beziehungen ohne diesen Raum nicht funktionieren oder weniger wertvoll sind? Bestimmt nicht. Was es jedoch gibt, sind Prinzipien, wie etwa Respekt. Und was es auch gibt, sind Gefühle und Emotionen, die entweder zum Problem werden oder nicht – wovon die nächsten beiden Kapitel handeln.

REFLEXIONSFRAGEN

1. In welchen Beziehungen in meinem Leben ist die Kommunikation stark vom Diskussionsstil geprägt, in welchen fällt der Dialog leicht?
2. Wem könnte ich mehr authentische Wertschätzung zeigen?
3. Mit wem würde ich gerne meine Beziehung vertiefen und ein Beziehungsgespräch führen?

3 *Emotionen: Vorsicht Sprengstoff!*

Vielleicht kennst du das: Alles ist in Ordnung, die Sonne der Wertschätzung scheint am Himmel eurer Beziehung, es ist ein richtig schöner Tag. Und plötzlich geschieht etwas. Vielleicht weißt du noch nicht einmal genau, was es ist – irgendeine Kleinigkeit –, und die ganze Stimmung verändert sich. Es ist wie in einem Film, wo vielleicht noch alles nach eitel Sonnenschein aussieht, jedoch die Musik plötzlich eine dramatische Note angenommen hat. Oder es ziehen schlagartig dunkle Wolken auf, auch wenn sich niemand wirklich erklären kann, wo die so schnell hergekommen sind. Gerade war doch noch alles in Ordnung!

Wenn das geschieht, hast du es mit Emotionen zu tun. Emotionen, so wie ich und einige andere Autoren diesen Begriff verwenden, sind alte, angestaute, nicht gefühlte Gefühle. Ich vergleiche sie auch gerne mit einem Stapel alter Post, den wir nie geöffnet haben, weil es einfach zu viel war. Emotionen sind also Altlasten, die jeder von uns wie in einem Rucksack mit sich herumträgt.

Unser emotionaler Rucksack

Was unsere emotionalen Ladungen betrifft, sind wir Menschen sehr unterschiedlich. Manche tragen einen riesengroßen Rucksack mit sich herum, während andere eher leicht bepackt sind. Das hat verschiedene Gründe. Zum einen liegt es daran, dass wir alle ganz unterschiedliche Lebenserfahrungen gemacht haben. Manche von uns hatten zum Beispiel eine sehr traumatische Kindheit, während andere eine Umgebung hatten, die ihnen das für sie richtige Maß an Schutz und Herausforderung geben konnte.

Ein weiterer Faktor ist, wie viel emotionale Unterstützung wir hatten, um mit schwierigen Erfahrungen umzugehen. Wenn wir wenig oder keine Unterstützung hatten, blieb uns kaum etwas anderes übrig, als all die überwältigenden Erfahrungen fein säuberlich in unserem Rucksack zur späteren Aufarbeitung zu verwahren.

Ein dritter, oft übersehener Faktor ist unsere Sensibilität. Was für den einen, mäßig sensiblen Zeitgenossen vielleicht nichts weiter als eine nervige Situation ist, kann einen anderen, sehr sensiblen Menschen komplett traumatisieren. Das ist zwar unpraktisch, doch dafür hat eine hohe Sensibilität ganz andere Vorteile.

Für mathematisch Begeisterte – wie ich es beispielsweise bin – kann das Volumen eines emotionalen Rucksacks auch mit folgender Formel auf den Punkt gebracht werden:

$$\text{Rucksackvolumen} = \frac{\text{Intensität der Erfahrungen} \times \text{Sensibilität der Person}}{\text{Erhaltene Unterstützung}}$$

Alle anderen, mathematisch weniger Begeisterten, können diese Formel getrost ignorieren. Fakt ist, jeder von uns hat in unterschiedlichem Ausmaß emotionale Ladungen, die er mit sich herumträgt. Und Fakt ist auch, dass diese Ladungen zu einem echten Problem in unseren Beziehungen werden können. Sie können der größten Bedürfniskompatibilität, der schwersten Verliebtheit und der besten Absicht einen gehörigen Strich durch die Rechnung machen. Und das trifft übrigens nicht nur auf private Beziehungen zu. Auch im beruflichen Umfeld führen emotionale Pakete regelmäßig zu massiven Problemen, wobei hier oft die Chance noch geringer ist, dass dies direkt thematisiert werden kann.

Doch egal ob es sich um berufliche oder private Beziehungen handelt, unsere Ladungen sind nicht wirklich ein Thema, solange der Rucksack einfach an unserem Rücken hängt. Sie haben zwar ein gewisses Gewicht, was verhindert, dass wir unser Leben so richtig in vollen Zügen genießen können, verursachen jedoch keine wirklichen Probleme. Dies geschieht erst dann, wenn irgendein Funke hineinfliegt und die ganze Ladung zum Explodieren bringt. Wenn das geschieht, spreche ich von emotionaler Aktivierung.

Stiller Alarm

Bei meinen Gesprächen mit Menschen zu diesem Thema konnte ich feststellen, dass wir alle offenbar über die intuitive Gabe verfügen, wahrzunehmen, wie groß der emotionale Rucksack eines Menschen ist und ob er gerade aktiviert ist. Diese intuitive Gabe zeigt sich darin, dass wir bei Menschen, deren emotionalen Rucksack wir unterbewusst als groß und schwer beladen wahrnehmen, viel leiser treten als bei solchen, die nicht viel mit sich herumtragen. Genauso haben wir offenbar die Fähigkeit zu erkennen, ob jemand gerade emotional aktiviert ist oder nicht. Wir sprechen dann von *„dicker Luft"* oder dass jemandem *„eine Laus über die Leber gelaufen ist"*.

Wir haben die Fähigkeit, dies wahrzunehmen, weil es eine ganz wichtige Information im Umgang miteinander ist. Die Größe unseres emotionalen Rucksacks bestimmt, wie hoch unser Dramapotenzial ist. Die Information, ob unsere emotionale Ladung gerade aktiviert ist oder nicht, sagt aus, ob wir uns in einem Ausnahmezustand befinden oder nicht. Diese Information ist ungeheuer wichtig für unsere Interaktion. Wenn mein Gegenüber sich nämlich tatsächlich in einem solchen Ausnahmezustand befinden, dann ist er nur begrenzt zurechnungsfähig. Das hört sich zwar hart an, doch es ist leider die Realität. Wenn wir emotional aktiviert sind, tun und sagen wir Dinge, die wir uns sonst nicht träumen ließen. Wir werden verletzend und unfair, zuweilen sogar gewalttätig und unsere Fähigkeit, Situationen gut einzuschätzen, ist massiv beeinträchtigt.

Kennst du das? Wenn du ehrlich bist, wahrscheinlich schon. Doch leider ist es so, dass wir viel besser darin sind, die emotionale Aktivierung anderer Menschen wahrzunehmen als unsere eigenen – vor allem, wenn wir gerade mittendrin sind. Und unglücklicherweise ist es so, dass wir – auch wenn wir gut erkennen können, wenn jemand emotional aktiviert ist – oft gar nicht wissen, wie wir gut damit umgehen können. Dadurch ist die Wahrscheinlichkeit extrem hoch, dass die emotionale Ladung des anderen schon bald unseren eigenen Rucksack hochgehen lässt, womit die Szene für ein perfektes Beziehungsdrama gesetzt ist.

In diesem Kapitel gehe ich daher zuerst auf die verschiedenen Symptome emotionaler Aktivierung ein, um die Wahrscheinlichkeit zu erhöhen, dass wir es auch bei uns selbst erkennen. Im nächsten Kapitel – *Bewusst entladen lernen* – widme ich mich der ganz zentralen Frage, wie wir lernen können, so mit unseren emotionalen Altlasten umzugehen, dass sie keine Beziehungshypothek mehr sind.

Woran erkenne ich, dass ich emotional aktiviert bin?

Die Aktivierung unserer emotionalen Ladung äußert sich bei jedem Menschen anders. Bezeichnendes Merkmal ist jedoch von außen eine grundlegende Verhaltensänderung, von innen eine grundlegende Wahrnehmungsänderung.

Diese Veränderungen können sehr drastisch ausfallen oder auch sehr subtil, je nachdem wie groß unsere Ladung ist und wie gut wir darin sind, diese zu überspielen. Zu erkennen, wann unsere eigene Ladung oder die eines anderen Menschen aktiviert ist, ist einer der Schlüssel zu einem erfolgreichen Umgang mit dieser furchterregenden Kraft. Da sich diese Aktivierung bei jedem anders äußert und auch jeder andere Stärken in der Wahrnehmungsfähigkeit hat, beschreibe ich im Folgenden detailliert mögliche Symptome auf den Wahrnehmungsebenen körperlich, emotional, mental und energetisch. Tatsächlich ist es so, dass immer alle Ebenen zugleich in Erscheinung treten, doch nur einige unsere Aufmerksamkeit auf sich ziehen.

Vier Symptomgruppen bei emotionaler Aktivierung:

1. Körperliche Symptome
2. Emotionale Symptome
3. Mentale Symptome
4. Energetische Symptome

Körperliche Symptome

Die Aktivierung unserer eigenen Ladung kann sich in deutlichen körperlichen Empfindungen äußern. Zum einen in Veränderungen des Temperaturempfindens, wie etwa Hitze- oder Kältewellen. Zum anderen in Spannungsgefühlen, die sich über den ganzen Körper ausdehnen können oder auch auf einzelne Bereiche konzentriert sein können, wie etwa den Solarplexusbereich, den Herzraum oder den Hals. Diese Empfindungen können so stark sein, dass der ganze Körper in eine Art Starre zu verfallen scheint. Es kann uns aber auch nur etwas *„im Magen liegen“* oder wir haben plötzlich einen *„Kloß im Hals“*.

Neben diesen deutlichen Empfindungen kann sich die Aktivierung auch in einem spontanen Empfindungsverlust äußern. Hierbei fühlt sich der ganze Körper plötzlich taub an und es kann sogar der Eindruck entstehen, sich über oder neben dem Körper zu befinden oder sogar ganz weit weg.

Bei starken Aktivierungen oder stark ausgeprägten Ladungen, können Übelkeit, Schwindelgefühle, körperliche Schmerzen oder sogar Ohnmacht auftreten. Doch das ist eher bei massiven Traumatisierungen der Fall und soll hier nur der Vollständigkeit halber erwähnt werden. Keinesfalls soll es davon ablenken, dass eine emotionale Aktivierung zwar sehr dramatisch ausfallen und erlebt werden kann, jedoch in der Regel nicht erkannt oder übersehen wird.

Emotionale Symptome

Neben körperlichen Symptomen gibt es Warnsignale auf der emotionalen Ebene, die auf eine Aktivierung unserer Ladung hinweisen. Auch hier gibt es eine weite Bandbreite von Empfindungen und Intensität. Beginnend bei leichtem, in der Regel plötzlich auftretendem Unwohlsein bis hin zu Beklemmung oder sogar panischer Angst. Andere Menschen werden wütend, aggressiv bis hin zu hasserfüllt. Wieder andere werden bedrückt, depressiv oder bodenlos traurig. Diese Trauer kann in extremen Fällen bis hin zu plötzlicher Suizidalität reichen. Doch auch dieses Extrem soll nur der Vollständigkeit halber erwähnt werden und nicht dazu verleiten, die subtilen Warnzeichen zu übersehen oder weniger ernst zu nehmen. Gemein haben all diese Reaktionen, dass sie – nüchtern betrachtet – in keinem Verhältnis zum Auslöser stehen.

Mentale Symptome

Genauso aussagekräftig wie emotionale und körperliche Warnsignale können mentale Symptome sein, auch wenn diese häufig weniger deutlich wahrgenommen werden. Auf der mentalen Ebene tritt eine emotionale Aktivierung vor allem durch anklagende, beurteilende, wertende und abwertende Gedanken in Erscheinung. Unsere Gedanken beginnen, Geschichten zu erzählen, die blutig und schmerzgeladen sind. Wir alle haben das schon einmal erlebt, wenn ein guter Freund oder eine gute Freundin sich über ihren letzten Rosenkrieg bei uns ausheult und plötzlich ein Zerrbild des oder der Angebeteten skizziert, das Lichtjahre von dem idealisiert-romantischen Bild entfernt ist, das noch in den Flitterwochen gezeichnet wurde. Hat man das Glück, den oder die Betreffende zu kennen, erkennt man als nicht direkt betroffener Mensch meistens, dass die Wahrheit weder in dem einen noch in dem anderen Bild liegt. Beide Geschichten zeichnen Zerrbilder – mal verzerrt durch die Brille unserer Sehnsüchte, mal durch die unserer aktivierten emotionalen Ladung.

Beginnen wir also, schlecht über jemanden zu reden oder zu denken, ist dies ein Zeichen einer aktivierten emotionalen Ladung. Je überzeugter wir von der Richtigkeit unserer Schwarzmalerei sind, desto stärker ist die Aktivierung. Je dunkler die Farben, die wir wählen, desto geladener sind wir.

Energetische Symptome
Der Vollständigkeit halber sollen hier neben den körperlichen, den emotionalen und den mentalen Symptomen auch die energetischen nicht fehlen. Energetische Symptome sind subtiler als die anderen drei aufgeführten Symptomgruppen, sie können jedoch gerade deshalb hilfreich sein, um eine Aktivierung schon frühzeitig zu erkennen, bevor die aktivierte Ladung allzu viel Schaden angerichtet hat und mit ihrem feurigen Atem die gesamte Beziehungslandschaft in Schutt und Asche gelegt hat.

Charakteristisch für eine emotionale Aktivierung ist eine plötzliche, deutlich wahrnehmbare Veränderung der Atmosphäre. Ich habe sie ja bereits zu Anfang des Kapitels mit der spannungsgeladenen Musik verglichen, die im Hintergrund zu spielen beginnt, wenn der Regisseur eines Films uns wissen lassen will, dass der böse Drache nun erwacht ist, auch wenn augenscheinlich noch alles in Ordnung erscheint. Wir beginnen, dem schönen Schein zu misstrauen, und wähnen hinter jeder Biegung ein Monster. Wir können zwar nicht klar benennen, was sich verändert hat, doch etwas in uns sagt uns, dass wir jetzt leise treten sollten, dass die eben noch so sonnig scheinende Landschaft nicht mehr sicher ist.

Wie entstehen emotionale Ladungen?

Nun habe ich ausführlich beschrieben, wie emotionale Aktivierung sich auf verschiedenen Wahrnehmungsebenen anfühlt. Aber wo kommt dieses lästige Gepäck eigentlich her und was wollen diese Ausnahmezustände von uns? Warum kann das Vergangene nicht einfach vergangen sein?

Einen Teil dieser Frage habe ich ja bereits beantwortet: Emotionale Ladungen entstehen durch überwältigende Erfahrungen. Ob eine Erfahrung überwältigend ist oder nicht, bestimmt zum einen unsere eigene Sensibilität, zum anderen das Ausmaß an Unterstützung, das wir erhalten, um mit der Situation fertig zu werden. Unterstützung bedeutet in diesem Fall Menschen, die mit uns fühlen.

Jeder Mensch hat eine bestimmte emotionale Kapazität. Diese bestimmt, wie viel und wie intensiv ich in einem bestimmten Moment fühlen kann, ohne mich innerlich auszuklinken. Bei manchen Menschen ist diese Kapazität größer als bei anderen und sie entwickelt sich auch im Laufe unseres Lebens, wenn wir daran arbeiten.

Doch egal wie groß unsere individuelle Kapazität ist: Wenn etwas passiert, das unsere eigene emotionale Kapazität übersteigt, gibt es eine Art inneres Sicherheitsventil, das verhindert, dass wir zu viel fühlen. Ein sehr bekanntes Beispiel ist der Schockzustand nach einem Unfall oder einem anderen schwerwiegenden Ereignis. In diesem Zustand fühlen wir nämlich genau gar nichts mehr. Das gleiche gilt auch bei weniger traumatischen Situationen, wenn auch nicht in diesem Extrem.

In dem Moment, wo wir uns innerlich ausklinken, weil wir sonst überfordert wären, hören wir auf, die Situation emotional zu verarbeiten. Sie bleibt damit unabgeschlossen in unserer Psyche bestehen und wartet auf eine Gelegenheit, um abgeschlossen zu werden. Wir schieben einen Absolutheitsanspruch zwischen uns und das Ereignis, um uns davor zu schützen, die nicht gefühlten Gefühle lagern sich als Emotionen in uns ab.

Ich möchte diesen Vorgang an einem persönlichen Beispiel erklären. Als ich acht Jahre alt war, trennten sich meine Eltern nach über zwanzig, im Großen und Ganzen sehr glücklichen Jahren. Diese Tatsache war für mich erstaunlich unproblematisch und ich war eher irritiert von den vielen mitfühlenden Blicken, die mir zuteil wurden. Ich empfand die Trennung schon damals als einen stimmigen Schritt, da die beiden offenbar nicht mehr glücklich miteinander waren.

Traumatisch war etwas ganz anderes. Meine Eltern waren beide von der Trennung emotional überfordert und jeder suchte seinen eigenen Umgang damit. Mein Vater nahm sich eine dreimonatige Auszeit und reiste nach Brasilien. Meine Mutter stürzte sich in die Arbeit. Ich war emotional von der plötzlichen Abwesenheit meines Vaters total überfordert und meine Mutter war nicht in der Lage, mir die Unterstützung zu geben, die ich gebraucht hätte – also mit mir zu fühlen. Als Schutz erzeugte ich den Absolutheitsanspruch, dass mein Vater nicht hätte fahren *sollen*. Dadurch versuchte ich, mich vor dem Schmerz zu schützen, der mich überforderte. Das funktionierte zunächst ganz gut, doch wie jedes andere System wollte auch meines die angestaute Ladung irgendwann loswerden, um sie nicht weiter mit sich herumtragen zu müssen.

Emotionen wollen entladen werden

Da es sich bei unseren Ladungen um alte, nicht gefühlte Gefühle handelt, wollen diese nicht mehr und nicht weniger von uns, als gefühlt zu werden. In der Vergangenheit ist dies nicht geschehen, da der Raum fehlte, um Gefühle dieser Intensität zu fühlen. Unser

System weiß jedoch, dass es die angestauten Ladungen nicht langfristig mit sich herumtragen kann, ohne Schaden zu nehmen. Untersuchungen aus der Emotionsforschung und der Psychosomatik weisen darauf hin, dass emotionale Ladungen langfristig zu Erkrankungen führen.[36]

Daher sucht unser emotionales System beständig nach Gelegenheiten, um die Altlasten loszuwerden. Dies geschieht komplett unbewusst – denn bewusst wollen wir natürlich alles andere, als die alten Gefühle wieder zu fühlen. Unbewusst läuft jedoch ein ständiges Casting, welche Situationen und Personen uns helfen könnten, die entsprechenden Ladungen wieder zu aktivieren und damit die Gelegenheit zu bekommen, sie zu fühlen.

Bei mir und meiner emotionalen Überforderung mit der Reise meines Vaters äußerte sich das beispielsweise darin, dass ich emotional völlig unangemessen reagierte, wenn ein mir nahestehender Mann verreiste. Entweder ich weinte, ohne wirklich zu verstehen warum, oder ich war seltsam taub innerlich – oder beides in wildem Wechsel. Das Ganze war sehr anstrengend und führte zu allerlei Beziehungsdramen, die ich hier nicht näher ausführen möchte. Fakt ist, ich habe lange gebraucht, um herauszufinden, was in diesen Situationen wirklich hilfreich ist und vor allem, was diese alten Gefühle von mir wollen.

Heute weiß ich, dass emotionale Altlasten entladen werden wollen, nicht mehr und nicht weniger. Und ich weiß auch, dass Entladung in den allermeisten Fällen Unterstützung braucht. Da die in mir angestauten Gefühle für mich alleine zu stark waren, konnte ich sie nicht alleine zulassen – auch nicht Jahre später. Dafür brauchte ich Menschen, die bereit waren, mir ihre Zeit, ihre

Aufmerksamkeit und ihr Mitgefühl zu schenken. Und ich musste lernen, wie entladen eigentlich geht, wovon ich im nächsten Kapitel berichten werde.

Gefühle sind etwas anderes

Nun habe ich viel über Emotionen gesagt und rein gar nichts über Gefühle, was ich an dieser Stelle dringend nachholen möchte. Gefühle und Beziehungen gehören zusammen wie Mann und Frau, Tag und Nacht, hell und dunkel. Und genau wie bei Mann und Frau wünschen wir uns manchmal, dass es nicht so wäre: wie viel einfacher wäre das Leben, wenn Männer ohne Frauen leben könnten oder Beziehungen ohne Gefühle auskommen würden! Doch während es bei Mann und Frau, Tag und Nacht, hell und dunkel auf der Hand liegt, warum das eine nicht ohne das andere kann, fehlt bei Beziehung und Gefühl oft das grundlegende Verständnis dafür, warum beides zusammengehört.

Um dieses Geheimnis zu lüften, müssen wir uns mit der eigentlichen Funktion von Gefühlen befassen. Und damit das möglich ist, brauchen wir Klarheit, wovon wir eigentlich sprechen, wenn wir von Gefühlen sprechen. In der Regel wird das Wort Gefühl als eine Art Sammelbegriff für alles Mögliche verwendet, das wir fühlen, jedoch nicht näher definieren können. In meinem Buch *„Gefühle & Emotionen – Eine Gebrauchsanweisung“* habe

Die fünf Hauptgruppen von Empfindungen im Überblick:

1. Körperliche Empfindungen
2. Biologische Programmierungen
3. Gefühle als soziale Kräfte
4. Emotionen
5. Fähigkeiten oder Bewusstseinszustände

ich mir erlaubt, diesen relativ unübersichtlichen Wust an Empfindungen in fünf verschiedene Kategorien zu unterteilen. Ich möchte diese Unterscheidung an dieser Stelle noch einmal kurz herholen, um Klarheit zu schaffen.

Wenn wir uns an dieser Klassifizierung orientieren wird deutlich, dass Gefühle als soziale Kräfte ihrem Wesen nach Beziehungskräfte sind. Sie entwickelten sich im Laufe unserer Evolution vermutlich an dem Punkt, als wir begannen, in komplexeren sozialen Gefügen zu leben. Bei Tieren sind diese Kräfte nur ansatzweise bzw. in sehr unterschiedlichem Ausmaß vorhanden. Bei ihnen spielen die biologischen Programmierungen eine wesentlich zentralere Rolle als bei uns – wobei ich deren Bedeutung in unseren Beziehungen nicht herunterspielen möchte. Hier sind zum Beispiel Neid oder Eifersucht zuzuordnen, die uns in unseren Beziehungen ja durchaus zu schaffen machen. Bei diesen biologischen Programmierungen handelt es sich um instinktgesteuerte Überlebensprogramme, die sich unserer Ratio weitgehend entziehen, worin sie sich von den Gefühlen als Beziehungskräften unterscheiden. Um mit ihnen gut umzugehen, sind wir auf die Entwicklung unserer Fähigkeiten angewiesen — zum Beispiel unserer Liebesfähigkeit. Auf die biologische Programmierung Verliebtheit und auf die Liebe als Fähigkeit oder Bewusstseinszustand werde ich in dem Kapitel *„Das ABC der Liebe“* am Ende dieses Teils noch genauer eingehen.

Doch bleiben wir für den Moment erst mal bei den Gefühlen als Beziehungskräften. Wofür sollen diese denn gut sein, wenn wir sie doch nur als Problem erleben? Zu den Gefühlen als sozialen Kräften zähle ich fünf Grundgefühle, die durch unsere Interpretation unserer Umgebung erzeugt werden. Sie entwickelten sich vermutlich später als die biologischen Programmierungen, als wir begannen, Beziehungsgefüge von steigender Komplexität zu entwickeln. Diese fünf Gefühle – Wut, Trauer, Angst, Scham und Freude – ergeben zusammen den Gefühlskompass, der es uns ermöglicht, mit jeder Art von Situation angemessen in Beziehung zu treten.

Die Kraft der Gefühle

Auf den ersten Blick scheint es verwunderlich, dass von fünf Gefühlen genau eines als positiv betrachtet wird. Bei genauerer Betrachtung zeigt sich jedoch, dass das kein Zufall ist. Tatsächlich ist es so, dass wir unsere sogenannten negativen Gefühle brauchen, um mit Situationen umzugehen, die anders sind, als wir sie gerne hätten. Das eine positive Gefühl im Kompass – die Freude – hingegen ist dazu da, das wertzuschätzen, was unseren momentanen Bedürfnissen und Vorstellungen entspricht. Klar, dass wir letzteres vorziehen. Es ist jedoch kein guter Grund, die anderen vier Gefühle aus unserem emotionalen Vokabular zu verbannen. Es ist nämlich wesentlich schwieriger, mit Situationen umzugehen, die anders sind, als wir sie gerne hätten, weshalb wir hierfür eine größere Bandbreite an möglichen Antworten brauchen. Und genau diese Bandbreite haben wir in den vier sogenannten negativen Gefühlen.

Wut ist für Situationen da, die uns nicht gefallen und die wir verändern können. Sie mobilisiert die Kraft für Veränderung. Trauer ist uns für Situationen gegeben, die uns nicht gefallen und die wir nicht ändern können. Sie hilft uns, anzunehmen. Angst ist für Situationen da, die wir weder verändern noch annehmen können. Sie hilft uns, uns auf das Unbekannte einzulassen. Und Scham ist für Situationen da, wo es ansteht, uns selbst zu hinterfragen. Sie hilft uns, uns selbst zu reflektieren.

Eines meiner Lieblingsbeispiele hierfür ist die Situation, wenn ich nach Hause komme und die Küche nicht aufgeräumt ist. Ich kann das als *falsch* interpretieren, wodurch ich Wutkraft erzeuge, die es mir ermöglicht, aktiv zu werden, um mein Bedürfnis nach einer aufgeräumten Küche in die Tat umzusetzen. Diese Tat kann tatsächlich sein, dass ich die Küche aufräume. Sie kann aber auch sein, dass ich meinen Partner bitte, sie aufzuräumen. Genauso kann ich das schmutzige Geschirr in der Spüle als *schade* interpretieren: *„Schade, dass mein Partner sich nicht an unsere Vereinbarung gehalten hat, die Küche sauber zu hinterlassen. Schade, dass ich nicht gehört werde."* Oder einfach: *„Schade, dass die Küche nicht sauber ist."* Dadurch erzeuge ich Trauer, die mich befähigt, das jetzt erst mal anzunehmen und mich anderem zuzuwenden.

Ich kann es aber auch als *furchtbar* interpretieren, wodurch ich Angst erzeuge. Furchtbar, weil es unhygienisch ist und Krankheiten verursachen kann. Furchtbar, weil meine Schwiegermutter gleich zu Besuch kommt und sicher mir die Schuld gibt. Furchtbar, weil ich mit einer unaufgeräumten Küche nicht leben möchte, meinem Partner nicht immer hinterherräumen möchte und keine Perspektive für unser weiteres Zusammenleben sehe. Angst ermöglicht es mir, mich auf das Unbekannte einzulassen und mit Situationen umzugehen, auf die ich keine Antwort weiß. Angst wird dann zu einer Kraft, wenn es mir gelingt, mich ihr zu öffnen.

Und ich kann auch die Interpretation treffen, dass ich *falsch* bin, wodurch ich Scham erzeuge. Diese hilft mir, mich selbst zu reflektieren: Habe ich die Küche in letzter Zeit immer sauber hinterlassen?

Wie sieht es mit meinem Beitrag zur Hausarbeit allgemein aus? Scham hilft mir, mich selbst zu hinterfragen und gegebenenfalls Kurskorrekturen vorzunehmen.

Ja, und natürlich können wir sogar eine unaufgeräumte Küche als *richtig* interpretieren: *„Hey, die Sonne scheint, das Leben ist kurz, ich finde es super, dass mein Partner mal über seinen pflichtbewussten Schatten gesprungen ist und mit den Kindern an den Badesee gefahren ist!“* Durch die Freude kann ich würdigen, dass das, was geschehen ist, meinem Bedürfnis entspricht.

Schatten statt Kraft

Nun magst du dich sicher fragen, warum sich das alles so toll anhört und wir trotzdem oft so schlechte Erfahrungen mit den Gefühlen machen. Das hat zwei Gründe: Zum einen werden Gefühle oft mit Emotionen verwechselt. Dass diese emotionalen Altlasten unsere Beziehungslandschaften in Schutt und Asche legen können, habe ich ja bereits deutlich gesagt. Zum anderen kann jedes Gefühl sich sowohl als Schatten als auch als Kraft zeigen.

Die soeben genannten positiven Eigenschaften der Gefühle sind allesamt Kraftaspekte. Diese treten jedoch nur zutage, wenn es uns gelingt, für unsere Bedürfnisse einzustehen, ohne in einen Absolutheitsanspruch abzugleiten. Sobald wir hinter unser Gefühl – und zwar egal welches Gefühl – einen Absolutheitsanspruch spannen, richtet es sich gegen das, was ist, und wird zu einem echten Problem. Hier wird Wut zerstörerisch, Trauer macht depressiv, Angst lähmend, Scham selbstzerfleischend und Freude gaukelt uns eine heile Welt vor, wenn eigentlich etwas nicht in Ordnung ist.

Gefühle sind also kein Problem, wenn es sich denn um Gefühle handelt und sie als Kräfte eingesetzt werden. Sobald Gefühle als Problem auftauchen, hast du es entweder mit Emotionen oder einem Absolutheitsanspruch zu tun – oder einer Kombination von beidem. Um hiermit angemessen umzugehen, ist vor allem eines von zentraler Bedeutung: die Fähigkeit, bewusst zu entladen. Diesem wichtigen Thema ist daher das nächste Kapitel gewidmet.

REFLEXIONSFRAGEN

1. Wie gut bin ich im Umgang mit meiner eigenen emotionalen Ladung? Übernehme ich Verantwortung oder benutze ich andere als emotionalen Mülleimer?
2. Wie gut sind mir nahestehende Menschen im Umgang mit ihren emotionalen Ladungen? Gehen sie verantwortungsvoll damit um oder benutzen sie mich oder andere als emotionalen Mülleimer?
3. Wie gut bin ich im Umgang mit den emotionalen Ladungen anderer? Bin ich gut darin, sie wahrzunehmen, sie beim Entladen zu unterstützen und zugleich meine Grenzen zu wahren, indem ich die Verantwortung ganz bei ihnen lasse und auf einen respektvollen Umgang achte?

4 *Bewusst entladen lernen*

Interessanterweise ist es so, dass zwar alles in uns auf Entladung programmiert ist, die Mechanismen, die Entladung verhindern, jedoch auch nicht zu unterschätzen sind. Als Kinder war es noch sehr leicht und natürlich für uns, spontan zu entladen. Irgendetwas geschah und wir heulten los. Später schafften wir es dann gerade noch, uns solange zusammenzureißen, bis wir aus dem Kindergarten oder der Schule zu Hause waren, wo wir dann ordentlich Dampf abließen. Und irgendwann lernten die meisten von uns, uns so gründlich zusammenzureißen, dass wir jede Entladung im Keim ersticken können. Toll! Wir sind erwachsen geworden.

Doch leider verspielten wir damit auch die Fähigkeit, nach überwältigenden Erfahrungen wieder ins Lot zu kommen. Wenn wir uns diese zurückerobern wollen, gilt es wieder von Neuem zu lernen, wie Entladen eigentlich geht. Solange uns das nicht gelungen ist, gleichen wir und damit unsere Beziehungen einem Dampfkochtopf, dem das Sicherheitsventil fehlt – zweifellos eine sehr gefährliche Angelegenheit.

So betrachtet ist es wenig verwunderlich, dass Eltern regelmäßig ihre Kinder als emotionalen Mülleimer missbrauchen, manche Paare sich oft wegen Kleinigkeiten mit seltsam aggressivem Unterton anfahren, während andere in schöner Regelmäßigkeit ein saftiges Beziehungsdrama inszenieren, das man ungeschnitten in jede Telenovela stellen könnte. Nichts von dem ist böse gemeint. Die Betroffenen selbst wissen meist gar nicht, was eigentlich in sie gefahren ist. Wenn sie klug sind, schämen sie sich hinterher, was ein guter erster Schritt in die Selbstreflexion sein könnte. Wenn diese Fähigkeit fehlt, werden oft lange Geschichten erfunden, warum Mama so schimpfen musste oder das Drama eben absolut gerechtfertigt war.

Entladung geschieht also so und anders. Eine der wichtigsten Entdeckungen der letzten Jahre war für mich die Erkenntnis, dass wir lernen können, bewusst und damit kontrolliert zu entladen. Und dass diese Form der Entladung weit mehr ist als einfach nur *„Dampf ablassen"*. Tatsächlich ist es ein Weg, mir selbst und den Menschen, mit denen ich in Beziehung bin, wunderbar nahezukommen.

Was Entladung ermöglicht:

1. Struktur & Raum
2. Unterstützung
3. Vertraulichkeit & Schutz
4. Empathie & Annahme
5. Spüren & Zulassen
6. Ausdruck

Im Folgenden gehe ich relativ detailliert auf verschiedene Aspekte ein, die zu erfolgreicher Entladung beitragen. Nachdem diese Grundlagen gelegt sind, gehe ich noch darauf ein, wie wir im Alltag gut mit emotionaler Aktivierung bei uns selbst und bei anderen umgehen können.

Entladung braucht Raum

Wenn wir bewusst und kontrolliert entladen wollen, dann kommen wir nicht umhin, gezielt Räume für diese Entladung zu schaffen. Viele Therapieansätze zielen vor allem darauf ab, genau solche Räume zur Verfügung zu stellen. Die zuvor geschilderten ritualisierten Kommunikationsformen gehen in die gleiche Richtung.

Ebenso erfüllen viele Rituale in traditionellen Kulturen diesen Zweck.

Auf Bali beispielsweise, wo ich Teile meiner Kindheit verbringen durfte, sind die Menschen bekannt für ihr schönes Lächeln und ihre herzerwärmende Freundlichkeit. Ein fester Bestandteil ihrer faszinierenden Kultur sind Trancerituale, in denen einzelne oder zuweilen auch Hunderte von Priestern in Trance versetzt werden. In diesem anderen Bewusstseinszustand vollziehen sie allerhand unglaubliche Handlungen. Vor allem jedoch geschieht eine Art kollektiver Katharsis oder Entladung, die sicher eine der Geheimnisse ist, weshalb es Balinesen gelingt, auf so engem Raum in doch erstaunlicher Harmonie zusammenzuleben – womit ich nicht verschweigen möchte, dass es auch unter Balinesen immer wieder zu Konflikten kommt.

Doch kehren wir zurück zu uns und unserer Kultur. Bei uns findet Massenkatharsis bei Fussballspielen, Popkonzerten oder auch Demonstrationen statt. Außerdem habe ich ganz zu Anfang dieses Buches erwähnt, dass künstliche Machtgefälle unter anderem jenen Vorteil haben, dass sie den jeweils oben Stehenden ermöglichen, ihre emotionalen Ladungen auf denen, die weiter unten stehen, abzuladen. Der Chef schreit den Mitarbeiter an, der Mann seine Frau und die Mutter die Kinder. Der große Bruder ärgert dann den kleinen, der schließlich unkontrolliert entlädt. Es ist zwar nicht schön, erfüllt jedoch eine wichtige soziale Funktion, für die wir noch keinen Ersatz gefunden haben.

Damit Entladung geschehen kann, ohne dass es zu solchen Kettenreaktionen kommt, braucht es einen geschützten Raum. Das kann natürlich in Form einer Therapie stattfinden, muss es aber nicht. Eine Therapie ist dann sinnvoll, wenn wir es mit schwerwiegenden Traumatisierungen zu tun haben. Ansonsten bevorzuge ich Räume, die ich in meinen Alltag integrieren kann und die nicht gleich suggerieren, dass mit mir irgendetwas nicht in Ordnung ist. Tatsächlich ist es nämlich für jeden Menschen ein Grundbedürfnis, regelmäßig in irgendeiner Weise zu entladen, ohne dass er irgendeine Störung hat. Vor allem Eltern oder Menschen, die beruflich viel mit anderen Menschen zu tun haben, sind hier besonders betroffen. Es ist eine Art emotionaler Hygiene, die für einen gesunden Beziehungshaushalt so unerlässlich ist wie die Körperhygiene für einen gesunden Körper. Schließlich dusche ich auch nicht nur, wenn ich krank bin.

Doch was ist mit so einem geschützten Raum gemeint? Es handelt sich um einen zwischenmenschlichen Raum, in dem wir uns verletzlich zeigen können, in dem Begegnung auf der Beziehungsebene stattfinden kann, wie im Kapitel über Intimität geschildert wurde. Es ist also vielmehr ein innerer Raum zwischen zwei oder mehr Personen als ein äußerer. Das bedeutet, dass wir für effektive Entladung auf andere Menschen angewiesen sind.

Hole dir Unterstützung

Wie bereits zuvor erwähnt, wird spontane Entladung ja vor allem deshalb gestoppt, weil unsere eigene emotionale Kapazität nicht ausreicht. Der Raum für Entladung entsteht also durch Unterstützung von anderen Menschen, die uns ihre emotionale Kapazität vorübergehend zur Verfügung stellen. Das kann unser Lebensgefährte sein, muss es aber nicht. Oft ist es sogar nicht sinnvoll, und zwar dann nicht, wenn genau unser Liebster bei uns einen Knopf gedrückt und dadurch unsere emotionale Ladung aktiviert hat. Das ist nämlich eine der Grundregeln effektiver und sicherer Entladung: Entlade nicht bei der Person, die deine Ladung aktiviert hat, wenn gerade eine Aktivierung geschehen ist.

Diese Grundregel ist eine der effektivsten Methoden, um Kettenreaktionen zu verhindern. Sehr oft ist es nämlich so, dass wir im Zustand emotionaler Aktivierung furchtbar ungerecht und verletzend sind. Wenn wir in diesem Zustand über unseren Zuhörer herfahren, braucht es ein hohes Maß innerer Zentriertheit, um nicht selbst aktiviert zu werden. Mit viel Übung ist das kein Problem mehr. Doch gerade zu Anfang sollte eine solche Situation tunlichst gemieden werden. Idealerweise entladen wir also bei jemandem, der von der Situation nicht betroffen ist, bei dem wir uns jedoch wohl und geborgen fühlen und der bereit ist, uns vorübergehend seine emotionale Kapazität zur Verfügung zu stellen.

Wie ein geschützter Raum entsteht

Um die Wahrscheinlichkeit zu erhöhen, dass wir uns wirklich sicher fühlen, ist es sehr sinnvoll, eine besondere Form der Vertraulichkeit zu vereinbaren. Diese besagt, dass alles, was im Raum der Entladung geteilt wird, in diesem Raum bleibt. Das bedeutet, dass nicht nur mit niemand anderem darüber gesprochen wird, sondern auch die Person selbst nicht mehr darauf angesprochen wird. Durch diese Regelung erkennen wir an, dass es sich bei einem Raum der Entladung nicht um ein normales Gespräch handelt und dass das hier Geäußerte unter Umständen alles andere als ernst gemeint ist – auch wenn wir es vielleicht im Moment der Äußerung noch so fühlen.

Die Kraft der Empathie

Ich habe jetzt immer wieder erwähnt, dass Entladung dann möglich wird, wenn ein anderer uns seine emotionale Kapazität zur Verfügung stellt. Dies geschieht durch Empathie, durch Anteilnahme – ein Wort, das ja genau das ausdrückt. Leider passiert es immer wieder, dass gerade in dem Versuch, Anteil zu nehmen, Entladung tatsächlich verhindert wird. Dies geschieht zum Beispiel durch Mitleid.

Mitleid wird oft mit Mitgefühl verwechselt. Aussagen wie *„Oh, du Arme!"* oder *„Wie konnte sie nur!"* sind zwar sicher gut gemeint, sie verhindern jedoch, dass wir einfach nur fühlen, was wir fühlen. Sie nageln uns auf eine bestimmte Interpretation oder Sichtweise fest und stellen uns meistens in eine Opferposition. Empathie ist etwas ganz anderes.

Empathie ist die Fähigkeit, einfach präsent zu sein und zu fühlen, was wir fühlen, während wir mit unserer Aufmerksamkeit ganz bei unserem Gegenüber sind. Es bedeutet, unser Herz aufzumachen und zuzulassen, dass das, was den anderen gerade bewegt, uns berührt. Und dann einfach zu fühlen, nicht mehr und nicht weniger. Es braucht keine Worte, es braucht innere Anwesenheit und Hinwendung, es braucht Atem und inneres Schwingen. Durch diese Faktoren entsteht Verbindung.

Der andere spürt dies unmittelbar. Jedes Wort, manchmal auch jede Geste kann den anderen aus dem Kontakt mit seinem inneren Spüren bringen, kann seine Aufmerksamkeit nach außen ziehen, wo sie jedoch gerade nicht gebraucht wird. Wenn ich mir nicht sicher bin, bleibe ich daher ganz still, wenn ich spüre, dass jemand gerade Raum braucht. Genau durch diese Stille und dieses Innehalten, dieses Verweilen beim Spüren und im Moment, entsteht der Raum, der Entladung möglich macht.

Entladung braucht Annahme

Die meisten von uns haben im Prozess des Heranwachsens vor allem gelernt, Entladung zu verhindern. Das war ein wichtiger Lernprozess, schließlich wäre es wirklich problematisch, wenn wir alle als Erwachsene immer noch so unkontrolliert entladen würden wie Kinder. Leider hat es oft auch dazu geführt, dass wir jede Form der Entladung bei uns selbst und anderen ablehnen. Daher ist es ganz wichtig, dass wir – wenn wir uns daran machen, bewusstes Entladen zu lernen – bedingungslose Annahme für diese Entladung erfahren. Nur so können wir positive Erfahrungen mit Entladung machen und merken, wie nah uns dies tatsächlich einander bringen kann und wie befreiend und heilsam es ist.

Wichtigster Ausdruck dieser Annahme ist zunächst, nicht einzugreifen. Eben habe ich schon beschrieben, wie Mitleidsäußerungen den Entladungsprozess stören können. Doch genauso verhält es sich mit vielen anderen klassischen Reaktionen wie etwa dem Trost, der Beschwichtigung, der Analyse und einigen mehr.

Trost, wie wir ihn meistens begreifen, versucht die Entladung zu lindern, statt zu fördern. Echter Trost macht die Trauer jedoch nicht weg, sondern ermöglicht es ihr, sich ganz zu entfalten, damit sie ihre natürliche Bestimmung finden kann.

Beschwichtigungen – Sätze wie *„Ist doch nicht so schlimm"* oder *„Das wird schon wieder"* – sind gut gemeint, sagen jedoch indirekt auch aus, dass die Entladung etwas ist, was möglichst schnell aufhören sollte.

Die Analyse hingegen lenkt die Aufmerksamkeit vom Fühlen in das Denken und verhindert damit genauso die Entladung. Ich kann bestimmte traumatische oder schwierige Erfahrungen in meinem Leben endlos analysieren – Heilung geschieht dadurch nicht. Heilung geschieht einzig und allein durch Entladung. Im Zuge dieses Prozesses kann auch Verstehen und eine Neuinterpretation des Erlebten geschehen. Doch es ist dann immer ein Nebeneffekt.

Entladung braucht also nicht mehr und nicht weniger als Annahme. Ein simples, klares *„Ja"*. So einfach sich das anhört, es ist tatsächlich anspruchsvoll, weil es so weit von unserer Gewohnheit entfernt ist. Wenn wir jedoch einmal den Dreh heraushaben, wie wir in dieser Form für jemanden präsent sein können, bemerken wir, dass es eines der größten Geschenke ist, die wir einander machen können: einfach füreinander da zu sein.

Entladung geschieht durch Spüren und Zulassen

Jetzt habe ich einiges darüber erzählt, was es an äußerem Rahmen braucht und wenig darüber, was in mir geschehen muss, um effektiv zu entladen. Das möchte ich nun nachholen, indem ich auf die zwei wichtigsten Aspekte eingehe: Spüren und Zulassen.

Spüren bedeutet, meine Aufmerksamkeit nach innen zu wenden und zu fühlen, was dort gerade geschieht. Wenn ich einen äußeren Raum für Entladung zur Verfügung gestellt bekomme, dann wende ich mich ganz nach innen und suche mit meiner inneren Wahrnehmung nach Stellen, die eine höhere emotionale oder auch nur energetische Dichte aufweisen als andere. Indem ich ihnen Aufmerksamkeit schenke, beginnen sie, sich zu verändern.

Zugleich beginne ich, zu erzählen, was in mir auftaucht. Das kann zunächst ganz unmittelbar die Geschichte sein, was jemand getan hat, um meine Ladung zu aktivieren. Die ersten drei Sätze bin ich vielleicht noch in wüsten Anklagen, doch indem ich immer wieder beim Gefühl bleibe und dem folge, verändert sich auch meine Geschichte dazu.

Ich folge dem Gefühl wie einer inneren Spur, einem roten Faden, der mich wie eine Zündschnur zu der eigentlichen Ladung führt. Diese kann weit zurückliegen, oft tauchen auf so einer inneren Reise Bilder und innere Gestalten auf. Wenn ich dann davon erzähle, kann es sein, dass ich diesen inneren Gefühlsfaden zuweilen aus den Augen verliere. Das merke ich, wenn die Intensität meiner Emotionalität nachlässt, ohne dass mein innerer Druck sich verändert hat. In dem Fall halte ich inne und kehre wieder zum Spüren zurück, um meine Spur wieder aufzunehmen.

Entladung sucht nach Ausdruck

Entladung braucht zwar Ausdruck, sie ist jedoch nicht Ausdruck. Tatsächlich ist Entladung etwas, das tief im Inneren geschieht. Ich vergleiche es gerne mit dem Ausbruch eines Vulkans. Dieser braucht zwar den Ausdruck, dass Rauch, Lava und Asche aus seinem Krater schießen, der eigentliche Ausbruch geschieht jedoch tief im Inneren des Erdleibes und ist daher für uns nicht sichtbar.

Genauso verhält es sich mit Entladung. Sie braucht Ausdruck, ist jedoch nicht Ausdruck. Ich betone dies so, weil sehr häufig Ausdruck und Entladung verwechselt werden. So denken viele Menschen bei Entladung daran, in den Wald zu gehen und zu schreien oder wild auf Kissen einzuschlagen – und tatsächlich gibt es therapeutische Ansätze, die genau so arbeiten. Blöderweise ist diese Form der dramatischen Aktivität noch kein Garant dafür, dass echte Entladung passiert. Es kann geschehen oder auch nicht.

Echte Entladung arbeitet sich von tief in mir nach außen vor. Dafür brauche ich zunächst einen Raum, in dem ich tief mit mir in Kontakt kommen kann. Erst dann kann ich das, was sich dort zeigt, zulassen und aufsteigen lassen. Der tatsächliche Ausdruck kann dann relativ still und undramatisch sein – oder auch recht heftig. Das ist ehrlich gesagt nicht so wichtig. Viel wichtiger ist, dass wir uns kein A für ein U vormachen, indem wir versuchen, Entladung zu forcieren und ein großes Theater des Ausdrucks veranstalten, ohne mit der eigentlichen Ladung in Kontakt zu kommen.

Räume für bewusste Entladung schaffen

Nun magst du dich vielleicht fragen, was all das mit deinem Beziehungsalltag zu hat. Vielleicht gar nichts oder relativ wenig. Vielleicht aber auch eine ganze Menge. Hinweise darauf, dass Entladung in deinem Beziehungsalltag – beruflich oder privat – ein Thema ist oder sein sollte, können ganz unterschiedliche Ausprägungen haben. Wenn es sich eher um unterdrückte Wut handelt, sind regelmäßige Beziehungsdramen, scheinbar grundlose Aggressivität, Spannungen oder einfach schlechte Laune mit schöner Regelmäßigkeit an der Tagesordnung. Wenn es sich hingegen um unterdrückte Trauer oder Angst handelt, zeigt sich das eher in depressiver Verstimmtheit in Anwesenheit des anderen oder in einer lähmenden Dumpfheit. Dies sind beispielhaft Anzeichen dafür, dass emotionale Ladungen in deinen Beziehungen eine ungute Rolle spielen und dass bewusste Entladung für dich von großem Nutzen wäre. Es würde dir ermöglichen, weniger Dramen zu inszenieren, die einfach unglaublich anstrengend, zeitraubend, schmerzhaft und vor allem unnütz sind. Oder es würde dazu führen, dass du dich in deinen Beziehungen endlich wieder lebendig spüren kannst. Und es würde dir ermöglichen, deine kostbare Beziehungszeit spannungsfrei zu genießen bzw. mit auftretenden Spannungen so umzugehen, dass sie dich näher zu dir selbst und anderen führt, statt dich von ihnen zu entfremden.

Meine ausführlichen Schilderungen zu dem Thema haben dich vielleicht abgeschreckt. Die Bilder von Vulkanen und Entladungen, die Erwähnung von Traumata und therapeutischen Ansätzen sind vielleicht weit von dem weg, wo du dich selbst siehst oder sehen möchtest. Wenn dem so ist, tut es mir leid. Das wollte ich nicht. Mir war es nur wichtig, dir möglichst genau darzulegen worum es geht und das in seiner ganzen Bandbreite. Nimm das heraus, womit du etwas anfangen kannst, und vergiss den Rest.

Wichtig ist mir lediglich Folgendes: Probiere es aus. Suche dir jemanden, mit dem du gerne unterstützendes Zuhören üben magst, wie ich es im Kapitel über Kommunikation geschildert habe, und gebt dem eine Weile eine Chance. Verabredet euch einmal pro Tag oder einmal die Woche, um einander diesen Raum zu schenken, und schaut, was passiert. Ihr müsst, um diese Übung zu machen, übrigens gar nicht akut emotional aktiviert sein, genau wie wir nicht akut schmutzig sein müssen, um zu duschen. Im Alltag sammelt sich genug an, um etwas zum Entladen zu haben.

Natürlich kann dieser Mensch, mit dem du das machst, auch ganz einfach dein Partner sein. Das hat den großen Vorteil, dass ihr euch sowieso regelmäßig seht. Der Nachteil an diesem

Arrangement ist, dass du mit jemandem anderen entladen solltest, wenn dein Partner dich emotional aktiviert hat. Kommt es also regelmäßig vor, dass dein Chef, deine Kinder oder deine Kollegen dir die Knöpfe drücken, dann bist du bei deinem Partner gut aufgeho-

ÜBUNG 22: Folge deiner Zündschnur

Bei dieser Übung geht es darum, vor allem den inneren Dreh zu erforschen, der Entladung ermöglicht. Du kannst sie besonders gut machen, wenn du gerade aktiviert bist, kannst es aber auch spaßeshalber einfach mal so versuchen.

1. Ziehe dich an einen ungestörten Ort zurück. Wenn du die Möglichkeit hast, gerne auch mit jemandem deines Vertrauens, der einfach für dich da ist. Diese Person hat nichts weiter zu tun, als bei dir zu sein und mit dir zu fühlen. Das hört sich nach wenig an, ist aber tatsächlich mit das Schönste, was wir füreinander tun können.
2. Suche dir eine bequeme Position, im Sitzen oder im Liegen. Schließe die Augen, damit du dich besser auf deine Innenwelt konzentrieren kannst.
3. Lenke deine Aufmerksamkeit auf deinen Körper und verteile sie auf dein gesamtes System. Entspanne dich. Fühle. Wenn du magst, kannst du auch sprechen und von dem Gefühl erzählen, wichtig ist jedoch, dass du mit dem Gefühl in Kontakt bleibst und nicht in Gedanken abschweifst.
4. Wenn dir Stellen auffallen, die dichter oder geladener erscheinen als andere, entspanne auch diese und fühle weiter. Vielleicht beobachtest du schon jetzt kleinere oder größere Entladungen. Lass sie geschehen, ohne sie zu kontrollieren oder zu forcieren.
5. Folge dem Gefühl wie einer inneren Zündschnur, die dich zu deiner Ladung führen kann. Entspanne dich in das Gefühl hinein und atme.
6. Mache das, so lang oder kurz du magst. Vertraue dem, was geschieht. Entladungen können heftig sein, vor allem wenn jemand dir seine emotionale Kapazität zur Verfügung stellt. Oft sind sie jedoch ganz klein und unspektakulär. Konzentriere dich vor allem darauf, diesen inneren Dreh zu finden, der Entladung ermöglicht. Das ist viel wichtiger, als groß kathartische Szenen zu inszenieren.
7. Bedankt euch beieinander, wenn ihr mögt, tauscht die Rollen.

ben. Wenn es hingegen dein Partner ist, der dich regelmäßig auf die Palme bringt, bist du bei einer Freundin besser aufgehoben. Und am allerbesten ist es natürlich, wenn du langfristig mehrere Menschen in deinem Leben hast, auf die du zukommen kannst und die du um einen Raum zur Entladung bitten kannst. Dann kannst du auch mal zwischen Tür und Angel jemanden anrufen und um fünf Minuten Aufmerksamkeit bitten. Du wirst sehen, es kann absolute Wunder bewirken! Übung 22, Folge deiner Zündschnur, führt dich noch einmal Schritt für Schritt durch die verschiedenen Ebenen einer Entladung. Du kannst sie alleine machen, mit einem Partner oder mit Übung 18, Unterstützendes Zuhören, kombinieren.

Entladung im Beziehungsalltag

Nun bin ich ausführlich auf die Möglichkeit – und für viele sogar Notwendigkeit – eingegangen, sich ritualisierte Kommunikationsräume für Entladung zu schaffen. Darüber hinaus können wir lernen, auch im Alltag besser mit emotionaler Aktivierung umzugehen. Beginnen wir bei unserer eigenen emotionalen Aktivierung.

Der erste Schritt ist, dass wir uns selbst vermehrt beobachten und unsere Reaktionen infrage stellen, damit wir lernen, unsere eigenen Aktivierungen frühzeitig zu erkennen. Wenn wir merken, dass wir aktiviert sind, gilt es, innezuhalten. Wir können in diesem Zustand nicht konstruktiv weitermachen, egal was wir gerade tun. Vor allem dann nicht, wenn wir es gerade mit Menschen zu tun haben. Wir sind also gefordert, uns kurz zurückzuziehen, um inneren Abstand zu gewinnen. Das kann je nach Umstand ein Spaziergang sein oder auch nur ein kurzer Rückzug auf die Toilette.

Nun kommt der schwierigste Schritt. Wir müssen Verantwortung übernehmen. Das ist ein bisschen wie sterben. Alles in uns möchte vor allem eines: dass der andere für unsere Aktivierung schuld ist. Doch solange wir darauf beharren, haben wir nicht die geringste Chance, gut damit umzugehen. Also, Hand aufs Herz, tief durchatmen, wenn nötig Zähne zusammenbeißen und Stolz herunterschlucken und dann … genau: Verantwortung übernehmen. Bei mir läuft das ungefähr so ab: *„Ich bin aktiviert, es ist meine Ladung, ich muss mich darum kümmern, es ist nicht deine Schuld.“* Das kann mein innerer Monolog sein oder – je nachdem, mit wem ich es zu tun habe – ich spreche es auch aus. Die Wahrscheinlichkeit, dass der andere es schon gemerkt hat, ist ohnehin extrem hoch, ich breche mir also keinen Zacken aus der Krone, auch wenn es sich vielleicht so anfühlt.

Nun hast du den schwierigsten Teil geschafft, glaub mir, auch wenn sich alles immer noch furchtbar anfühlt. Der nächste Schritt ist nun eben genau der, um den ich die ganze Zeit herumgeschrieben habe: Fühle, was du fühlst. Sehr hilfreich ist hierbei ein Raum, wie du ihn bei der Übung 18, Unterstützendes Zuhören, bekommst. Entladen ist ein innerer Dreh, den man früher oder später herausbekommt, es ist Übungssache (siehe auch Übung 22:

Schritte aus dem Ausnahmezustand

1. Wahrnehmung/Erkennen
2. STOPP! Durchatmen, Raum nehmen
3. Verantwortung übernehmen
4. Fühle, was du fühlst → bewusst entladen (siehe Übung 18: Unterstützendes Zuhören)
5. Neue Ausrichtung, Entscheidung, Absicht: Was brauche ich, was würde ich mir wünschen, was würde mich unterstützen? (siehe Übung 20: Von der Kritik zur Bedürfnisäußerung)

Folge deiner Zündschnur). Entladung geschieht auf vielfältige Weise: Tränen, Kichern, Zittern, Stöhnen und Seufzen. Zwar kann es am Anfang vorkommen, dass sich auch Schreie entladen, früher oder später finden wir jedoch zu anderen Formen der Entladung, da wir in der Wut keinen Frieden schließen können mit dem, was war. Das geschieht jedoch von selbst, wenn wir der Entladung Raum geben und dem Gefühl folgen.

Schritt fünf ist dann ein Kinderspiel, wenn du bis jetzt fleißig geübt hast. Es handelt sich um den in der Übung 20, Von der Kritik zur Bedürfnisäußerung, beschriebenen inneren Prozess. Du wirst sehen, dass dieser ungemein erleichtert wird, wenn du zuvor entladen hast. Wenn wir allerdings versuchen zu schummeln und Schritt vier – ja, genau, der mit dem Fühlen – zu überspringen, führen wir uns nur selbst an der Nase herum.

Ich weiß, es ist unpraktisch, jemanden zu brauchen, und es widerspricht wahrscheinlich deinem Anspruch an dich selbst, alleine damit klarzukommen. Aber hey: Es ist eine super Gelegenheit, eine neue Art von Beziehung in deinem Leben zu etablieren oder eine bestehende zu vertiefen. Und außerdem kannst du hier wunderbar deinen unabhängigen Teil in seine Schranken weisen.

Ok, gehen wir mal davon aus, du bekommst das hin und wirst tatsächlich immer besser darin, deine eigene Aktivierung nicht erst danach zu erkennen, sondern wenn es gerade passiert, und dann auch noch verantwortungsvoll damit umzugehen. Wow! Herzlichen Glückwunsch! Aber was ist mit den anderen? Wie können wir gut damit umgehen, wenn jemand anderer aus dem Ruder läuft? Genau darauf möchte ich nun zu sprechen kommen.

Wenn andere mal ungemütlich sind

Zugegeben, das Schwierigste ist schon geschafft, wenn du gelernt hast, gut mit deinen eigenen Ladungen umzugehen. Doch auch die Auseinandersetzung mit den emotionalen Altlasten unserer Mitmenschen ist kein Zuckerschlecken.

Im Kasten findest du auch hier fünf Schritte, die sich in diesem Fall als hilfreich erwiesen haben. Sie spiegeln die Schritte für deine eigenen Ladungen. Es handelt sich hierbei natürlich nicht um ein Standardrezept, das du einfach runterrasseln kannst. Es braucht Fingerspitzengefühl, um zu erspüren, was gerade gebraucht wird. Wenn ich mir nicht sicher bin, konzentriere ich mich auf die Aspekte Zuhören und innerlich nicht einsteigen.

> **Umgang mit emotionaler Aktivierung bei anderen**
>
> 1. Erkennen
> 2. innerlich Abstand gewinnen
> 3. Raum geben, empathisch zuhören
> 4. nach dem Bedürfnis fragen
> 5. ggf. spiegeln/abgrenzen

Wenn du dir das Bild des Dampfkochtopfes vor Augen führst, dann wird dir auch klar, dass die Ladung auf jeden Fall erst mal Raum braucht, bevor irgendetwas anderes passieren kann. Das empathische Zuhören gibt diesen Raum. In der Praxis heißt das meistens, dass ich den Mund halte und mich darauf konzentriere, zu fühlen, was in meinem Gegenüber vorgeht, ohne in irgendeiner Weise einzugreifen. Indem ich mit dem anderen fühle, teile ich seine emotionale Last – das ist Anteilnahme im wahrsten Sinne des Wortes. Diese bedarf, wie zuvor beschrieben, vor allem der inneren Zuwendung – viel mehr als vieler Worte.

Manchmal höre ich aber auch aktiv zu. Das bedeutet, dass ich Teile des Gehörten in meinen Worten oder sogar fast wortgleich wiedergebe, um dem anderen zu zeigen, dass ich ihn gehört habe. Doch oft ist das gar nicht notwendig.

Erst wenn ich merke, dass die Intensitätskurve der Entladung nachlässt, frage ich nach dem Bedürfnis. Diese Frage irritiert den anderen meistens, denn sie lenkt seine Aufmerksamkeit weg von dem, was nicht sein sollte, hin zu dem, was das eigentliche Bedürfnis ist. Erinnere dich daran, dass das Bedürfnis vor allem gehört und gewürdigt werden möchte, auch wenn es nicht erfüllbar scheint.

Manchmal kann es auch sinnvoll sein, dem anderen zu spiegeln, dass ich den Eindruck habe, dass er sich in einem Ausnahmezustand befindet. Klar hängt das von meinem Gegenüber und der Situation ab. Kann er das hören? Hilft es ihm, sich selbst zu reflektieren? Oder schüttet es nur Öl ins Feuer? Außerdem müssen wir uns manchmal deutlich abgrenzen, wenn wir mit unkontrollierter Entladung konfrontiert sind. Dies ist immer dann der Fall, wenn der andere uns aufgrund seiner emotionalen Aktivierung auf eine Art behandelt, die für uns nicht in Ordnung ist. Diese Grenze liegt bei jedem woanders. Bei mir beginnt sie inzwischen schon bei einem motzenden Ton. Wenn das passiert, sage ich klar, dass mir dieser Ton nicht gefällt. Doch es kann natürlich weit schlimmer kommen als ein motzender Ton. In emotionalen Ausnahmezuständen können Menschen mit wüsten Beschimpfungen um sich werfen oder gewalttätig werden. In diesem Fall muss es unsere höchste Priorität und Verantwortung sein, uns gegenüber diesen Ausschreitungen abzugrenzen. Indem wir zulassen, dass jemand uns als emotionalen Mülleimer missbraucht, helfen wir niemandem, da auch unsere Empathie in dem Moment beim anderen nicht ankommt. Damit diese ankommen kann, braucht es die geteilte Basis an Respekt, auf der dann jede Begegnung passieren kann.

Nachdem ich nun ausführlich auf Gefühle und den Umgang mit emotionalen Ladungen eingegangen bin, möchte ich noch einmal einen Blick auf Beziehung in Balance werfen. In Teil I habe ich ja bereits angekündigt, dass ich dieses wichtige Thema hier noch einmal aufgreifen würde. Nun ist es soweit. Auf Basis der vorangegangenen Kapitel können wir nämlich nun viel tiefer einsteigen und konkret beleuchten, was eigentlich in uns vor sich geht, wenn unsere Beziehungen aus dem Gleichgewicht geraten, und vor allem, wie wir bewusst gegensteuern können.

REFLEXIONSFRAGEN

1. In welchen Beziehungen in meinem Leben spielen emotionale Ladungen eine ungute Rolle?
2. Wer in meinem Freundes- oder Bekanntenkreis wäre jemand, mit dem ich mir vorstellen könnte, bewusst Entladen zu praktizieren?
3. Welche Erfahrungen haben in mir ungute Ladungen hinterlassen? Was sind klassische Auslöser hierfür?

5 *Beziehung in Balance II*

Im Beziehungsalltag ist es ganz natürlich, dass die Machtwippe immer ein bisschen hin- und herpendelt. Das ist sogar gut so. Wäre dem nämlich nicht so, hätten wir nicht das dynamische Gleichgewicht, das notwendig ist, um eine Beziehung lebendig zu halten. Alles würde über kurz oder lang verkrusten. Das bedeutet jedoch mitnichten, dass Machtspiele an der Tagesordnung stehen müssen. Machtspiele treten dann auf, wenn wir uns bewusst oder unbewusst darauf geeinigt haben, solche Spiele spielen zu wollen. Im Gegensatz dazu kommen sie quasi nicht vor, wenn beide sich auf ein ganz anderes Spiel geeinigt haben: das Spiel, die Wippe in Balance zu halten, was ich ja bereits ganz zu Anfang geschildert habe.

Dieses einfache Beispiel sagt viel über unsere Beziehungen aus. Während ein Einzelner wunderbar ein Machtspiel initiieren kann, indem er beginnt, die Bedürfnisse des anderen zu missachten und nicht zu kooperieren, braucht es die geteilte Absicht beider, die Wippe im Gleichgewicht zu halten. Wie auf dem Spielplatz müssen wir uns in jeder Beziehung die aufrichtige Frage stellen, welches Spiel wir miteinander spielen wollen. Beide Spiele haben ihren Reiz – die Kompatibilität unserer Bedürfnisse ist auch hier ausschlaggebend, um Frustration zu vermeiden.

Wenn wir uns darauf geeinigt haben, dass wir die Machtwippe möglichst im Gleichgewicht halten wollen, um einander auf Augenhöhe zu begegnen, stellt sich natürlich die Frage, wie wir eigentlich bemerken, dass die Wippe in die eine oder andere Richtung zu kippen beginnt. Denn nur wenn wir dies frühzeitig erkennen – bevor der Abschwung der Wippe eine unaufhaltsame Dynamik entwickelt –, haben wir eine Chance, diesen mit überschaubarem Kraftaufwand aufzuhalten.

Und genau hier kommen die beiden Wunden ins Spiel, die ich am Ende des vorangegangenen Kapitels erwähnt habe. Sie sind nämlich ausgezeichnete Indikatoren dafür, dass unsere Machtwippe begonnen hat, in die eine oder andere Richtung zu kippen. Indem wir lernen, diese Indikatoren richtig zu lesen, können wir ihnen auch die Informationen entnehmen, was es von uns braucht, um die gekippte Beziehung wieder ins Lot zu bringen.

Wunden mit Signalfunktion

Bei vielen Menschen hat die Kindheit Wunden unterschiedlichen Ausmaßes hinterlassen. Zwei dieser Wunden haben jedoch in unserem Streben nach Beziehung in Balance eine besondere Bedeutung. Ich nenne sie Vereinnahmungs- und Verlassenheitswunde. Bestimmte Kindheitserfahrungen führen zu der Ausprägung der einen oder der anderen Wunde – oder beider.

Wenn wir uns gleich genauer ansehen, wie diese Wunden entstehen, wird auch deutlich werden, dass es hier nicht zwangsläufig um traumatische Erfahrungen geht, die zu ernsthaften seelischen Verletzungen geführt haben. Vielmehr sprechen wir von Erfahrungen des Mangels oder der Grenzüberschreitung, die heute fast jedes Kind erlebt – auch wenn es sehr liebevolle, achtsame und bemühte Eltern hat.

Die so entstandenen Wunden leben in uns fort, prägen unser Beziehungsverhalten und werden leider auch mit schöner Regelmäßigkeit aktiviert. In diesem Kapitel möchte ich mich eingehend mit diesen Wunden befassen, denn ein Unvermögen, mit diesen Wunden bewusst umzugehen, kann katastrophale Auswirkungen auf unsere Beziehungswelt haben. Ein bewusster Umgang mit diesen Wunden kann sie jedoch zu Verbündeten in unserem Streben nach gleichwertiger Beziehung machen. Doch bevor ich mich diesem Aspekt widme, möchte ich gerne genauer beschreiben, wie diese Wunden überhaupt entstanden sind.

Wie unsere Verlassenheitswunde entstanden ist

Wenn wir uns die Liste unter Verlassenheitswunde genauer betrachten, dann sehen wir, dass in all diesen Fällen die Bedürftigkeit des Kindes frustriert wurde. Etwas, das wir gebraucht hätten, wurde uns vorenthalten, war nicht verfügbar. Dabei kann es sich um physische Bedürfnisse wie Nahrung, ein sicheres Zuhause oder Kleidung handeln. Genauso kann es sich aber auch um emotionale oder soziale Bedürfnisse handeln, wie etwa jene nach Zuwendung, Körperkontakt, Wertschätzung, Gehörtwerden und

Entstehung Verlassenheitswunde

1. Vernachlässigung
2. alleine gelassen werden
3. nicht gehört/gesehen werden
4. zu wenig Zuwendung
5. leere Versprechen
6. kein emotionaler Kontakt
7. zu wenig Unterstützung
8. Verlust oder Abwesenheit einer wichtigen Bezugsperson

vielem mehr. Unabhängig davon, welches Bedürfnis oder welche Art von Bedürfnis vernachlässigt wird: Das Kind wird in seiner Abhängigkeit frustriert und erfährt diese als schmerzhaft.

Diese Form von Vernachlässigung ist nicht immer Zeichen schlechter Elternschaft. Oft geschieht sie sogar aus gut gemeinten Erziehungsversuchen. So propagiert zum Beispiel ein beliebter Elternratgeber mit dem Titel *„Jedes Kind kann schlafen lernen"*, dass Babys abends alleine in ihrem Bett einschlafen sollten.[37] Die Eltern werden instruiert, das Baby schreien zu lassen, damit es lernt, alleine einzuschlafen. Die traumatischen Auswirkungen dieser und ähnlicher Methoden sind längst belegt[38], doch leider halten sich bestimmte Erziehungsmythen hartnäckig.

Wie unsere Vereinnahmungswunde entstanden ist

> **Entstehung Vereinnahmungswunde**
>
> 1. Kontrolle
> 2. geformt werden
> 3. Gewalt/Missbrauch (emotional/körperlich)
> 4. überbehütet/Bevormundung
> 5. funktionieren müssen
> 6. Erpressung: *„wenn … dann …"*
> 7. Übergriffe
> 8. Beschämung

Bei der Vereinnahmungswunde sieht die Sache etwas anders aus. Diese entsteht im Gegensatz zur Verlassenheitswunde eher durch ein Zuviel an Zuwendung als ein Zuwenig. Gut gemeint kann es sich um Überbehütung oder exzessives Umsorgen handeln. Ein gängiges Beispiel ist die Mutter, die das Kind zwingt, eine Jacke anzuziehen, obwohl dem Kind nicht kalt ist. Oder der Vater, der später den jungen Erwachsenen davon abhält, die Welt zu erkunden, aus Angst, ihm könnte etwas zustoßen. Auch andere

ÜBUNG 23: Lerne deine Wunden kennen

Folgende Übung kann dir helfen, dich sowohl mit deiner Verlassenheits- wie auch mit deiner Vereinnahmungswunde vertraut zu machen. Es ist jedoch nicht sinnvoll, sich mit beiden zugleich vertraut zu machen. Suche dir also zunächst eine aus mit der du starten möchtest.

1. Lies noch einmal die Liste unter „Entstehung Verlassenheitswunde" bzw. „Entstehung Vereinnahmungswunde" durch und überlege, welche dieser Erfahrungen in deiner Kindheit prägend waren. Wenn du magst, mache dir eine Liste.
2. Suche dir eine Situation aus, die dir besonders prägend erscheint.
3. Rufe dir diese Situation so gut du kannst ins Gedächtnis und fühle, was du fühlst. Lass dir Zeit. Folgende Fragen können dich bei der Erforschung deiner Verlassenheitswunde unterstützen: „Was hättest du damals gebraucht? Wer war nicht da? Welche Sehnsucht lebt noch heute in dir fort?" Diese Fragen können dich bei der Erforschung deiner Vereinnahmungswunde unterstützen: „Wie wurdest du damals übergangen, was wurde nicht gehört? Wer hat dich nicht respektiert? Wie hat dich das geprägt?"
4. Lenke deine Aufmerksamkeit auf deinen Körper. Wie fühlt er sich an? Wo spürst du Hitze/Kälte, Enge, Weite, Druck, Schmerz oder Lähmung? Merke dir dieses Gefühl. So fühlt sich die Wunde an, die du gerade erforschst.

Diese Übung lässt sich auch sehr gut mit Übung 22, Folge deiner Zündschnur, aus dem letzten Kapitel verbinden. Indem du einer nahestehenden Person von deiner prägenden Erfahrung erzählst, kannst du die emotionale Ladung deiner Wunde Stück für Stück reduzieren. Besonders hilfreich ist das, wenn deine Wunde gerade akut aktiviert wurde.

gut gemeinte Erziehungsansätze, die auf Kontrolle und Formung des Charakters nach Vorstellung der Eltern oder der Gesellschaft abzielen, tragen zur Entstehung unserer Vereinnahmungswunde bei.

Auch hier erfahren Kinder ihre Abhängigkeit als schmerzhaft. Ihre Bedürfnisse werden auch frustriert, jedoch nicht durch Vernachlässigung wie bei der Verlassenheitswunde, sondern indem sie förmlich von den Bedürfnissen, dem Willen oder den Vorstellungen der Eltern erstickt werden.

Die beiden Listen geben einen Überblick darüber, welche Art von Kindheitserfahrungen zur Entstehung welcher Wunde beitragen bzw. beigetragen haben. Auch hier gilt: Je stärker diese Erfahrungen waren und je sensibler das Kind ist, desto ausgeprägter ist die jeweilige Wunde, die sich bildet. Die meisten Menschen laufen mit beiden Wunden in unterschiedlicher Ausprägung herum. Übung 23, Lerne deine Wunden kennen, ist eine Gelegenheit, diese in dir zu erforschen. Sei achtsam mit dir. Diese Wunden können mit sehr starken emotionalen Ladungen verknüpft sein. Erzwinge nichts und hole dir Unterstützung, wenn du merkst, dass du emotional überfordert bist. Nimm es als eine Gelegenheit, in Beziehung zu treten, indem du jemanden bittest, für dich da zu sein.

Wunden & Persönlichkeitsanteile

Zusammenfassend kann gesagt werden, dass die Verlassenheitswunde durch zu viel Raum entsteht, die Vereinnahmungswunde durch zu wenig. Jede unserer beiden Wunden ist mit einem der beiden Persönlichkeitsanteile, die ich in Teil I ausführlich beschrieben habe, verbunden: die Verlassenheitswunde mit unserem abhängigen Teil, die Vereinnahmungswunde hingegen mit unserem unabhängigen Teil. Da unsere Verlassenheitswunde dadurch entstand, dass zu viel Raum oder auch Leere um uns herum war, sehnt sie sich nach Nähe, nach Verbindung, nach Zuwendung – genau wie unser abhängiger Teil. Unsere Vereinnahmungswunde hingegen sehnt sich aufgrund ihrer Erfahrung von zu wenig Raum nach

Platz, nach Freiheit, nach Gestaltungsraum – genau wie unser unabhängiger Teil.

Die Konsequenz ist, dass eine Aktivierung meiner Verlassenheitswunde immer auch meinen abhängigen Teil auf den Plan ruft. Wenn mich mein Freund verlässt, spüre ich meine Bedürftigkeit, mein Verlangen nach ihm und alle Bedürfnisse, die er mir stillen könnte, umso deutlicher. Blöderweise will ich ihn dann noch viel mehr, als bevor er mich verlassen hat.

Umgekehrt ruft eine Aktivierung meiner Vereinnahmungswunde meinen unabhängigen, freiheitsliebenden Teil auf den Plan. Je mehr mein Freund anfängt, mich über meinen Tagesablauf auszufragen oder mir den Umgang mit bestimmten Freunden zu verbieten – etwa um einer möglichen Untreue vorzubeugen –, desto mehr werde ich mich danach sehnen, tun und lassen zu können, was ich will, wann ich will und mit wem ich will.

Vielleicht weißt du genau, wovon ich hier spreche, und du hast dich längst in meinen Schilderungen erkannt. Falls nicht, möchte ich im Folgenden noch ein bisschen genauer beschreiben, woran du erkennen kannst, dass deine Verlassenheits- oder Vereinnahmungswunde aktiviert ist. Diese Erkenntnis ist nämlich Voraussetzung dafür, dass wir im Fall der Fälle auch gut damit umgehen können, statt blind in die falsche Richtung zu laufen.

Merkmale einer aktivierten Verlassenheitswunde

Im Beziehungsalltag kann eine Aktivierung der Verlassenheitswunde ganz beiläufig geschehen. Nach allem, was ich dir bereits über mich erzählt habe, weißt du ja schon, dass ich aus meiner Kindheit eine ausgeprägte Verlassenheitswunde mitgebracht habe.

Das äußerte sich zuweilen auf wirklich lustige Weise. Ich hatte zum Beispiel eine Phase, in der mein Partner nur einen Satz mit *„Ich geh dann mal …"* anfangen musste, um meine Verlassenheitswunde zu aktivieren. Beendete er den Satz dann etwa mit *„… den Müll rausbringen"* musste ich über mich selbst lachen – doch es war auch faszinierend zu beobachten, wie fein mein inneres Sensorium reagierte! Übrigens hat sich das Ganze inzwischen normalisiert – lachen ist schließlich auch eine Form der Entladung!

Aktivierungsmerkmale Verlassenheitswunde

1. Kälte
2. Panik
3. der Wunsch, zu klammern
4. extreme Sehnsucht nach Nähe
5. das Bedürfnis nach Verschmelzen
6. sich verloren fühlen

Doch natürlich können auch wesentlich gravierendere Vorfälle unsere Verlassenheitswunde aktivieren und das ist dann ganz und gar nicht zum Lachen. Klassische Beispiele sind, wenn einer von beiden sich viel weniger Zeit für die Beziehung nimmt als der andere. Oder wenn einer eine Affäre hat. Oder wenn einer viel Zeit alleine mit den Kindern verbringt. Oder wenn der Partner es an Zuwendung und Fürsorge fehlen lässt. Oder wenn wir mit unseren Bedürfnissen kein Gehör finden.

Im Beruf kann zum Beispiel Überforderung, mangelnde Ausbildung oder fehlende Unterstützung bei hohen Anforderungen unsere Verlassenheitswunde aktivieren. Gleich möchte ich dich mit Übung 24, Lerne deine Auslöser kennen, einladen, deine eigene Liste zu erstellen. Doch zunächst möchte ich noch genauer beleuchten, wie wir eigentlich merken, dass wir es mit unserer Vereinnahmungswunde zu tun haben.

Merkmale einer aktivierten Vereinnahmungswunde

Auch die Vereinnahmungswunde kann im Alltag durch Kleinigkeiten ausgelöst werden. Ein Miniauslöser kann für mich schon das Klingeln meines Telefons sein! Denn auch wenn ich es dir bislang verschwiegen habe: Ich habe auch eine nicht minder ausgeprägte Vereinnahmungswunde aus meiner Kindheit mitgebracht. Und zwar obwohl – oder gerade weil – ich ganz wunderbare Eltern habe.

Genau wie bei der Verlassenheitswunde kann auch unsere Vereinnahmungswunde durch wesentlich gravierendere Vorfälle aktiviert werden. Klassische Beispiele sind, wenn einer versucht, den anderen zu kontrollieren und ihm etwa den Umgang mit Familie und Freunden untersagt. Oder wenn einer deutlich mehr Körperkontakt, Nähe oder Sex möchte als der andere. Oder wenn ein Partner die Angewohnheit hat, immer für den anderen mitzuentscheiden oder bestimmte Entscheidungen mit subtilen Machtmitteln zu forcieren, um den eigenen Willen durchzusetzen. Oder wenn ein Partner die Finanzen kontrolliert und damit den Handlungsspielraum des anderen erheblich einschränkt.

> **Aktivierungsmerkmale Vereinnahmungswunde**
>
> 1. Hitze
> 2. Aggression
> 3. der Wunsch, auszubrechen
> 4. extreme Sehnsucht nach Abstand
> 5. das Bedürfnis, in Ruhe gelassen zu werden
> 6. Enge/Erstickungsgefühl

Im Beruf wird unsere Vereinnahmungswunde oft ausgelöst wenn über unseren Kopf entschieden wird. Dies kann bei Beförderungen, Urlaubsbescheiden, Projektvergaben oder anderen wichtigen Entscheidungen der Fall sein. Ebenso wenn wir keine

Stimme haben, um unsere Arbeit mitzugestalten, oder unser Chef die Angewohnheit hat, jeden unserer Schritte akribisch zu kontrollieren.

ÜBUNG 24: Lerne deine Auslöser kennen

In dieser Übung geht es darum, zu erforschen, was deine jeweilige Wunde auslöst. Das ist wichtig, weil du mit einer Aktivierung nur angemessen umgehen kannst, wenn du sie erkennst. Was angemessen umgehen bedeutet, wird gleich noch Thema.

1. Verlassenheitswunde:

   Nimm dir ein bisschen Zeit, in dich zu gehen und über deinen Alltag nachzudenken – im Beruf oder auch privat. Gibt es Momente, wo du dich verlassen, zurückgewiesen oder unerwünscht fühlst? Wenn ja, versuche dich so gut wie möglich in deiner Vorstellung in diese Situationen zu versetzen und fühle dann deinen Körper. Wie fühlt sich das bei dir an? Ist es kalt und leer? Hast du Angst? Oder bist du eher taub? Steigt Panik in dir auf oder ziehst du dich ganz klein in eine innere Ecke zurück? Wenn du magst, mach dir Notizen zu folgenden Punkten: Wer löst diese Wunde vor allem bei dir aus? Was sind die Auslöser? Woran erkennst du das?

2. Vereinnahmungswunde:

   Nun ist es Zeit für die andere Wunde mit dem langen Namen. Gibt es Momente, wo du dich eingeengt, unfrei oder kontrolliert fühlst? Wenn ja, versuche dich so gut wie möglich in deiner Vorstellung in diese Situationen zu versetzen und fühle dann deinen Körper. Wie fühlt sich das bei dir an? Ist es heiß und eng? Spürst du Aggression? Oder bist du eher taub? Steigt Panik in dir auf oder ziehst du dich ganz klein in eine innere Ecke zurück? Wenn du magst, mach dir Notizen zu folgenden Punkten: Wer löst diese Wunde vor allem bei dir aus? Was sind die Auslöser? Woran erkennst du das?

Wenn eure Beziehung das zulässt, sprich mit den Personen, die deine jeweilige Wunde auslösen. Das kann ein wichtiger Schritt sein, um Verantwortung für deine Wunde zu übernehmen und zu lernen, wie du anders damit umgehen kannst.

Vom Schmerz in die Balance

Zu Beginn dieses Kapitels habe ich bereits erwähnt, dass eine Auseinandersetzung mit unseren Wunden kein Selbstzweck ist, sondern dass sie uns wichtige Dienste leisten können, wenn es darum geht, in unseren Beziehungen in Balance zu bleiben. Diesen Gedanken möchte ich hier noch einmal aufgreifen. Tatsächlich ist es nämlich so, dass die Aktivierung einer Wunde ein Indikator dafür ist, dass wir die Balance in der Beziehung verloren haben.

Wird unsere Verlassenheitswunde aktiviert, so ist dies ein Zeichen dafür, dass wir zu sehr in unserem abhängigen Teil hängen. Umgekehrt ist es so, dass eine Aktivierung unserer Vereinnahmungswunde ein Hinweis darauf ist, dass unser unabhängiger Teil die Überhand gewonnen hat. So weit, so gut.

Gemeinerweise ist es jedoch so, dass wir bei einer Aktivierung der Verlassenheitswunde die Tendenz haben, automatisch noch tiefer in unseren abhängigen Teil zu rutschen. Also wenn ich merke, dass mein Partner gerade wenig Zeit für mich hat, ist die Wahrscheinlichkeit groß, dass ich dann noch mehr Kontakt suche. Da dies jedoch seine Vereinnahmungswunde aktivieren kann, setzt sich so womöglich ein Teufelskreis in Gang, der selten gut ausgeht. Umgekehrt haben wir nämlich leider die Tendenz, bei einer Aktivierung unserer Vereinnahmungswunde noch stärker die Unabhängigkeit zu suchen. Je mehr Nähe ich suche, desto mehr Abstand sucht mein Partner – und umgekehrt. Das bedeutet, dass ein unbewusster Umgang mit diesen beiden Wunden dazu führt, dass ein bestehendes Ungleichgewicht sich noch verschärft, statt sich auszugleichen.

Die Konsequenz dieser Erkenntnis liegt auf der Hand: Wir sind gefordert, im Fall einer Aktivierung genau das Gegenteil von dem zu tun, was sich instinktiv richtig anfühlen würde. Das ist natürlich leichter gesagt als getan. Denn statt Freiraum zu fordern, wenn der andere uns scheinbar die Luft zum Atmen nimmt, gilt es, einen Schritt auf den anderen zuzumachen und über unsere Ängste und Schmerzen zu sprechen, auch wenn alles in uns sagt, dass wir dann verschlungen werden. Und statt dem anderen ständig hinterherzuhängen, wenn wir uns verlassen fühlen, ist es an uns, gezielt andere Beziehungen zu pflegen – auch wenn alles in uns schreit, dass wir uns nicht abwenden dürfen, weil das das Ende der Beziehung wäre.

Doch Vorsicht: Genau wie bei dem Spiel auf der Wippe am Spielplatz bringen zu starke Bewegungen nur das Gesamtgefüge aus dem Gleichgewicht. Allzu oft passiert es – wie bereits mehrfach beschrieben –, dass nur die Rollen getauscht werden. Leider ist das Ergebnis dann das gleiche Drama in grün, da die Machtwippe lediglich in die andere Richtung gekippt ist. Es braucht einen sanften Ausgleich, der es uns ermöglicht, mit beiden Anteilen in Kontakt zu sein: dem unabhängigen und dem abhängigen.

Bewusst gegensteuern

Der Durchbruch, was Beziehung in Balance betrifft, kam bei mir mit der Entdeckung, dass ich bewusst gegensteuern kann, wenn eine der beiden Wunden bei mir aktiviert wird und mir somit anzeigt, dass ich aus dem Gleichgewicht geraten bin. Statt in reflexartige Abwehrhaltungen zu verfallen, lenke ich heute beispielsweise im Falle einer Aktivierung meiner Vereinnahmungswunde meine Aufmerksamkeit auf jene Aspekte der Beziehung, wo ich bedürftig bin, wo ich den anderen brauche. Das ist manchmal gar nicht einfach, da meine Vereinnahmungswunde darauf beharrt, überhaupt gar niemanden zu brauchen, und im Falle einer Aktivierung nur zu gerne alle dahin schicken würde, wo der Pfeffer wächst. Und es wird mit jedem Mal einfacher.

Umgekehrt habe ich es mir zur Angewohnheit gemacht, im Falle einer Aktivierung meiner Verlassenheitswunde meine Aufmerksamkeit bewusst auf jene Bereiche zu lenken, wo ich den anderen nicht brauche, wo ich Erfüllung im Austausch mit anderen oder mit mir selbst erfahre.

Gelingt mir diese Form der inneren Kontaktaufnahme, während ich zugleich die Verbindung zu dem jeweiligen Gegenpol aufrechterhalte, bin ich in der wunderbaren inneren Lage, ausgewogen in Beziehung zu treten: abhängig und unabhängig, bedürftig und frei, verletzlich und stark. Dann kann ich Nähe leben, ohne mich vereinnahmt zu fühlen, und Abstand zulassen, ohne mich verlassen zu fühlen. Und wie so vieles im Leben ist auch diese innere Bewegung letztlich vor allem Übungssache.

Auf leisen Sohlen treten

Wenn wir die Mechanismen unserer Vereinnahmungs- und Verlassenheitswunde erst verstanden haben, können wir einen ganz neuen Umgang mit diesem inneren Sensorium entwickeln. Bislang habe ich vor allem beschrieben, wie du es nutzen kannst, um in dir gezielt ins Gleichgewicht zu kommen. Doch auch in Beziehung zu anderen kannst du einiges tun. So kannst du zum Beispiel lernen zu erkennen, wann du bei jemandem die Verlassenheits- oder Vereinnahmungswunde auslöst und dann entsprechend behutsam mit diesen Auslösern umgehen. Das bedeutet nicht, dass du ab jetzt jeden Abend zu Hause sitzt, um deinem Schatz nicht seine Wunde zu aktivieren. Es bedeutet vielmehr, dass du in Situationen, wo du weißt, dass eine Aktivierung wahrscheinlich ist, besonders viel Fokus darauf legst, dieser vorzubeugen.

Wenn es sich um die Verlassenheitswunde handelt, die tatsächlich immer aktiviert wird, wenn du mit einer Freundin ins Kino gehst, dann kann es deinem Partner helfen, wenn du ihm an diesem Tag sagst und zeigst, wie wichtig er dir ist, dass du auch bestimmt wiederkommst und wie sehr du dich auf ihn freust. Es mag sich zuweilen absurd anhören, denn natürlich weiß er, dass du wiederkommst. Der abhängige Teil hat jedoch Zweifel und es tut ihm gut, das zu hören.

Im Falle der Vereinnahmungswunde geht es natürlich um die gegenteilige Botschaft. Hier ist es wichtig, dass der andere weiß, dass du in keiner Weise seinen Raum der Selbstbestimmung beschneiden möchtest und nichts von ihm willst, das er nicht selbst gerne geben möchte. Auch diese Kommunikation nutzt natürlich nur etwas, wenn du das auch innerlich so fühlen kannst – Voraussetzung dafür ist, dass du deine Hausaufgaben mit deiner Verlassenheitswunde machst.

Doch wie ich bei der Geschichte über das Kaminklettern bereits deutlich gemacht habe: Dein Innenleben ist keine Fernbedienung für deinen Partner, auch wenn das Zusammenspiel zwischen deiner Verlassenheitswunde und seiner Vereinnahmungswunde zuweilen magische Züge annehmen mag. Es kommt ein Punkt, wo nur dein Partner Verantwortung für seine Wunden und Ladungen übernehmen kann. Tut er dies nicht, ist es an dir zu überlegen, wie wichtig dir das ist und wie groß die Störungen sind, die in der Beziehung dadurch verursacht werden.

Diese ist nur eine von vielen Situationen, wo wir womöglich vor der großen Frage stehen, ob wir eine Beziehung weiterführen wollen oder nicht. Oft wird in diesen Situationen vor allem eine Frage gestellt: *„Liebst du sie denn?"* Doch ist das wirklich die richtige Frage, wenn es darum geht herauszufinden, ob eine Beziehung fortgesetzt werden will oder nicht? Und was ist Liebe überhaupt? Genau mit dieser Frage befasst sich das sechste und letzte Kapitel dieses Buches: *Das ABC der Liebe.*

REFLEXIONSFRAGEN

1. Welche der beiden Wunden ist mir mehr vertraut?
2. Welche der beiden Wunden ist bei mir nahestehenden Personen mehr ausgeprägt/im Vordergrund?
3. Was kann ich in meinem Umgang mit diesen Personen in Zukunft anders machen, um eine unnötige Aktivierung der jeweiligen Wunde zu vermeiden?

6 *Das ABC der Liebe*

Liebe! Was für ein großes, was für ein riesengroßes Wort! Tatsächlich verhält es sich mit diesem Wort ähnlich wie mit dem Begriff Gefühl: Es wird so viel verwendet und benennt dennoch ganz unterschiedliche Fähigkeiten, Zustände oder Empfindungen. In diesem Kapitel möchte ich daher ein paar Unterscheidungen treffen, die mir auf meinem Weg sehr geholfen haben, verschiedene Formen der Liebe zu erfahren, zu entwickeln und natürlich auch zu feiern. Mein Fokus liegt hierbei auf drei Formen der Liebe. Andere Formen, wie etwa die Mutterliebe, habe ich hier bewusst außen vor gelassen.

Verliebtheit: Im Rausch der Hormone

Das Erste, was heute die meisten Menschen mit dem Begriff Liebe assoziieren, ist leider der hormoninduzierte Rausch frischer Verliebtheit. Das hat sicher mit dem großen Maß an Propaganda zu tun, das dieses Konzept in den letzten Jahrzehnten genossen hat. In Teil I bin ich bereits darauf eingegangen, dass diese Form der Liebe eine – inzwischen sogar wissenschaftlich belegte – Halbwertzeit hat. Wer seine Beziehung also allein auf dieses Fundament stellt, steht auf tönernen Füßen.

Zugleich möchte ich an dieser Stelle diese ganz wunderbare, außerordentlich köstliche und ekstatische Erfahrung würdigen!

Was wäre unser Menschsein ohne sie? Wann sonst fühlen wir uns so glücklich, so erfüllt, so unaussprechlich wunderbar! Und wie würden wir uns jemals so tief auf jemanden einlassen, wenn es diesen Rausch nicht gäbe, der uns alle Sinne raubt, der uns jede Vernunft und Vorsicht vergessen lässt, der einfach nur *„JA!“* sagt?

Doch gerade weil Verliebtheit so etwas Wunderbares ist, tun wir gut daran, einige Unterscheidungen zu treffen, damit wir dieser köstlichen Erfahrung den richtigen Platz in unserem Leben zusprechen können. Unsere Gesellschaft ist voll von gebrannten Menschen, die den Versprechungen und Verheißungen der Verliebtheit erlegen sind und dann wie aus einem bösen Traum erwachten, als der berühmte Prinz sich plötzlich als Frosch entpuppte. Ich habe daher einen Merkzettel für akute Verliebtheit erstellt, der uns helfen kann, selbst im Stadium ärgster Hormonüberschüttung nicht völlig aus dem Ruder zu laufen – und damit diesen Zustand umso mehr zu genießen!

Merkzettel für akute Verliebtheit:

1. Verliebtheit ist nicht gleich Liebe, auch wenn es sich verdammt danach anfühlt.
2. Du hast keine Ahnung, wer der andere eigentlich ist, und hast in deinem jetzigen Zustand auch keine Möglichkeit, es herauszufinden.
3. Verliebtheit ist ein heiliges Fest: feiert es!
4. Verliebtheit ist keine Basis für eine Beziehung. Wie sehr du verliebt bist, sagt leider gar nichts darüber aus, wie gut ihr langfristig zusammenpasst – auch wenn es sich so anfühlt und so schön wäre!
5. Genieße die Illusion, dass der andere der wunderbarste Mensch auf Erden ist, und übe dich darin, nicht auf sie hereinzufallen.

Einer der wunderbarsten Aspekte akuter Verliebtheit ist, dass wir einen Vorgeschmack davon bekommen können, wie es ist, bedingungslos zu lieben. Egal was der andere tut, er ist wunderbar! Ob Doppelkinn oder Blähungen, schlechte Manieren oder seltsame Hobbys: Unser Herz ist so weit offen, dass alles frei darin schweben kann. Wäre es nicht wunderbar, das immer zu können? Wäre es nicht herrlich, alles und jeden und die ganze Welt bedingungslos lieben zu können? Zweifellos wäre es das. Doch es würde nicht ausreichen, um unsere Beziehungsthemen aus der Welt zu schaffen, wie uns manchmal gerne suggeriert wird.

Mythos & Wirklichkeit bedingungsloser Liebe

Ein weitverbreiteter Mythos zum Thema Liebe und Beziehungen ist jener, dass mit unseren Beziehungen alles in Ordnung wäre, wenn wir nur fähig oder bereit wären, einander bedingungslos zu lieben. Meiner Erfahrung nach ist dies ausgemachter Unsinn, der jedoch tragische Konsequenzen hat, wenn er als Allheilmittel unserer Beziehungsthemen betrachtet wird.

Beleuchten wir den Mythos „Bedingungslose Liebe" mal etwas genauer. Bedingungslose Liebe beschreibt die Fähigkeit und die Bereitschaft, einen oder alle Menschen anzunehmen, wertzuschätzen und zu würdigen EGAL WAS SIE TUN ODER WIE SIE SIND. In letzter Konsequenz bedeutet dies, dass ich den SS-ler, der im KZ mit Säuglingen Fußball spielt, genauso liebe wie Papst Franziskus oder mein eigenes Kind. Es handelt sich hierbei um eine Fähigkeit oder einen Bewusstseinszustand, der tatsächlich außergewöhnlich ist, den jedoch jeder Mensch zu einem gewissen Grad in sich entwickeln kann. Und zwar vor allem dann, wenn der Abstand stimmt.

Ein einfaches Beispiel dürfte dies verdeutlichen: Ich kann einen Serienmörder hinter Gittern sehr aufrichtig in mein Herz schließen. Ich kann sehr großes Mitgefühl für diesen Menschen spüren, dessen eigene Kindheit höchstwahrscheinlich von Missbrauch und Vernachlässigung geprägt war. Sehr viel schwieriger wird es, die gleiche Liebe zu spüren, wenn dieser Mensch unerwartet mitten in der Nacht in meinem Schlafzimmer steht und Anstalten macht, mich umzubringen. In letzterer Situation würde bedingungslose Liebe eine komplette Verleugnung meiner eigenen Bedürfnisse voraussetzen – etwa meinem Bedürfnis, weiterzuleben.

Doch natürlich hat die Fähigkeit, bedingungslos zu lieben, auch eine sehr schöne und wichtige Seite. Die Fähigkeit, jemanden oder alle bedingungslos in unser Herz zu schließen, ist eine hohe spirituelle Disziplin. Indem wir lernen, unser Herz immer mehr aufzumachen und allem darin einen Raum zu geben, lösen wir Grenzen auf und überwinden die Illusion der Trennung. Doch dies hat vor allem auf einer rein geistigen Ebene einen Platz. Auf jener Ebene, auf der alles eins ist, ist bedingungslose Liebe ein natürliches Phänomen.

Unsere Beziehungen spielen sich jedoch nicht auf jener Ebene ab, sie spielen sich vordergründig hier ab: auf der physischen Ebene, auf der psychologischen Ebene, in einer Welt, wo du und ich Bedürfnisse haben, aufeinander angewiesen sind, einander Versprechen geben, diese brechen, einander ewige Liebe schwören und diese dann verraten. Auf dieser ganz irdisch-menschlichen Ebene kann ein Bewusstsein jener anderen Ebene des All-Eins-Seins zwar hilfreich sein, um Frieden mit Widersprüchen und Konflikten zu schließen. Es ist jedoch keine *Lösung* für diese Widersprüche und

Konflikte, die immer noch unsere Aufmerksamkeit fordern. Mit anderen Worten: Nur weil ich weiß, dass es ein Spiel ist, bedeutet das noch lange nicht, dass es nicht gespielt werden will. Und wie jedes Spiel erfordert es das rechte Maß an Ernsthaftigkeit. Ein Spiel, bei dem jeder immer nur sagt: „*Ist mir doch egal, was passiert, ist doch eh nur ein Spiel!*" ist eine ziemlich lasche Angelegenheit. Ähnlich kann es sich für unseren Partner anfühlen, wenn wir im Höhenflug geistiger Erleuchtung sagen: „*Schatz, ich liebe dich, egal was du tust!*"

Übertragen auf eine Partnerschaft oder andere Beziehungen bedeutet das Prinzip der bedingungslosen Liebe als Allheilmittel, dass eben auch jedes Verhalten und jeder Wesenszug unseres Partners einfach nur bejaht wird und dass dann alles in Ordnung ist. Jedes Problem in einer Beziehung wird dann auf die eigene Unfähigkeit – oder die des anderen – zurückgeführt, nicht ausreichend liebesfähig zu sein. Doch wer so denkt, verkennt eine wichtige Unterscheidung von Liebe und Beziehung: Liebe kann bedingungslos sein, Beziehung nicht.

Tatsächlich ist es so, dass wir Beziehung vermeiden, wenn wir uns auf Wolke sieben der bedingungslosen Liebe zurückziehen und alles nur noch mit einem selig-gütigen Lächeln quittieren. Wir hören de facto auf, uns auf andere zu *beziehen*, denn sich zu beziehen ist nun mal eine zutiefst duale Angelegenheit. Ich beziehe mich auf dich oder auf jemand anderen. Ich beziehe mich in einer Weise, die dich in deinem Sein bestärkt oder behindert. Ich sage dir, dass ich es mag oder eben nicht, wenn du mir den Rücken kraulst, dich für Umweltschutz engagierst oder mit Aktien spekulierst.

Diese duale Form der Liebe ist nicht bedingungslos, sie ist jedoch in hohem Maße beziehungsstiftend. Für diese Form der

Liebe gibt es auch ein ganz eigenes Wort: Es handelt sich um Wertschätzung, was im Laufe des Buches ja schon wiederholt Thema war.

Wert-schätzen

Wie der Begriff Wertschätzung bereits ausdrückt, messen wir durch unsere Wertschätzung einem Menschen, einer seiner Eigenschaften oder Tätigkeiten, Wert bei und schätzen diesen. Wenn ich also beispielsweise an meiner guten Freundin ihre Fähigkeit zuzuhören, wertschätze, so liegt das klarerweise daran, dass meine Freundin mir mit dieser Fähigkeit ein zentrales Bedürfnis erfüllt. Genauso kommt es vor, dass ich einen ganzen Menschen wertschätze, denn es ist mir ein Bedürfnis, dass es Menschen gibt, die genau so wie dieser Mensch sind.

Wenn meine Freundin plötzlich nicht mehr zuhören kann oder der geschätzte Mensch sich komplett verändert, wird meine Wertschätzung womöglich aufhören. Sie ist eben nicht bedingungslos. Das ist zwar nicht so romantisch, hat jedoch einen anderen entscheidenden Vorteil: Es ist auch nicht so beliebig.

Wenn mir jemand Wertschätzung entgegenbringt, dann weiß ich, dass ich gemeint bin. Der andere meint mich und findet genau diese oder jene Eigenschaften oder Wesenszüge an mir richtig, gut und schön! Das bestärkt mich in diesen Eigenschaften und gibt mir Orientierung, was an meinem Wesen anderen Freude macht, was ihnen gut tut. Ob ich diese Eigenschaften dann tatsächlich weiter entfalte oder nicht, ist jedoch allein meine Entscheidung.

Um zu verstehen, was der Unterschied zwischen Wertschätzung und manipulativer Beeinflussung ist, müssen wir uns mit dem

Unterschied zwischen Lob, Bewunderung und Wertschätzung befassen.

Beginnen wir mit Lob. Häufig werden Lob und Wertschätzung verwechselt. Lob ist jedoch etwas, das nicht wie Wertschätzung auf Augenhöhe geschieht zwischen zwei ebenbürtigen Menschen, sondern von oben herab. Der Lehrer lobt den Schüler, der Chef den Mitarbeiter, die Eltern die Kinder. Lob ist damit immer Ausdruck eines Machtgefälles. Klassische Lob-Sätze wie *„Das hast du gut gemacht"* sind nicht Ausdruck eines persönlichen Wohlgefallens, sondern absolute Urteile, die einer sich anmaßt über den anderen zu fällen. Damit fehlt dem Lob das Fundament des Respekts, auf dem gleichwertige Beziehungen stehen, das ich zuvor beschrieben habe.

Lob sagt: *„So will ich dich haben"*, während Wertschätzung sagt: *„Ich freue mich, dass du so bist"*. Lob ist eine Aufforderung, gefälligst auch weiterhin so zu sein, während Wertschätzung immer auch eine Offenheit dafür beinhaltet, dass es sich ändert. Dadurch steigt die Wertschätzung dafür, dass es jetzt so ist, wie es ist. Lob fordert, während Wertschätzung *„Danke"* sagt.

Bewunderung hingegen ist nicht von oben herab, sondern stellt den anderen auf ein Podest. Somit unterscheidet sich Bewunderung zwar von Lob, hat jedoch in einer Beziehung auf Augenhöhe auch keinen Platz. Fehlt dem Lob der Respekt für den anderen, fehlt er bei der Bewunderung häufig sich selbst gegenüber. Genau wie Lob erzeugt Bewunderung oft einen Zwang oder eine Unfreiheit und damit unwillkürlich einen Druck, dass der andere auch weiterhin so toll sein möge. Gelingt dies nicht, wird der so Emporgehobene oft in die tiefsten Tiefen der Verachtung gestürzt. Dies ist ein Zeichen, dass der Boden des Respekts fehlt, der diesen Sturz aufhalten könnte.

Wertschätzung ist also immer mit Respekt verknüpft. Ich verwende hier auch gerne das Bild eines flauschigen Teppichs, den wir auf das solide Fundament unseres Respekts legen können. Je dicker der Teppich der Wertschätzung, den wir füreinander weben, desto weicher und wohliger fühlen wir uns in der Beziehung. Und wenn dann eine emotionale Ladung hochgeht – was zu Beziehungen einfach dazugehört –, dann kann es schon mal passieren, dass wir dem anderen diesen Teppich unserer Wertschätzung entziehen. Das ist auch in Ordnung, solange das Fundament aus Respekt darunter intakt bleibt. Es ist ein essenzieller Teil von Inbeziehungsein zu sagen: Das mag ich, das mag ich nicht. Und unsere Wertschätzung ist direkter Ausdruck davon.

Wertschätzung will geübt sein

Manche Menschen haben die Angewohnheit, dankbar zu sein für alles Gute, was sie in ihrem Leben haben – andere nicht. Wenn du zu den Menschen gehörst, die nicht schon morgens aufwachen und dankbar sind, in einem warmen, trockenen Bett zu liegen, dann bist du wahrscheinlich auch nicht so glücklich in deinem Leben, wie du es sein könntest. Genauso ist es mit unseren Beziehungen. Es gibt Menschen, die es sich zur Angewohnheit gemacht haben, in Beziehungen Wertschätzung für alles zu fühlen und auszudrücken, was ihren Bedürfnissen entspricht. Wenn diese Wertschätzung echt ist, dann sind das sehr angenehme Zeitgenossen – und sie sind wesentlich glücklicher in ihren Beziehungen als diejenigen unter uns, die nach dem Motto *„Nix gesagt ist genug gelobt“* leben.

Mit anderen Worten: Wertschätzung ist eine der einfachsten Methoden, dein Beziehungsglück zu erhöhen, ohne deine Beziehungen zu verändern. Allerdings wirst du feststellen, dass Wertschätzung an sich deine Beziehungen verändert, und zwar auf eine sehr schöne Art und Weise. Außerdem ist aktive Wertschätzung eine der besten Investitionen, die wir in die Gesundheit unserer Beziehung machen können. Wir betreiben damit aktive Krisenprävention. Wenn uns wirklich mal die Hutschnur reißt, haben wir unter dem dicken Teppich unserer Wertschätzung noch ein solides Fundament aus Respekt, das uns weiterhin trägt. In Übung 25, Wertschätzung kann man lernen, kannst du deine Fähigkeit ausbauen, andere wertzuschätzen.

Wichtig ist mir noch zu erwähnen, dass es hier nicht darum geht, uns Dinge schönzureden, die für uns einfach nicht schön sind. Damit verbessern wir nicht unsere Beziehungen, sondern verlieren den Kontakt mit uns selbst – und nehmen damit auch dem anderen die Chance, mit uns in Beziehung zu sein. Wie gesagt: Wertschätzung ist bedingt und damit dual, darin unterscheidet sie sich von der Liebe, die ihrem Wesen nach Gegensätze verbindet.

Nachdem ich nun diese drei Aspekte der Liebe – Verliebtheit, Liebe und Wertschätzung – beleuchtet habe, möchte ich noch einmal auf das Thema Liebe zurückkommen. Zum einen ist es mir wichtig aufzuzeigen, welche Rolle die Unterscheidung von Liebe, Wertschätzung und Verliebtheit bei unseren Beziehungsentscheidungen spielt. Zum anderen möchte ich noch auf die Unsterblichkeit der Liebe zu sprechen kommen und auf die Notwendigkeit, Liebesfähigkeit zu kultivieren.

ÜBUNG 25: Wertschätzung kann man lernen

Stift und Papier können dir bei dieser Übung gute Dienste leisten.

1. Suche dir eine Beziehung aus, in der du gerne deinen Teppich der Wertschätzung flauschiger machen möchtest. Anders ausgedrückt: einen Menschen, mit dem du deine Beziehung verbessern möchtest.
2. Denke an die jeweilige Person und überlege dir, was du an ihr und an der Beziehung zu ihr schätzt. Hierbei kann es sich um ganz kleine, scheinbar unwesentliche Dinge handeln oder um ganz große Themen. Wenn du magst, schreibe das, was dir kommt, stichpunktartig auf. Mache mindestens solange weiter, bis du merkst, dass dein Herz weich und warm wird.
3. Nimm dir nun einen Moment Zeit zu überlegen, bei welchen dieser Punkte der andere wohl weiß, dass du dies an ihm wertschätzt, und bei welchen nicht. Wenn du magst, kannst du diese mit b für bewusst und u für unbewusst markieren.
4. Wenn der andere dafür offen ist, kannst du diese Liste mit ihm abgleichen. Wahrscheinlich wirst du überrascht sein, wie viel unausgesprochene Wertschätzung zwischen euch ist.
5. Wenn der andere dafür nicht offen ist, weil das einfach nicht sein Ding ist, oder du keine Lust dazu hast, suche dir doch in der nächsten Woche jeden Tag gezielt einen Punkt aus, dem du den anderen kommunizieren möchtest. Das können Kleinigkeiten sein wie: *„Ich mag es so gerne, dass du die Küche immer so sauber hinterlässt"* oder ganz große wichtige Sachen wie: *„Ich bin so froh, dass ich immer mit allem zu dir kommen kann und du ein offenes Ohr für mich hast."*
6. Beobachte, wie viel Freude du in dir selbst und anderen durch aufrichtige Wertschätzung erzeugen kannst.
7. Wenn es dir schwerfällt, Wertschätzung zu finden, nimm dir einmal Zeit, so richtig zu entladen. Es gibt immer und in jeder Beziehung etwas, das wir schätzen können. Wenn wir starke emotionale Ladungen mit uns herumtragen, sind diese jedoch wie Wolken vor der inneren Sonne unserer Wertschätzung und verhindern unseren natürlichen Zugang dazu.

„Aber ich liebe ihn doch!"

Ein sehr unglücklicher Nebeneffekt unserer Verwirrungen in Liebesdingen ist, dass wir denken, Liebe sei ein Grund, eine Beziehung zu führen. Viele Menschen verweilen daher in Beziehungen, in denen wenig oder keine Bedürfniskompatibilität mehr gegeben ist oder in denen sogar ein hohes Maß an Leiden geschieht, da jedes Zusammensein eine kaum aufzuhaltende Kaskade emotionaler Aktivierungen auslöst. Im Namen der Liebe wird daher unsagbar viel gelitten. Ich will damit überhaupt nicht sagen, dass Liebe nicht etwas Kostbares und Wunderbares ist. Ich möchte nur deutlich machen, dass sie kein Grund ist, eine Beziehung zu führen, da sie als Basis nicht ausreichend ist.

Liebe kann vielmehr ein Grund sein, sich zu trennen. Ich weiß, dass ich mit dieser Aussage vielem widerspreche, was wir heute in unserer Kultur über Liebe und Beziehungen quasi mit der Muttermilch einsaugen. Doch genau deshalb möchte ich diesen Punkt verdeutlichen: wenn ich jemanden liebe und wenn ich mich selbst liebe, dann möchte ich, dass es uns gut geht. Wenn unsere Bedürfnisse inzwischen überhaupt nicht mehr zusammenpassen (oder nie zusammengepasst haben) und ich trotzdem in der Beziehung verweile, dann blockiere ich große Teile meiner eigenen Beziehungskapazität und der meines Partners. Anders ausgedrückt: Ich besetze einen Platz in seinem Leben (und er in meinem), der dadurch nicht von jemand anderem besetzt werden kann. Das gilt unabhängig von der Beziehungsform, da die Beziehungskapazität jedes Menschen begrenzt ist. Indem ich diesen Platz besetze, verhindere ich, dass ganz essenzielle Bedürfnisse erfüllt werden – bei mir selbst und bei meinem Partner.

Ewige Liebe

Wenn wir verstanden haben, dass Liebe und Beziehung einander nicht zwangsläufig bedingen, dann können wir einen frischen Blick auf einen weiteren großen Liebesmythos unserer Kultur werfen: den Mythos ewiger Liebe. Es ist dir sicher schon einmal aufgefallen, dass die großen Liebespaare unserer gemeinsamen Geschichtsschreibung nie die Gelegenheit hatten, ihre Liebe dem Härtetest des Alltags zu unterziehen. Romeo und Julia haben sich – als sicher berühmtestes Beispiel – gnädigerweise vorher das Leben genommen, weshalb wir sie völlig unbeschadet als ewiges Sinnbild vollkommener Liebe in unserem kollektiven Gedächtnis bewahren können. Wie schön!

Doch dass der hormoninduzierte Rausch nicht ewig währt, wissen wir nicht erst seit den bereits zitierten Forschungen der Dame aus Pisa. Aber was ist mit echter Liebe? Was ist mit der Liebe, wo wir einen anderen Menschen in seiner Gesamtheit in unser Herz geschlossen haben und aus den tiefsten Tiefen unseres Wesens in aller Aufrichtigkeit sagen konnten: „*Ich liebe dich, genau wie du bist, egal was du tust*"? Diese Liebe ist tatsächlich unsterblich. Das bedeutet, dass sie in uns fortlebt, egal was geschieht. Sie gleicht einem Altar in unserem Herzen, der alle Stürme überstehen kann.

Bedeutet das, dass wir mit diesem Menschen vor den Traualtar treten sollten und ewige Liebe schwören? Ganz und gar nicht. Bedeutet es, dass wir mit diesem Menschen nie Konflikte haben werden? Mitnichten. Bedeutet es, dass wir mit diesem Menschen immer in Beziehung sein werden? Nicht unbedingt. Es bedeutet jedoch, dass dieser Mensch immer einen Platz in unserem Herzen haben wird, wodurch eine innere Verbindung bestehen bleibt. Es ist zwecklos, gegen diese Verbindung anzukämpfen, und das müssen wir auch nicht.

Wenn wir verstanden haben, dass Beziehung und Konflikt hiervon unabhängig auf einer ganz anderen Ebene stattfinden, dann können wir diese Verbindung wieder als das würdigen, was sie eigentlich ist: ein heiliger Ort in unserem Herzen, der aufgegangen ist, als wir jemandem erlaubt haben, ganz tief in uns hineinzufallen. Es ist ein Schatz, der uns den Rest unseres Lebens begleiten wird, wenn wir ihn zu schätzen wissen. Es ist eine Tür, durch die wir gegangen sind, und eine tiefere Ebene des Menschseins begreifen konnten. Auf dieser tieferen Ebene spielen unsere Vorlieben und Bedürfnisse überhaupt keine Rolle. Hier ist unser Herz weit und frei. Hier kann es – ganz seinem Wesen gemäß – nur eines sagen, und zwar: „*JA!*"

Liebe kultivieren

In meinem ersten Buch, *Gefühle & Emotionen – Eine Gebrauchsanweisung*, habe ich viele Leser mit der Aussage vor den Kopf gestoßen, Liebe sei kein Gefühl, sondern eine Fähigkeit. Liebe ist in unserer Kultur schließlich der Inbegriff von Gefühl! Nach Lektüre dieses letzten Kapitels dürfte deutlich geworden sein, dass wir die ganz großen Gefühle, die wir gemeinhin mit dem Wort Liebe bezeichnen, oft dem Hormonrausch einer biologischen Programmierung zu verdanken haben, die wie jede biologische Programmierung gleichermaßen Segen und Fluch sein kann.

Die Erfahrung wahrer, nicht-dualer Liebe kann zwar durch solch einen Hormonrausch eingeleitet werden, wirklich Wurzeln schlagen kann sie jedoch nur, wenn sie von uns gehegt und gepflegt wird. Mit anderen Worten: Echte Liebesfähigkeit will kultiviert werden, und zwar kontinuierlich.

Das große Geschenk und die große Herausforderung echter Liebe ist ihre Fähigkeit, Gegensätze zu vereinen. Dies beginnt in uns selbst. Indem wir lernen, Wertschätzung und Liebe zu unterscheiden, können wir beginnen, jemanden zugleich bedingungslos zu lieben und das abzulehnen, was uns nicht entspricht.

Wenn wir so etwas denken oder so einen Satz lesen, bekommen wir sofort einen Knoten in den Kopf. Häh? Ja und Nein zugleich? Das geht doch gar nicht. Das stimmt, für den Kopf geht das tatsächlich nicht. Er kann entweder „*Ja*" oder „*Nein*" sagen. Mit dem Herz verhält es sich anders. Es kann „*Ja*" sagen – zum Beispiel zu einem Serienmörder in seiner Gesamtheit mit Licht und Schatten – und zugleich „*Ja*" sagen zu unserer eigenen Unversehrtheit. Dieses zweite Ja ist zugleich ein Nein gegenüber dem mörderischen Impuls des Verbrechers in unserem Schlafzimmer.

Oder um ein weniger abstruses Beispiel zu wählen: Mein Herz und meine riesengroße Liebe kann bedingungslos „*Ja*" sagen zu jedem sexuellen Impuls meines Partners. Zugleich sagt mein Herz und meine riesengroße Liebe auch „*Ja*" zu meinem eigenen Bedürfnis nach der unaufgeregten, vielleicht sogar fast schon langweiligen Geborgenheit einer monogamen Beziehung, die mir derzeit sehr entspricht. Wie die Geschichte dann ausgeht? Dafür gibt es keine pauschale Antwort. Ich weiß nur, dass genau dieser Raum der Liebe es mir ermöglichen wird, diese Gegensätze nebeneinander zuzulassen, denn beide sind wahr und wichtig. Und in diesem Raum der Liebe kann sich dann, immer wieder aufs Neue, das zeigen, was jetzt für uns beide wahr und richtig ist.

Liebe zu kultivieren bedeutet für mich, diesen Raum wieder und wieder zu betreten. Dadurch habe ich gelernt, diesem Raum der Liebe zu vertrauen, denn egal was dann geschieht, es führt mich immer tiefer zu mir selbst. Und wenn die Menschen, mit denen ich in Beziehung bin, in gleichem Maße fähig sind, diesen Raum wieder und wieder mit mir zu betreten, dann bringt uns diese Erfahrung auch jedes Mal näher zusammen. Somit wird es von Mal zu Mal einfacher, statt dem Entweder-Oder des Machtkampfes, das verbindende Und der Liebe zu wählen.

REFLEXIONSFRAGEN

1. Wie offen bist du, das Fest der Verliebtheit zu leben und zu feiern?
2. Wo in deinem Leben kannst du dir selbst und anderen gegenüber noch aufrichtiger in deiner Wertschätzung sein?
3. Wer hat in deinem Herzen einen Samen wahrer Liebe hinterlassen? Würdigst du diesen?

ANHANG

DIE QUINTESSENZ

Nach allem, was hier über Beziehungen gesagt wurde, scheint es angebracht, eine Entwarnung zu geben: Es ist alles nicht so schwierig, wie es sich anhört. Ja, es ist anspruchsvoll, aber nicht unbedingt schwierig. Um reife, respektvolle und erfüllende Beziehungen auf Augenhöhe zu haben, müssen wir nicht, wie zuweilen nahegelegt wird, die totale Selbstliebe oder gar die Erleuchtung erlangt haben. Wir müssen auch nicht komplett durchtherapiert sein und alle Schattenanteile in uns liebevoll integriert haben. Wir müssen auch nicht fähig sein, bedingungslos zu lieben. Mit anderen Worten: Wir müssen keine Übermenschen sein, um erfüllende Beziehungen leben zu können. Wir können einfach wir selbst sein.

> **Zwei Grundentscheidungen**
>
> 1. Respektiere deine eigenen Bedürfnisse und die der anderen.
> 2. Übernimm Verantwortung für deine eigenen Gefühle und Bedürfnisse.

Es gibt jedoch zwei Grundentscheidungen, die wir treffen müssen, wenn wir die Basis für reife, respektvolle und erfüllende Beziehungen schaffen wollen. Im Folgenden möchte ich kurz auf diese beiden Entscheidungen eingehen und aufzeigen, welch grundlegende Weichen wir damit stellen.

Entscheidung 1: Respektiere deine eigenen Bedürfnisse und die der anderen

Da haben wir es wieder: Respekt. Es ist der Anfang und das Ende, das Alpha und das Omega. Dieser Grundsatz, die eigenen Bedürfnisse und die der anderen zu respektieren, ist schnell formuliert. Sehr viel anspruchsvoller ist es – wie so oft –, ihn zu leben. Tatsächlich liegt das jedoch nicht daran, dass es wirklich schwierig ist, sondern dass es oft an Entschlossenheit fehlt, diesem Prinzip beständig treu zu bleiben.

Nach Lektüre dieses Buches dürfte klar sein, dass hier nicht gemeint ist, jeden Impuls ungehemmt auszuagieren und dies auch noch gutzuheißen. Es bedeutet nicht mehr und nicht weniger, als ihn zu achten.

Wenn widersprüchliche Bedürfnisse auftreten, können wir dies als kreatives Potenzial nutzen – oder bemerken, dass eines der Bedürfnisse gar nicht so wichtig war, wenn wir sie im Kontext des Ganzen betrachten. Die Basis für all diese Erkenntnisse und fruchtbaren Auseinandersetzungen ist und bleibt der bedingungslose Respekt.

Entscheidung 2: Übernimm Verantwortung für deine eigenen Gefühle, Emotionen und Bedürfnisse

Ja, und hier haben wir das zweite Unwort: Verantwortung. Niemand ist für deine Bedürfnisse verantwortlich außer dir. Niemand. Das mag anders gewesen sein, als du ein hilfloser Säugling warst. Doch heute ist das nicht mehr so. Du bist ein erwachsener Mensch. Damit hast du die Freiheit und auch die Verantwortung, deine Beziehungen so zu wählen, dass es dir gut geht. Wenn du Beziehungen so auswählst, dass in dir in irgendeinem Bereich großer Mangel auftritt, dann ist das deine Verantwortung – nicht die deines Beziehungsnetzes. Du magst sehr gute Gründe haben, dennoch in diesen Konstellationen zu verweilen, doch da die Entscheidung deine ist, ist es die Verantwortung auch.

Das Gleiche gilt für deine Gefühle. Du bist Regisseur deines Gefühlskinos und deine Emotionen sind dein altes Gepäck. Wenn etwas in dir explodiert, dann war das deine Ladung, um die du dich kümmern musst. Niemand außer dir kann das für dich erledigen. Das bedeutet nicht, dass du es alleine tun musst. Sowohl was deine Bedürfnisse als auch was deine Emotionen angeht, bist du auf die Unterstützung anderer angewiesen, um gut damit umgehen zu können. Doch es liegt an dir, dir diese Unterstützung auch zu suchen und deine Beziehungen so auszuwählen, dass du sie bekommst.

Daraus folgt ... lass die Verantwortung für die Gefühle, Emotionen und Bedürfnisse der anderen los

Eine der effektivsten Methoden, sich das Leben in Beziehungen schwer zu machen ist, Verantwortung für die Gefühle und Bedürfnisse anderer zu übernehmen. Selbst bei Kindern ist das nicht wirklich hilfreich, da sie dann nicht lernen, dass es an ihnen ist, nach dem zu fragen, was sie brauchen, oder für sich einzustehen.

Natürlich bedeutet das weder in Beziehungen zu Kindern noch zu Erwachsenen, dass uns die Bedürfnisse anderer egal sind. Im Gegenteil, wenn ich weiß, dass ich nicht für sie verantwortlich bin, kann ich große Anteilnahme daran entwickeln. Ich kann mit großer Gelassenheit und Empathie zuhören, wenn der andere seine emotionalen Altlasten entlädt oder in sich taucht, um herauszufinden, was er eigentlich wirklich will.

Die Verantwortung für Gefühle und Bedürfnisse beim anderen zu lassen, ist sehr entlastend, und zwar für alle Beteiligten. Du wirst merken, dass es den Menschen, die dir nahe sind, viel leichter fällt, dir ihr Herz auszuschütten, wenn du nicht Verantwortung für ihre Probleme übernimmst. Damit das Loslassen der Verantwortung jedoch nicht zur Gleichgültigkeit führt, ist es ganz wichtig, dass wir zugleich an unserer Empathiefähigkeit arbeiten.

Und: Entwickle deine Empathiefähigkeit

Dieses sperrige Wort sagt eigentlich etwas ganz Einfaches aus: die Fähigkeit und die Bereitschaft, sich in einen anderen Menschen hineinzufühlen, also zu spüren, was der andere spürt. Die beste Möglichkeit, diese Fähigkeit zu entwickeln, ist, uns anzugewöhnen zu fühlen, was wir fühlen, während wir mit einem anderen Menschen in Kontakt sind. Nicht mehr und nicht weniger.

AUSBLICK

Im Rahmen dieses Buches habe ich mich vor allem auf das Thema Paarbeziehung konzentriert. Wie gesagt: Hier ist unsere Sehnsucht nach einem gleichwertigen Miteinander am weitesten ausgeprägt. Außerdem bietet dieser intime Raum uns ein unvergleichliches Forschungsfeld, um unsere Beziehungsfähigkeit zu entwickeln – und um deren Grenzen zu erfahren.

Doch wie zu Anfang bereits erwähnt, beobachte ich ähnliche Entwicklungen in allen Beziehungen. Und die gleichen Prinzipien, die ich hier in aller Ausführlichkeit für die Paarbeziehung beschrieben habe, gelten auch für alle anderen Beziehungen. Ich habe zwar im Laufe des Textes hie und da darauf hingewiesen, möchte jedoch hier noch speziell auf bestimmte Beziehungsgefüge eingehen und darlegen, welchen Veränderungen ich sie unterworfen sehe bzw. wie die hier dargelegten Mechanismen sich dort zeigen.

Die Unternehmen von morgen

Zu Anfang habe ich es bereits erwähnt: Teile dieses Wissens wurden in Dialogen mit Führungskräften und Mitarbeitern im Unternehmenskontext entwickelt und geprüft, also weit entfernt von der intimen Paarbeziehung. Ich habe auch beschrieben, dass ich bei vielen Führungskräften und auch Mitarbeitern eine wachsende Frustration mit klassisch hierarchischen Modellen der Beziehungsgestaltung und der Zusammenarbeit feststelle.

Zugleich ist gerade im Unternehmenskontext sehr klar, dass Führung in jedem System eine wichtige Funktion darstellt. Die interessanten und zugleich herausfordernden Fragen lauten also:

Wie können wir Führung als Funktion leben und zugleich auf Augenhöhe miteinander umgehen? Wie können wir Systeme so strukturieren, dass sich zwar natürliche Hierarchien – etwa basierend auf Erfahrung und Kompetenz – bilden und immer wieder neu formen können, wir jedoch auf künstliche Hierarchien verzichten, die echte Kooperation erschweren?

Es gibt auf diese Fragen keine Standardantworten. Genau wie es kein Standardmodell einer funktionierenden Ehe mehr gibt, wie das zu Zeiten meiner Urgroßeltern noch der Fall war. Oft werde ich beispielsweise gefragt, wie denn ein Organigramm eines Unternehmens aussieht, das auf künstliche Hierarchien verzichtet. Die Antwort lautet: Es gibt kein Standardorganigramm, denn solche Systeme entwickeln ihre eigenen, organischen Organisationsformen, die auch einer beständigen Weiterentwicklung unterworfen sind.

Fakt ist, die Grundform dieser Organigramme ist der Kreis, während künstliche Hierarchien immer pyramidenförmig organisiert waren. Der Kreis steht für Gleichwertigkeit und Vielfalt, während die Pyramide Standardisierung und Machtgefälle symbolisiert. Führungskräfte und Mitarbeiter sind heute gefordert, Kooperation ganz neu zu erlernen. Wir können der wachsenden Komplexität, der Unternehmen heute ausgesetzt sind, nur begegnen, indem wir lernen, die Intelligenz aller Beteiligten zusammenzulegen. Damit dies gelingt, sind wir gefordert, unsere soziale Kompetenz zu entwickeln. Es gibt schon heute Unternehmen, in denen diese Form des Miteinanders ganz selbstverständlich ist. Für andere ist es noch undenkbar – und alles dazwischen.

Meine Vermutung und auch meine Hoffnung ist es, dass wir in ein paar Jahrzehnten auf die Jahrhundertwende zurückblicken und ganz verblüfft den Kopf schütteln ob der abstrusen Ideen, die manche Menschen damals noch über Strukturen der Zusammenarbeit hatten. Genau wie wir heute den Kopf schütteln über die Idee, dass die Frau dem Manne Untertan sein sollte. Ob diese Vermutung und Hoffnung Wirklichkeit werden, wird – wie so oft – nur die Zeit ans Licht bringen können. Und natürlich wird es von jedem Einzelnen abhängen, der auch im Beruflichen seiner Sehnsucht nach einem neuen Miteinander in ein neues Beziehungsparadigma folgt.

Respektvolle Eltern-Kind-Beziehungen machen glücklich

Die Art und Weise, wie wir unsere Kinder erziehen, hat in den letzten Jahrzehnten eine mindestens so tief greifende Veränderung durchlaufen, wie unsere intimen Paarbeziehungen. Eltern sehen es heute nicht mehr als ihre Aufgabe, absolute Macht auszuüben, wie es noch vor wenigen Generationen ihre klare Aufgabe war.

Vielen Menschen macht diese Veränderung Angst. Sie werden nicht müde, Schreckensszenarien heraufzubeschwören. Bücher wie „*Wie Kinder zu Tyrannen werden*" verkaufen sich tausendfach und profitieren so von der großen Verunsicherung, die Eltern heute befallen hat. Diese Verunsicherung unterscheidet sich bei genauerem Hinsehen in keiner Weise von der Verunsicherung, die wir in Liebesdingen erleben. Nur kommt hier keiner mehr auf die Idee, allen Ernstes zu behaupten, wir sollten wieder zu dem alten Machtgefälle zurückkehren und alles wäre gut. Oder zumindest würde er damit keine Bücher in tausendfacher Auflage verkaufen. In der Landschaft der Erziehungsratgeber leider schon.

Erfrischenderweise verkaufen sich Bücher wie der Klassiker „*Familienkonferenz*" von Thomas Gordon[39] oder die Bücher von Jesper

Juul mindestens genauso gut. Juul avancierte mit seiner direkten, herzerfrischenden und natürlichen Art zu einem regelrechten Rockstar unter deutschen Eltern. Seine Botschaft ist einfach und klar: Beziehung statt Erziehung, womit er mir aus der Seele spricht.

Ich selbst hatte das Glück, durch meine Eltern sowohl das Scheitern autoritärer als auch antiautoritärer Ansätze zu erleben. Bei meinen Söhnen durfte ich beides ausprobieren und kann heute aus voller Überzeugung sagen, dass ich um nichts in der Welt in eine machtorientierte Beziehungsstruktur zurückkehren möchte. Meine Beziehungen zu meinen Söhnen sind heute innig, authentisch, respektvoll und vor allem sehr liebevoll. Wir haben viel Freude aneinander, weil wir einander achten. Als ich noch der Meinung war, ich müsste von oben herab Grenzen setzen, war der Alltag, ehrlich gesagt, die Hölle. Von Freude, Respekt und Innigkeit konnte keine Rede sein.

Die Befürchtung, dass Kinder dadurch zu Tyrannen werden, kann ich in keiner Weise bestätigen – weder bei meinen eigenen Kindern noch bei denen anderer Eltern aus meinem Bekanntenkreis, die Beziehung auf Augenhöhe mit ihren Kindern leben. Ich bekomme regelmäßig gesagt, wie brav und wohlerzogen meine Kinder seien – beides Adjektive, die mir als Beschreibung nie in den Sinn kämen, denn beides hat für mich mit Gehorsam zu tun. Ich weiß jedoch, dass sie nicht gehorsam sind, sondern beziehungsfähig – oder auf dem Weg dahin, es zunehmend zu werden. Denn eines ist mir in all den Jahren klar geworden: Wir können Kinder entweder zu Gehorsam erziehen oder zur Kooperationsfähigkeit. Beides zugleich geht nicht.

Meine Beobachtung ist, dass Kinder in zwei Szenarien zu Tyrannen werden: wenn wir uns auf einen Machtkampf mit ihnen einlassen oder wenn wir das Machtgefälle umkehren, statt wirklich auf Augenhöhe zu gehen. Ersteres geschieht, sobald wir versuchen, Macht über sie auszuüben und ihnen unseren Willen aufzuzwängen. Zweiteres wenn wir es versäumen, unsere eigenen Bedürfnisse und Gefühle mindestens genauso wichtig zu nehmen wie die des Kindes. Wenn es uns hingegen gelingt, unsere eigenen Bedürfnisse wieder und wieder den Bedürfnissen des Kindes gegenüberzustellen, setzen wir ganz automatisch gesunde Grenzen. Denn dafür müssen wir nicht über unseren Kindern stehen, sondern ihnen einfach als ganzer Mensch begegnen. Und ganz nebenbei geben wir unserem Kind die Gelegenheit, das zu lernen, was wir erst mühsam entwickeln mussten: wie wir gut gemeinsame Lösungen entwickeln, wenn zwei oder mehr Leute Unterschiedliches wollen.

Übrigens verhält es sich mit der Eltern-Kind-Beziehung ähnlich wie mit der Beziehung zwischen Chef und Mitarbeiter. Kinder brauchen Eltern genauso, wie Menschen, die zusammenarbeiten wollen, Führung brauchen. Auch hier stehen wir vor der spannenden Aufgabe herauszufinden, wie wir Elternschaft als Funktion und nicht als hierarchische Position leben können. In meinem Buch „*Kleine Gefühlskunde für Eltern – Wie Kinder emotionale & soziale Kompetenz entwickeln*" gehe ich ausführlich auf diese neue Form der Elternschaft ein.

Die Schulen von morgen

Unsere Bildungssysteme stecken schon eine Weile in einer tiefen Krise und das wird nicht besser werden. Als Institutionen der Wissensvermittlung verlieren sie zunehmend an Bedeutung. In einer

Welt, wo alles nur ein paar Mausklicks entfernt ist, macht das Auswendiglernen von Fakten überhaupt keinen Sinn mehr. Dazu kommt, dass die alte, hierarchische Lehrer-Schüler-Beziehung immer weniger funktioniert. Die sprichwörtliche Jugend von heute zeigt sich wenig beeindruckt von künstlichen Hierarchien. Bestenfalls werden sie irgendwie toleriert – echte Inspiration geschieht hier nicht. Schlimmstenfalls wird die künstliche Überlegenheit des Lehrers als Aufforderung zu einem Machtkampf begriffen, in dem jedoch beide Seiten nur verlieren können.

Kritiker des Bildungssystems – wie der preisgekrönte amerikanische Lehrer John Taylor Gatto, Autor von *„Verdummt noch mal"* – behaupten, Kinder würden in der Schule vor allem lernen, Anweisungen auszuführen.[40] Mit anderen Worten: Unser Bildungssystem in seiner gegenwärtigen Form erfülle vor allem den Zweck, Menschen an hierarchische Beziehungssysteme zu gewöhnen. Ein erschreckender Vorwurf. Doch wenn wir genauer hinsehen, bemerken wir, dass genau das geschieht – beabsichtigt oder nicht. Unsere Kinder lernen zu tun, was man ihnen sagt, egal ob es ihnen sinnvoll erscheint oder nicht, ob sie dazu Lust haben oder nicht, ob sie es können oder nicht und ob sie es verstehen oder nicht. Dabei spielt es keine Rolle, ob die Aufgabe lautet, ein Arbeitsblatt auszufüllen, hundert Meter zu laufen oder die lange Division zu erlernen. Es spielt auch nicht die geringste Rolle, ob das Kind dieses Wissen jemals wieder brauchen wird.

Im Laufe der Jahre lernen wir in diesem System vor allem eines: keine echten Fragen zu stellen. Wir lernen, uns anzupassen und unser Denken nur entlang vorgegebener Bahnen zu lenken. Je weniger Widerstand wir leisten, je bereitwilliger wir auch die sinnlosesten Anordnungen ausführen, desto mehr belohnt uns das System mit guten Noten und Aufstieg.

Einer der tragischsten Aspekte dieses Systems wurde mir erst vor Kurzem in seiner ganzen Tragweite bewusst. Es handelt sich um die Tatsache, dass wir unseren Kindern von Klein auf beibringen, dass sie einander nicht helfen dürfen. Vor allem nicht, wenn es ernst wird. Ja, es ist sogar so, dass je ernster die Testsituation, desto wichtiger ist es, dass der Schüler sie ganz ohne jede Unterstützung meistert – oder aber dass sein Scheitern aller Welt unbestreitbar nachgewiesen werden kann. Zu welchem Zweck? Damit seine untergeordnete Position in den künstlichen Machtgefällen seiner zukünftigen Beziehungen klar gerechtfertigt werden kann.

Ich erinnere mich, wie es mir manchmal das Herz brach, wenn ich Mitschüler in einer Klassenarbeit verzweifeln sah. Ich wusste, manche hatten wochenlang gelernt und versagten trotzdem kläglich. Doch ich durfte ihnen nicht helfen, obwohl es eigentlich mein natürlicher Impuls gewesen wäre. Und niemand sagte ihnen, dass diese künstliche Situation sie in keiner Weise auf das wirkliche Leben vorbereitet.

Im wirklichen Leben ist es nämlich so, dass ich – egal ob im Privaten oder im Beruflichen – vor allem jene Tätigkeiten übernehme, in denen ich gut bin und an denen ich Freude habe. Wenn ich etwas nicht gut kann, dann werde ich Kollegen, Familienangehörige und Freunde haben, die diese Tätigkeit für mich übernehmen oder mich zumindest dabei unterstützen. Niemand wird in meinem Erwachsenenleben zu mir kommen und mich auffordern, mein Scheitern in einem Bereich meiner Schwäche unter Beweis zu stellen.

Das bedeutet natürlich nicht, dass wir uns nie auf die Probe stellen können, um herauszufinden, wie gut wir in einem bestimmten Bereich sind. Kinder machen das sogar gerne: Sie wollen wissen, was sie können. Doch das kann spielerisch passieren. Die existenziell bedrohlichen Leben-und-Tod-hier-musst-du-alleine-klarkommen-und-wenn-du-scheiterst-bist-du-nichts-wert-Szenarien von klassischen Prüfungssituationen sind überholt.

Es gäbe zu diesem Thema noch viel zu sagen, sehr viel. Um den hier gesteckten Rahmen nicht zu sprengen, möchte ich abschließend noch eines zum Thema Schule sagen: Ihre Aufgabe als Ort der Wissensvermittlung in bisheriger Form ist komplett überholt. Schule kann dann wieder Sinn machen, wenn das in den Mittelpunkt rückt, was tatsächlich die meisten Kinder dorthin zieht: das soziale Lernen, das Lernen über Beziehungen, das Erlernen von Kooperation.

Schule als Ort der Kooperation ist eine Vision, die mich inspiriert und begeistert, genau wie die Aussicht, ihre Freunde und Feinde zu sehen viele Kinder jeden Morgen mit Begeisterung in die Schule gehen lässt – trotz der Erniedrigungen und stupiden Anordnungen, die sie dort tagtäglich über sich ergehen lassen müssen.

Überlegungen zur Politik

Die Politik ist sicher einer der spannendsten Bereiche, in dem die Konsequenzen eines Miteinanders auf Augenhöhe betrachtet werden können. Und es ist auch ein Kontext, in dem dieser Traum bereits eine lange Tradition hat. Unser derzeitiges demokratisches System ist ein Ausdruck dieses Traumes. Und zugleich – oder gerade deshalb – ist dies ein Bereich, in dem die Grenzen unserer Fähigkeit, diesen Traum auch zu leben, überdeutlich hervortreten.

Die Idee der Freiheit, der Gleichheit und der Brüderlichkeit begleitet uns ja nun bereits seit einigen hundert Jahren. Die Idee, dass Macht geteilt werden sollte, um ein Gleichgewicht zwischen verschiedenen Interessensgruppen herzustellen, ist auch nicht mehr neu. Der demokratische Grundsatz, dass das Volk die Regierenden auswählt, ist Ausdruck dieses gleichen Traumes.

Tragischerweise ist es jedoch so, dass unsere innere Haltung und damit unsere gesamte politische Kultur noch zutiefst durchdrungen ist von Machtdenken. Das führt dazu, dass die allermeisten Begegnungen auf dem politischen Parkett auf der Ebene der Verteidigungsschicht geschehen. Der dazugehörige Kommunikationsmodus ist die Diskussion – also ein gegeneinander Reden. Dialog, das miteinander Reden, ist quasi unbekannt. Das ist deshalb tragisch, weil es dadurch extrem selten vorkommt, dass gegensätzliche Standpunkte sich tatsächlich ernsthaft inhaltlich auseinandersetzen. Das Aufgeben eines eigenen Standpunktes und die Annäherung an den Standpunkt einer anderen Partei wird als Schwäche ausgelegt. Stark ist derjenige, der seine eigenen Interessen (und die seiner Wähler) durchsetzt, nicht derjenige, der die weiseste Lösung für die Interessen aller Beteiligten entwickelt.

Manchmal träume ich, wie es wäre, wenn Politiker ihre Dialogfähigkeit entdecken würden und Nationen sich auf der Ebene der Bedürfnisse und Interessen begegnen könnten. Wie anders wäre beispielsweise der Kalte Krieg verlaufen, wenn es Kapitalisten und Kommunisten einmal gelungen wäre, einen echten Dialog zu führen. Wie aufregend wäre es, die Erkenntnisse aus einem solchen Dialog zur Verfügung zu haben!

Ich weiß, dass ich träume. Und ich weiß, dass es im Kalten Krieg total unrealistisch war, dass irgendjemand einen Dialog führt, geschweige denn ein vernünftiges Gespräch. Doch zugleich scheue ich mich nicht, mich als Träumerin zu outen und zuzugeben, dass ich es für möglich halte: Wir sind fähig, Beziehung zu lernen. Das gilt für dich und mich genauso wie für Nationen oder Glaubenssysteme.

Ich glaube nicht, dass ein neues politisches System oder sonst eine Errungenschaft Weltfrieden ermöglichen wird – auch wenn einige unserer Systeme dringend überholt gehören. Deshalb unterstütze ich Bewegungen wie die der Gemeinwohlökonomie, die sich dafür einsetzt, unser Wirtschaftssystem so umzubauen, dass es tatsächlich dem Gemeinwohl dient.[41] Doch damit diese Modelle funktionieren können, braucht es den kollektiven inneren Entwicklungsschritt, der sich derzeit offenbar vollzieht und von dem dieses Buch handelt: weg von Beziehungen mit künstlichen Machtgefällen, hin zu echter Kooperation.

Diese veränderte Haltung wird es uns zu einem Bedürfnis machen, die Bedürfnisse aller in unseren Entscheidungen bestmöglich zu berücksichtigen, was wiederum die Basis für Frieden ist. Ich weiß, dass es noch ein langer Weg dahin ist, und ich weiß nicht, ob wir ankommen werden. Doch es ist der einzige Weg, den ich mir als Mensch vorstellen kann zu gehen, weil er für mich ganz persönlich Sinn macht, unabhängig davon, ob es gelingen wird. Wenn dieses Buch einen kleinen Beitrag für deinen nächsten Schritt auf diesem Weg leisten kann, bin ich vollauf zufrieden.

BEZIEHUNGSCHECK

Diese kleine Checkliste kann dir im Alltag helfen, dich selbst durchzuscannen, wenn du bemerkst, dass irgendwas nicht in Ordnung ist, du aber nicht sicher bist, was es ist. Und natürlich kannst du dich und deine Beziehungen auch einfach so ab und zu mal durchchecken.

1. Bin ich im Gleichgewicht oder hat gerade mein abhängiger oder mein unabhängiger Teil die Oberhand?
2. Sind unsere Bedürfnisse klar, und wenn ja, sind sie kompatibel?
3. Bewegen wir uns auf der Lösungs- oder auf der Bedürfnisebene?
4. Welche Rolle spielen emotionale Ladungen?
5. Übernehme ich Verantwortung für meine Emotionen und Bedürfnisse? Gelingt es mir, die Verantwortung für die Emotionen und Bedürfnisse des anderen bei ihm/ihr zu lassen?
6. Spüre ich meine Wertschätzung für den anderen und drücke ich diese auch aus? Fühle ich mich von ihm/ihr wertgeschätzt?

ÜBUNGSVERZEICHNIS

DANKSAGUNG

Mein erster Dank gilt bei diesem Buch tatsächlich dem Leben selbst. Ohne seine unermüdliche, unnachgiebige und in seiner Härte auch zutiefst liebevolle Unterweisung wäre nichts von dem zu Papier gekommen, was nun hier so schön systematisch daherkommt. Danke, dass du nicht locker gelassen hast und immer daran geglaubt hast, dass ich das lernen kann, wo ich schon hundertmal das Handtuch geschmissen hätte.

Mein zweiter Dank geht an Chiara Jana Greber, ohne die es auch dieses Buch nicht geben würde. Schön, dass du langsam beginnst zu begreifen, wie wichtig deine Fähigkeit ist, zu lauschen, zu fragen und zu hinterfragen, damit ich überhaupt formulieren kann. Danke für die langen Dialoge und deine Freundschaft.

Manitonquat und seiner Frau Ellika danke ich für ihren unermüdlichen Einsatz dafür, das Beziehungswissen der Indianerältesten Menschen in Europa erfahrbar zu machen. Ihr wart eine wichtige Inspiration auf meinem Weg herauszufinden, was es bedeutet, beziehungsweise zu werden und zu sein.

Den Testlesern Tanjano Hassio, Mechthild Borries-Knopp, Lydia Großgasteiger, Sonja Kreiner, Thomas Frei und Christian Felber danke ich in keiner bestimmten Reihenfolge. Eure Begeisterung, persönlichen Rückmeldungen, konkreten Verbesserungshinweise und Ermutigungen waren unendlich kostbar, danke. Barbara Stützel danke ich für die Überarbeitung des Textes vor der Neuauflage.

Meiner Freundin Maja danke ich, dass sie mir stets mit Rat und Tat zur Seite steht, wenn ich mit meinem verlegerischen Know-how mal wieder am Ende bin, und natürlich für ihre Freundschaft.

Meinem Partner Christian, dem dieses Buch gewidmet ist, danke ich für seine Begeisterung, unermüdlich gemeinsam zu forschen, zu lauschen, einzutauchen und zu teilen. Was für eine wunderbare Reise! Danke.

Meinen Kindern und meinen Eltern danke ich für alles, im Guten wie im Schlechten, was wir gemeinsam über Beziehungen lernen durften. Ich bin so froh, dass ihr meine Familie seid.

QUELLEN

Anmerkung

Ich habe in diesem Buch keineswegs das Rad neu erfunden, und das war auch nicht meine Absicht. Vieles von dem, was ich hier formuliert habe, baut auf den Erkenntnissen anderer Beziehungs- und Innenweltforscher auf. Da mein Weg der Erkenntnisgewinnung jedoch nahezu 100 % auf persönlicher Erfahrung und direkter Einsicht beruht, bin ich mir oft der akademischen oder literarischen Quellen dieser Erkenntnisse nicht bewusst. Es passiert mir immer wieder, dass ich Erfahrungen in Erkenntnisse destilliere und diese in Modelle forme, nur um später festzustellen, dass andere schon Ähnliches erfahren, gedacht und formuliert haben. Wo immer mir dies bewusst wurde oder andere mich darauf hingewiesen haben, habe ich die Quellen angegeben oder versucht, einen Bezug deutlich zu machen. Denn auch wenn ich mein Wissen nicht aus Büchern bezogen habe, weiß ich, dass ich von dem zuvor Gedachten und Formulierten profitiere.

Zugleich ist es mir nicht überall gelungen, solche Bezüge herzustellen, auch wenn ich vermute, dass noch einiges mehr bereits von anderen gedacht und formuliert wurde. Wenn dir also auf diesen Seiten Gedanken und Modelle begegnen, die dir bekannt vorkommen und nicht als solche benannt wurden, dann ist dies kein Plagiatsversuch, sondern Ausdruck unser aller Verbundenheit.

Die Praxis des unterstützenden Zuhörens habe ich in dieser Form von Manitonquat und Ellika Linden gelernt, die diese wiederum aus der internationalen Co-Counselingbewegung erlernt haben.

Verzeichnis

1 http://asr.sagepub.com/content/71/3/353, abgerufen am 6. Mai 2015 um 15:33 h.

2 http://www.zeit.de/studium/hochschule/2013-08/generation-y-arbeitswelt, abgerufen am 14. April 2015 um 08:02 h.

3 Jackson, Tim: Prosperity without Growth, earthscan publishing, 2009, S. 37.

4 https://www.th-nuernberg.de/fileadmin/Hochschulkommunikation/Publikationen/Sonderdrucke/38_ruckriegel.pdf, abgerufen am 14. April 2015 um 8:26 h.

5 Klein, Stefan: Die Glücksformel, Rowohlt Taschenbuch Verlag, 2003, S. 172.

6 http://www.spiegel.de/wissenschaft/mensch/psyche-und-gesundheit-einsamkeit-schadetgenauso-wie-rauchen-a-708728.html, abgerufen am 6. Mai 2015 um 16:30 h.

7 Schiller, Friedrich: Die Bürgschaft, Musen-Almanach für das Jahr 1799, S. 176–182.

8 Millennial Inc., Mr Youth, Intrepid, (2010) What your company will look like when Millennials call the shots. http://www.millennialinc.com/Millennial_Inc_PRINTPDF.pdf, abgerufen am 7. Mai 2015 um 8 h.

9 http://www.zeit.de/politik/ausland/2013-04/syrien-kaempfer-europa, abgerufen am 3. Mai 2015 um 19:13 h.

10 http://www.zeit.de/2014/38/kindheit-deutschland-erziehung/seite-3, abgerufen am 3. Mai 2015 um 19:22 h.

11 Norbert-Hodge, Helena, The Economics of Happiness, Documentary, 2011, online abrufbar unter: https://vimeo.com/ondemand/theeconomicsofhappiness

12 http://www.spiegel.de/panorama/usa-tote-frau-in-michigan-liegt-jahrelang-in-ihremauto-a-957514.html, abgerufen am 5. Juni 2014 um 11:05 h.

13 http://www.abraham-maslow.de/beduerfnispyramide.shtml, abgerufen am 3. Mai 2015 um 20:55 h.

14 Bauer, Joachim: Prinzip Menschlichkeit: Warum wir von Natur aus kooperieren, Heyne, 2008.

15 http://www.wissen.de/bildwb/nationalsozialismus-und-zweiter-weltkrieg-europa-truemmern, 6. Mai 2015 um 16:37 h.

16 Eisenstein, Charles: Ökonomie der Verbundenheit, Scorpio Verlag, 2012.

17 http://www.wsj.com/articles/SB113382650575214543, abgerufen am 7. Mai 2015 um 6:58 h.

18 persönlich erzählt von Manitonquat, Pfingsten 2010 in Süddeutschland

19 Kast, Bas: Die Liebe und wie sich Leidenschaft erklärt, Fischer Taschenbuch Verlag, 2006, S. 90.

20 Lermer, Stephan, Meiser, Hans Christian: Lebensabschnittspartner: Die neue Form der Zweisamkeit, Fischer Taschenbuch Verlag, 1994.

21 C.J. Buys and K.L. Larsen, „Human Sympathy Groups“, Psychology Reports (1979), vol. 45, S. 547–553.

22 http://www.theguardian.com/science/2010/sep/15/price-love-close-friends-relationship, abgerufen am 3. Mai 2015 um 21:50 h.

23 Zurhorst, Eva-Maria: Liebe dich selbst und es ist egal, wen du heiratest, Goldmann 2009.

24 http://www.arthur-schopenhauer-studienkreis.de/Albert-Einstein/albert-einstein.html, abgerufen am 6. Mai 2015 um 18:16 h.

25 http://www.zeit.de/2008/17/Freier-Wille, aufgerufen am 11. Oktober 2014 um 13:30 h.

26 Diamond, Jared: The World Until Yesterday, What Can We Learn From Traditional Cultures?, Allen Lane, Penguin Books, 2012, S. 175.

27 Namu, Yang Erche; Mathieu, Christine: Das Land der Töchter, Ullstein Taschenbuch, 2005.

28 http://www.marketing-boerse.de/News/details/1246-Milieu-Analyse-Umfassende-Nutzerstudie-beschreibt-45-Konsumententypen/39301, abgerufen am 6. Mai 2015 um 23:11 h.

29 Manitonquat: Medicine Story: The Original Instructions, Author House, 2009, S. 9.

30 http://www.senate.gov/reference/resources/pdf/hconres331.pdf, heruntergeladen am 14. April 2015 um 12:39 h.

31 Erzählt von Van Jones, ehemals Berater von Präsident Obama, in einer Rede im Juni 2007 in San Francisco, anlässlich der globalen Zusammenkunft der Be the Change Symposiumsleiter.

32 Kast, Bas: Die Liebe und wie sich Leidenschaft erklärt, Fischer Taschenbuch Verlag, 2006, S. 133–140.

33 Gladwell, Malcolm: Outliers, The Story of Success, Little, Brown & Company, 2008, ab S. 166.

34 Thich Nhat Hanh: Calming the Fearful Mind: a Zen Response to Terrorism, Parallax Press, Berkely, 2005, S. 103.

35 Kast, Bas: Die Liebe, und wie sich Leidenschaft erklärt, Fischer Taschenbuch Verlag, 2006, S. 123.

36 https://www.psychologytoday.com/blog/somatic-psychology/201004/the-connections-between-emotional-stress-trauma-and-physical-pain, abgerufen am 14. April 2015 um 09:07 h.

37 Zast-Kahn, Annette: Jedes Kind kann schlafen lernen, Gräfe & Unzer Verlag, München, 2013.

38 http://www.fuerkinder.org/files/broschre_kinder_brauchen_uns_auch_nachts_de.pdf, heruntergeladen am 14. April 2015 um 09:02 h.

39 Gordon, Thomas: Die Familienkonferenz, Wilhelm Heyne Verlag, München, 1970.

40 Gatto, John Taylor: Verdummt nochmal, Genius Verlag, 2009.

41 Felber, Christian: Die Gemeinwohlökonomie: Aktualisierte und erweiterte Neuausgabe, Deuticke, 2012.

Gefühle & Emotionen

In einfachen, klaren Worten führt diese Gebrauchsanweisung durch unsere Gefühlswelt. Wut, Angst, Freude, Trauer oder Scham – jedes Gefühl erfüllt eine wichtige Funktion in unserem Leben. Schritt für Schritt zeigt dieses Buch nicht nur, was Gefühle sind, sondern auch, wie wir sie bewusst erzeugen und einsetzen können. Damit Gefühle nicht mehr irrationale Empfindungswallungen sind, denen wir auf Gedeih und Verderb ausgeliefert sind, sondern positive Kräfte, mit denen wir unser Leben gestalten können. Auch als Hörbuch und e-book erhältlich.

edition est, 224 Seiten, € 17,50, ISBN 978-3-940773-01-2

Kleine Gefühlskunde für Eltern

Viele Eltern fühlen sich mit der Intensität der Gefühle ihrer Kinder überfordert - und auch mit den eigenen Gefühlen. Oft fehlt es an einem Verständnis der eigentlichen Funktion von Gefühlen. Das macht es schwierig, Kinder in der Entfaltung ihrer emotionalen und sozialen Kompetenz zu begleiten.

Dieses Buch geht ausführlich auf die Gefühlskräfte von Eltern und Kindern ein und auch darauf, wie diese zusammenspielen. Im Mittelpunkt steht stets die Frage nach einer zeitgemäßen Beziehungsgestaltung, jenseits von autoritär und anti-autoritär. Auch als e-book erhältlich.

edition est, 240 Seiten, 17,50€, ISBN 978-3-940773-20-3

Das innere Navi

- *Was ist der Unterschied zwischen einem normalen Gedanken und einer echten Eingebung?*
- *Ist es wirklich sinnvoll, Entscheidungen rein rational zu treffen — oder nach dem Bauchgefühl?*
- *Wie hörst du auf dein Herz und ist das wirklich immer der beste Ratgeber?*

In diesem Buch stellt Vivian Dittmar erstmals die fünf Disziplinen des Denkens vor: Inspiration, Intuition, Herzintelligenz, Ratio und Absicht. Sie erklärt, worin sie sich unterscheiden, was die Funktionen der einzelnen Disziplinen sind, wie sie zusammenspielen und vor allem, wie sie erkannt und entwickelt werden können. Auch als Hörbuch und e-book erhältlich.

edition est, 272 Seiten, € 17,50, ISBN 978-3-940773-17-3

Sacred Sex Das intime Gebet

Sexualität scheint so frei wie noch nie zu sein. Alles darf, nichts ist mehr tabu. Doch Sex kann so viel mehr als einfach nur geil sein. Reduzieren wir Sex darauf, entgeht uns die Möglichkeit, das Wunder und das Geheimnis der Sexualität zu erschließen: Sex als intimes Gebet, Sex als heiliges Geschenk, Sex als Möglichkeit, das Leben in seiner Essenz zu erfahren, zu feiern und zu ehren.

Dieses Buch ist eine Einladung in den heiligen Raum der Sexualität. Damit wir dort sein können, müssen wir alle Konzepte über Sex hinter uns lassen und uns ganz auf diesen einen Moment einlassen. Dann erschließt Sex sich in seinem höchsten Ausdruck: als intimes Gebet. Auch als e-book erhältlich.

edition est, 232 Seiten, € 20,00 ISBN 978-3-940773-18-0